我们和你们

中国和印度的故事

郑瑞祥 / 主编

五洲传播出版社

图书在版编目（ＣＩＰ）数据

中国和印度的故事 / 郑瑞祥主编 . —北京：五洲传播出版社，
2016.3（我们和你们）
ISBN 978-7-5085-3290-5

Ⅰ . ①中… Ⅱ . ①郑… Ⅲ . ①中外关系 – 友好往来 – 印度
Ⅳ . ① D822.235.1

中国版本图书馆 CIP 数据核字（2015）第 312506 号

中国和印度的故事

出 版 人：荆孝敏
统　　筹：付　平

主　　编：郑瑞祥
责任编辑：高　磊
装帧设计：北京八度出版服务机构
出版发行：五洲传播出版社
地　　址：北京市海淀区北三环中路 31 号生产力大楼 B 座 7 层
邮　　编：100088
电　　话：010 – 82000227
网　　址：www.cicc.org.cn
承　　印：北京光之彩印刷有限公司
版　　次：2016 年 3 月第 1 版第 1 次印刷
开　　本：787×1092mm 1/16
印　　张：20
字　　数：240 千字
定　　价：59.00 元

序

将中印友好的接力棒传下去

值此中印建交 65 周年、两国关系实现大发展之际，欣闻"我们和你们"系列丛书之《中国和印度的故事》一书即将付梓，深受鼓舞。本人有幸先睹为快，深感此书内容丰富，思想深刻，感情真挚，充分反映了中印之间千年传统友好的历史渊源和潜力无限的发展前景，值得每一位从事和关注中印关系的人士阅读和珍藏。

中印关系取得今天的大发展、大跃升来之不易，凝聚了一代代老前辈们的心血和智慧。翻阅前辈们的回忆与思考，仿佛看到了他们当年为中印友好出谋划策的英姿、奔波劳碌的身影、心满意足的神情。这本书讲述了许许多多中印友好的感人故事，而这些故事的背后反映的是几代人的辛勤努力与奋斗。正是有了他们的悉心浇灌和培育，中印友好之树才得以根深叶茂、生机盎然。

担任中国驻印度大使一年多来，我有幸见证和亲历了中印关系日新月异的新变化。两国领导人的关心、推动和引领为双边关系发展注入了强劲动力。两国社会正在掀起"中国热"和"印度热"。双方各领域合作全面发展，活力四射，尤其是人文交流方兴未艾，很多感人的故事每天都在发生。前不久，一名中国志愿者为印度白血病患者捐献干细胞的事迹感动了无数人。一个 11 岁的孟买小女孩在报纸上读到有关报道后，给我来信，呼吁中印应超越过去，面向未来，并表示愿做中印友好的使者。我邀请她和家人参加使馆国庆招待会，鼓励她好好学习，将来做中印友好事业的接班人。这些鲜活的例子只是中印友好长河中的几滴水珠、中印交往乐章中的几个音符，但我们能从中看到两国关系的美好前景，听到两国人民的共同心声。那就是：中印要做实实在在的好邻居、好伙伴、好朋友，中印千年友谊要世代相传，永续不断。

当前，中印都处在民族复兴的关键时期，面临巨大的发展机遇。两国理念相通、资源互补，完全可以也应该实现发展战略对接，建立更紧密的发展伙伴关系，共同做好发展这篇大文章，让发展更多更好地惠及两国人民，让更多人支持参与中印友好事业，为中印关系创造更加光明的前景。作为从事中印友好事业的新生代，我将不辱使命，积极进取，继承发扬老前辈的优良传统，将中印友好的接力棒接过来、传下去，把中印友好事业不断做大做强，造福两国和两国人民。

乐玉成
中国驻印度大使
2015 年 11 月 18 日

序

当前，在中印两国关系全方位推进之际，《中国和印度的故事》一书的出版恰逢其时。这本书讲述了知名人士为促进中印双边关系所作的贡献。

不久前我在北京大学作了个演讲，回忆了我1982年第一次去该校的情形。当时，大约只有十几个印度学生在中国学习——这个数字今天已经超过了14000，但是，学生和老师们一致认为，这个数字对于中印这两个邻居又是亚洲人口大国来说仍然太小了。这一事例表明了两国之间的距离和双边关系进一步发展的潜力。

通过古往今来两国学者、僧侣和商人之间的联系以及今天两国领导人对两国关系发展的愿景、魄力和承诺，我们这两个文明古国正加速发展。在这个历史新时期，印中两国在全球、区域和双边领域加强了新的合作。在新兴的全球架构中，这两个大国同时再度崛起，进入了一个新的、更紧密的合作伙伴关系时期。

习近平主席于2014年9月成功访问印度，仅仅八个月后，纳伦德拉·莫迪总理也对中国进行了具有里程碑意义的访问。两国领导人的互访把双边合作伙伴关系发展推向了新的高峰。两国政治、经济和防务关系日益紧密，人文交流进一步增加，经贸合作正在迅速进入新的领域，航天、海洋研究、城镇化等已列入双边合作日程。尽管两国之间存在分歧，但这些并未影响我们双边关系的发展。我们不断寻求积极的因素来发展双边关系，即便在我们努力解决悬而未决的问题时仍然如此。

包括政治领袖、专家、学者、商人在内的许多人在复兴双边关系中发挥了作用。通过汇集这些经验,《中国和印度的故事》一书可作为未来两国关系发展的指路标。我相信此书在进一步加强中印双边关系方面有很高的价值。

　　　　　　　　　　阿肖克·康特
　　　　　　　　　　印度驻华大使
　　　　　　　　　　2015 年 12 月

目 录 Contents

交流

篇

印度总统纳拉亚南对践行和平共处五项原则和推动中印友好关系发展的贡献

周　刚

（中国前驻印度大使）

　　2015 年是中国和印度建立外交关系 65 周年。65 年来，中印关系走着一条不同寻常之路，既有共同倡导和平共处五项原则的辉煌篇章和"中印人民是兄弟"的 50 年代，也有曲折和坎坷。但是，作为世界文明发祥地的中国和印度，有着两千年友好交往的历史。两国山水相连，是世界上人口最多的国家，是新兴的发展中大国。睦邻友好、合作共赢、共同发展是两国人民的真诚期盼和两国的共同利益所在。因此，建交以来，中印关系的主流是友好和合作。进入 21 世纪之后，中印关系全面改善和快速发展。两国不但确立了战略合作伙伴关系，而且不断充实其内容、提升其水平。中印关系的重要性已超出双边范畴，具有战略意义和全球影响，为国际社会所关注和重视。当前，双方正抓紧落实习近平主席 2014 年 9 月访印和 2015 年 5 月印度总理莫迪访华的成果，携手合作构建更加紧密的发展伙伴关系，不断深化互信，积极拓展务实合作，推动中印战略合作伙伴关系不断迈上新台阶。

喝水不忘掘井人

　　在纪念中印建交 65 周年之际，我们不能忘记那些为发展中印关系作出贡献的两国领导人和各界人士。这里我想特别提起印度前总统纳拉亚南。从上世纪60年代起，我在外交部亚洲司先后主管印度工作20多年，因此早闻纳拉亚南先生的大名。他的全名是科奇里尔·拉曼·纳拉亚南，1920年10月27日生于印度南部喀拉拉邦一个贫苦家庭。他的家族属于"达利特"，意为"受压迫的人"，即中国人所熟知的"贱民"或"不可接触的人"，处于社会的最底层。他的祖父和父亲都是乡村医生。由于家境贫寒，他曾因交不起学费遭到老师斥责和同学取笑。他刻苦学习，成绩优秀，全家支持他攻读大学。毕业后，他先后在两家报纸担任记者，以后赴英国伦敦经济学院深造。学院院长十分欣赏这位品学兼优的印度学生。1949年他毕业时，院长给印度总理兼外长尼赫鲁写信，推荐他到印度总理身边工作。他从此踏进印度外交部。1950年，他到印度驻缅甸大使馆工作。在仰光，他爱上一位名叫玛婷婷的缅甸少女。当时，印度外交官不准与外国人结婚。于是，他直接给尼赫鲁总理写信，请求批准他们的婚姻。尼赫鲁总理复信时风趣地说："她或许能够在国外代表印度。"这样，一对异国情侣终成眷属。

在印度外交部，纳拉亚南充分展现了自己的外交天分，从初级外交官一步步升为司长、联秘和辅秘，先后出任印度驻泰国、土耳其和美国大使。1976年7月，他奉命出任驻华大使，成为两国1961—1962年先后撤回大使后，印度派出的第一位驻中国大使。到1978年11月离任，他和夫人乌莎·纳拉亚南在中国度过了两年零四个月的时光，在任上为改善和发展中印关系做了许多工作。1984年，他从驻美国大使岗位上退休。之后，他加入印度国大党，开始步入政界，三次当选印度人民院议员，先后担任科技部国务部长和外交国务部长。1992—1997年任副总统兼联邦院议长。1997年7月，他众望所归，当选为印度第11届总统。

我见到纳拉亚南和当面了解他，是在任驻印度大使期间，那时他是印度共和国总统。

向印度总统递交国书的特殊安排

1998年2月20日，我从驻印度尼西亚大使任上奉调回国，外交部决定我出任驻印度大使。这时距1988年我出使马来西亚已有十年，其间印度的内外形势和中印关系都发生了很大变化。4月17日，唐家璇部长约我谈话。他强调，印度是中国的重要邻国，是南亚大国，在地区和国际事务中有相当影响，在新形势下要转变观念，加强对印工作，认真做好调查研究，积极结交朋友，进一步推动中印关系的发展。

我和夫人邓俊秉参赞于4月22日抵达印度首都新德里履新。按照国际惯例，新任大使在向驻在国国家元首递交国书前是"候任大使"，一般不能以大使身份开展外交活动。但是，印度外交部同意我参加中国中央军委委员、中国人民解放军总参

1994年10月22日，中国国家主席江泽民在北京中南海会见印度副总统纳拉亚南。（供图：中新社）

谋长傅全有上将4月26日至30日访问印度的接待工作，并陪同傅总长拜会印度总理瓦杰帕伊和国防部长。就在中印关系看来一切正常的情况下，印度国防部长费尔南德斯突然于5月初发表谈话，声称"中国是印度的头号威胁"。接着，印度于5月11日和13日先后进行了5次核试验。不仅如此，印度总理于5月11日致函美国总统克林顿等9个国家的领导人，声称印度进行核试验的主要原因是，印度对不断恶化的安全环境、特别是核安全环境深感不安。他虽然没有点中国的名，但明眼人一看即知。

印度无视国际社会反对核扩散的愿望，无端指责中国对印度的威胁是印度进行核试验的主要原因，极大地伤害了中国，毒化了中印关系气氛，恶化了两国关系。中国不能不强烈谴责印度的核试验，驳斥对中国的恶意攻击，要求印度对毒化两国关系承担责任。印方的言行使中印关系严重受挫，双方副部长级以上的访问和双边军事领域的交往暂停。

我向印度总统递交国书的安排也受到影响。按印方惯例，一般一次安排三位新任驻印大使向印度总统递交国书。在我到任之前，白俄罗斯新任驻印度大使已经抵达新德里。印方决定等待第三位新大使到任后，统一安排递交国书事宜。不巧的是，在我抵印后的一个多月里，竟然没有其他国家驻印度的新大使上任。在中印关系明显恶化，双方不断就印度核试验进行外交交涉的情况下，中国新任驻印度大使能否尽快向印度总统递交国书，不仅是时间安排的技术问题，也是对印度一再声称愿意改善中印关系的表态是否真诚的考验。印方一时颇费斟酌。5月14日，印度外交部联合秘书朗加恰利会见我，随后印度外交部礼宾司长加威同我商谈递交国书事宜。5月22日，朗加恰利联秘和印度驻华大使南威哲同我会见，表示印方愿同中方对话，改善对华关系。这段时间，印度舆论和外国驻印使馆都在关注中国新任驻印大使何时递交国书。

在此情况下，印方作了变通安排，即先安排白俄罗斯大使和我于6月1日向印度总统纳拉亚南递交国书，不再等待第三位新大使到任。

纳拉亚南总统向中国新任大使表示：相信印中关系将在和平共处五项原则基础上稳定发展

1998年6月1日上午10时30分，印度外交部礼宾司官员来到中国驻印度大使馆，请我登上印方礼宾车。抵达总统府门前广场时，受到总统军事秘书迎接。我换乘马车，检阅仪仗队。之后，总统军事秘书陪同我进入总统府礼宾大厅。印度外秘在厅口欢迎，并引见已在大厅中央等候的纳拉亚南总统。我向总统递交国书。双方握手后，总统和夫人乌莎女士同我和夫人邓俊秉教授会见，并同在场的中国大使馆的参赞和武官握手。

入座后，纳拉亚南总统同我进行了半个小时的谈话。乌莎女士则同邓俊秉交谈。总统的谈话友好诚挚。他首先欢迎我出使印度。他说，印中有几千年的友好交往史，两国人民相互学习，为人类文明和进步作出过贡献。在近代，两国并肩战斗，共同反抗殖民主义和帝国主义侵略。印中分别获得独立和解放后，两国共同提出和平共处五项原则，这些原则已成为处理国家之间关系的基石。他回忆了在70年代中期两国恢复互派大使时出使中国的愉快日子。他对近年来中国在经济、科技和文化领域取得的显著进步感到高兴。他说，印中加强经济技术合作，促进两国人民交往，将有助于本地区和世界的和平、安全与合作。印中两个人口大国可对世界作出应有的贡献。

他还表示，周大使学的是印度专业，具有多年从事印度和南亚地区外交工作的经验，在两国关系重要和关键的时刻，被任命为伟大中国的驻印度大使，一定能发挥重要作用。他强调，印中之间的共同点大于分歧点，分歧可以对话来消除。他相信，印中友好合作和睦邻关系将在和平共处五项原则的基础上稳步发展。

总统夫人乌莎女士同邓俊秉的谈话十分亲切。她特别回顾了随丈夫在中国工作及以后访华的情景，流露出希望旧地重游的愿望。

在同我和邓俊秉谈话中，纳拉亚南总统和夫人留在嘴边没有说出的访华希望是完全可以理解的。我在离京赴印前，唐家璇外长曾指示我，向印度总统递交国书时，可代表我国领导人邀请他在方便时访华。但由于印度核试验后中印关系的突然变化，经请示国内后，我在同纳拉亚南总统谈话时没有发出邀请。

告别时，总统有力地久久同我握手。

纳拉亚南：我批评了"中国威胁论"，我赞成邓小平先生的观点，中印互不构成威胁

1999年1月26日，纳拉亚南总统在总统府大草坪上举行盛大的国庆（印度共和日）招待会。印度政府各部部长、两院议员、社会名流和外国驻印使节夫妇出席。当时在新德里参加中印学者对话的中方团长、前驻印度大使程瑞声也应邀参加，当面向老朋友纳拉亚南总统祝贺节日。当天晚上，我接到总统秘书的电话称，总统将于27日晚上接见程瑞声先生。我当即表示感谢并允转告，同时希望作为大使陪同程瑞声前往。不多久，总统府来电话答复，同意我的要求。

27日晚6时15分，我陪程瑞声同志抵达总统府。总统私人秘书将我们引到书房，先由总统夫人乌莎女士会见我们，进行了15分钟亲切友好的谈话。接着，纳拉亚南总统和夫人在客厅会见我们。会见气氛友好，谈话轻松愉快。

纳拉亚南总统说，他读了江泽民主席和朱镕基总理分别给他和印度总理的国庆贺电，感到十分高兴。他说，当前国际形势正经历重大变化，出现了多元化趋势。超级大国凭借军事、经济和科技优势，企图将其意志强加于其他国家。印中作为两个最大的发展中国家的友好合作具有重大意义。印、中、俄三国友好虽不是对抗美国，但是可以平衡美国这个世界警察。他说：去年印中关系出现了波折。印度有人称中国是印度的主要潜在威胁，我不同意这种看法。这种说法是错

误的，我批评了这个人。现政府执政时间不长，政治上不成熟，缺乏经验，考虑不周。我认为，近年来中国经济发展速度超过印度。一个经济繁荣、力量强大并在国际上发挥重大作用的中国，无论对印度或其他发展中国家都是有力的支持。早在50年代，印度就充分感受到新中国的成立改变了世界力量的对比，对于印度维护独立和主权具有重大的意义。目前，印中都在集中力量进行建设。我完全赞同邓小平先生的观点，中国对印度不构成威胁，印度也不构成对中国的威胁。对当前两国关系中出现的事情，希望双方以大局为重，恰当处理，重新恢复两国的友好关系。明年是印中建交50周年，相信两国将隆重庆祝。总统说："我现在手中仍有江泽民主席对我的邀请，希望在时机成熟时访华，同江主席重叙旧谊。"

纳拉亚南总统的讲话高瞻远瞩，掷地有声，充分表现了他作为政治家的智慧和勇气，以及对中印关系发展的远见卓识。这对中印关系重新回到健康发展的道路发挥了十分积极的作用。

纳拉亚南总统访华——中印关系回到正常发展轨道之旅

在他谈话后不久，中印外交部司局级官员于1999年2月在北京进行会晤。印方确认，印度总统关于中印互不构成威胁的谈话以及中印关系应在双方倡议的和平共处五项原则的基础上稳步发展的建议代表印度政府的对华政策和态度。这成为中印关系恢复和改善的政治基础。同年6月，印度外长贾斯旺特·辛格访华。两国外长会见中，唐家璇外长强调，中印关系的基础是和平共处五项原则，前提是互不视对方为威胁；中印之间不存在根本的利害冲突，也不存在任何不能解决的问题。辛格表示，印中互不构成威胁，两国需要稳定发展双边关系，需要对话，而不是对抗。这次访问使中印关系正常化迈进了一步。

2000年4月1日是中印建交50周年纪念日，双方举办了一系列庆祝活动。在友好的氛围中，纳拉亚南总统应江泽民主席的邀请，于5月28日至6月3日对中国进行国事访问。两国元首就中印双边关系和共同关心的国际问题广泛而深入地交换了意见，重申两国在和平共处五项原则的基础上建设面向21世纪的建设性伙伴关系。江泽民主席对未来中印关系的发展提出了四点意见，即：增加人员往来，增进彼此了解和信任；扩大经贸合作；加强在国际事务中的协调与配合；登高望远，求同存异，妥善处理历史遗留问题。纳拉亚南总统表示，印中在各个领域都有广泛的共同利益，在国际事务中也有广泛和良好的合作。双方都坚定地维护和平共处五项原则，反对以任何借口干涉别国的内部事务。因此，印中之间不仅没有任何理由不能解决历史遗留问题，而且应该永远成为好朋友和好合作伙伴。

我和邓俊秉有幸全程陪同纳拉亚南总统和乌莎女士访问，同他们朝夕相处，从近距离了解了这对对中国人民充满友情的印度领导人伉俪。纳拉亚南总统对这次访问成果非常满意。他和夫人乌莎女士一再向我和邓俊秉表示，中国领导人高瞻远瞩，中国人民热情友好，中国发展一日千里。

纳拉亚南总统这次国事访问标志着因受印度核试验影响的中印关系重新回到正常的轨道。在此之后，从21世纪开始，中印关系沿着正确方向不断开拓新局面，迈上新台阶。

纳拉亚南：很高兴看到为恢复和发展印中关系的努力取得成功

2001年6月，我结束了在印度三年零两个月的任期，奉调回国。6月7日，我和夫人邓俊秉向纳拉亚南总统和夫人乌莎女士拜会辞行。总统夫妇热情地接待了我们。总统说：很高兴看到印中关系在周大使任期内得到进一步发展。我一直关注周大使在德里关于印中关系的各种讲话，这些话讲得很得体，有利于两国关系的恢复和发展。我一向认为，印中两个世界上人口最多的国家发展睦邻友好合作关系，是维护世界和平、促进共同发展的需要。我历来强调印中友好的意义，主张加强印中合作。两年半前，我在会见程瑞声前大使和周大使时曾有意识地表示，中国不是印度的潜在威胁，而是印度的朋友，中国的发展符合印度的利益。我希望借这番话推动两国关系的恢复和发展，如今很高兴看到这一努力取得了成功。

　　总统深情地回顾了 2000 年 5—6 月对中国的访问。他说：我对中国领导人的热情款待难以忘怀，对江泽民主席和其他中国领导人的智慧非常赞赏。我对中国怀有深厚感情，对中国人民怀有良好祝福，为自己能对促进印中了解和友谊作出贡献感到欣慰。

　　作为离任大使，我回顾了在印度三年多富有挑战性的时光，为两国关系克服了暂时困难回到健康正常的轨道而高兴。我特别赞扬纳拉亚南总统为恢复和发展中印关系作出的宝贵贡献，以及他和夫人乌莎女士对中国人民的友好情谊，衷心感谢总统和夫人对我和邓俊秉工作的关心与支持，祝愿年届 80 高龄的总统夫妇健康幸福。谈话中，乌莎女士一直拉着邓俊秉的手。在我们起身告辞时，总统夫妇同我和邓俊秉紧紧握手拥抱。他们破例从客厅经过走廊把我们送到主楼大门口，看我们登上汽车，并挥手送别。这一幕一直留在我们的脑海里，成为永恒的记忆。

德里重逢话友谊：两国应力证西方的"印中冲突论"是错误的

　　2003 年 2 月，"中印名人论坛"第三次会议在新德里举行。这个论坛是纳拉亚南总统在访华时同江泽民主席共同倡议成立的。纳拉亚南总统已于 2002 年 7 月任满退休。我作为参加这次会议的中方代表团成员，提出希望拜会纳拉亚南前总统。2月 15 日，纳拉亚南前总统和夫人乌莎女士在家中亲切地接见了我。老朋友谈话无拘无束。纳拉亚南对我说，很高兴看到印中关系近年来有很大发展。不久前中国共产党第十六次全国代

2000 年 5 月 31 日，中国国务院总理朱镕基在北京中南海会见印度总统纳拉亚南。（供图：中新社）

表大会召开，实现了领导班子的平稳交替，特别难能可贵的是大政方针得以延续。这不仅对中国的未来发展十分重要，也有利于继续推动印中关系。当前，世界上问题很多，印中在众多领域有共同利益，两国应当相互支持、加强合作。西方有人预言"印中必有冲突"。我认为，印中友好是印度全国人民的共识。印中两国将共同努力，证明西方的上述预言是错误的。

纳拉亚南前总统来京出席和平共处五项原则 50 周年国际研讨会

2004 年 6 月 13—15 日，中国人民外交学会在北京举办"和平共处五项原则 50 周年国际研讨会"。印度前总统纳拉亚南作为主宾应邀出席，夫人乌莎女士同行。外交学会请我和邓俊秉全程陪同前总统夫妇。6 月 13 日，我代表外交学会专程去上海，迎接从德里经上海转机来北京的纳拉亚南前总统夫妇。

他一下飞机就看到了我，对我说："你来接我们，我十分高兴。有你和邓俊秉教授全程陪同，我就没有任何困难了。"

6月14日，"和平共处五项原则50周年国际研讨会"开幕。应邀出席研讨会的外宾除印度前总统纳拉亚南外，还有德国前总理科尔、澳大利亚前总理霍克、美国前国务卿基辛格和舒尔茨、巴基斯坦前外长夏希、缅甸前部长埃博尔、印度前外交国务部长帕蒂亚等。中方出席的领导人有全国人大常委会副委员长王兆国、全国政协副主席阿不都热西提和前国务院副总理钱其琛。

纳拉亚南前总统作主旨发言。他首先回顾了和平共处五项原则诞生的经过。他说："中国革命胜利后，中国人民政治协商会议第一届全会通过了一项《共同纲领》，该纲领包含了和平共处五项原则中的核心原则，新中国提议在这些原则的基础上发展同世界各国的关系。"他强调，和平共处五项原则由周恩来总理最先向印方提出，是古老的亚洲大陆对国际关系理论与实践的新颖而富有创造性的贡献。1954年6月，尼赫鲁总理邀请周恩来总理访问印度，这是亚洲历史上关键时刻的一次重要事件。两位总理得出的结论是，只能通过中印两国签署的和平共处五项原则，才能在亚洲建立共同安全和集体和平。

他介绍了和平共处五项原则逐步被国际社会所公认的演变进程。他说，五项原则几乎被全世界普遍接受并最终被联合国接纳，这在国际关系史上是很罕见的。在万隆召开的亚非会议接受了和平共处五项原则，并在《万隆十项原则》中进行了详细阐述。在贝尔格莱德举行的不结盟会议则将和平共处五项基本原则作为不结盟运动的核心原则加以接纳。联合国将和平共处五项原则看作国际关系的行为准则。1957年12月11日，南斯拉夫、瑞典和印度三个国家在联合国发起了一份包含五项原则的和平共处决议，并被这一世界性组织全票通过。

2004 年 6 月 14 日，"和平共处五项原则国际研讨会"在北京开幕。图为中国前国务院副总理钱其琛与印度前总统纳拉亚南（右）互致问候。（供图：中新社）

　　他阐述了五项原则在当今世界的重大现实意义。他说，在冷战已经终结的今天，世界仍不太平，霸权势力的主导依然给世界笼罩着浓重的阴影。在这种新形势下，和平共处五项原则对于国际关系行为来说变得愈加重要，事实上已经成为建立正义和平的世界秩序之支柱。他尖锐批评发达国家的政治理论家鼓吹主权终结甚至是国家终结，有的学说主张建立一个单极世界，由某个或某些拥有强大经济和军事实力的国家称霸。他强调，单极和干预性理论与实践是不可能持续的，同时也与民主多元的世界秩序背道而驰。中国和印度信仰多极世界，全球化世界的适当行为准则应该是和平共处五项原则，而不是一个超级大国或某几个国家称王称霸。他说，我希望引用伟大的中国领导人邓小平先生 1988 年 12 月所说的话："中印两国不发展起来，就不是亚洲世纪。"邓小平的话在今天显得更加正确了。

　　他展望印中携手进一步发扬光大和平共处五项原则的必要

性。他说：亚洲的命运不是孤立的，而是世界命运的一部分。我认为，新世纪亚洲乃至全世界两个最大国家之间的合作是历史的必然。有了中国和印度，新世纪将会稳步地朝着亚洲命运迈进。我们必须通力合作，让和平共处五项基本原则像周恩来总理说的那样"在全世界永放光芒"！今天我们相聚北京，和平共处的古老思想以一种现代形式在这里获得新生。因此，我相信，它对于已经经历巨大变革而且仍在经历变革的今天和明天的世界将继续具有重大意义。

从纳拉亚南的主旨发言中，我们可以看到这位政治家对当代形势的深刻剖析，以及他对未来印中合作弘扬和平共处五项原则的高度重视。

6月22日，我们在浦东机场为老总统夫妇送行。他同我和邓俊秉紧紧握手，热情拥抱，相约后会有期。

2005年2月，我和邓俊秉到孟买参加"印中改革研讨会"。在经停德里的时候，纳拉亚南前总统夫妇于21日应邀到中国大使馆参加孙玉玺大使为我们举行的晚宴。22日，他在家中又设午宴款待我们。时隔半年老朋友再次相见，畅叙友情。老总统特别为中印关系的全面改善和发展感到欣慰。告别时，我们同老总统夫妇亲切拥抱，衷心祝愿他们多多保重。

没有想到，这竟是我们同老总统的最后一次见面。2005年11月9日，纳拉亚南前总统因急性肺炎引发并发症在新德里病逝，终年85岁。10日从网上看到这一噩耗，我和邓俊秉十分悲痛。第二天，我们前往印度驻华大使馆吊唁。在老总统遗像前，我们鞠躬默哀。这时，纳拉亚南总统30年来为发展中印关系和增进中印人民友谊的一幕幕情景又浮现在我的脑海中。我们在留言簿上写道："印度人民伟大的儿子、中国人民亲密的朋友纳拉亚南总统永垂不朽！"

中印两国总理时隔 30 余年重启互访

曾序勇

（中国前驻印度使馆公使衔参赞，前驻尼泊尔、科威特大使）

从上世纪 80 年代中期至 90 年代后半期，我先后在中国驻印度使馆工作八年，并在外交部亚洲司担任主管印度事务的处长多年，在此期间经历了两国关系由冷变暖到明显改善的过程。高层领导人重启互访，无疑是两国关系恢复和改善的重要标志。拉吉夫·甘地和李鹏总理实现互访，文卡塔拉曼总统和江泽民主席先后进行国事访问，就是中印关系恢复友好和取得明显改善的历史性事件。在此，我愿将当时工作中所涉及和了解的这些重大事件与读者分享。

印度是我国的重要邻邦，具有悠久的历史与灿烂的文化。中印两国人民的友好交往源远流长。早在 1000 多年前，佛教自印度传入中国。唐玄奘去西天（古称"天竺"，即印度）取经的故事在中国家喻户晓。到了现代，又有柯棣华大夫的援华医疗队同中国人民共同抗击日本侵略，留下一段感人的友谊佳话。1950 年 4 月 1 日，印度与中华人民共和国建立外交关系，成为第一个与新中国建交的非社会主义国家。50 年代，中印两国友好交往密切，两国领导人共同倡导了和平共处五项原则。不幸的是，1962 年中印边境发生大规模武装冲突，致使两国关系跌入低谷。直到 1976 年双方互派大使后，两国关系才逐步恢复。1981 年，中国外长黄华访问印度，双方同意进行边界谈判。但是 1985 年以前的六轮边界会谈没有取得实际进展，而 1986 年，中印边界局部地区又出现新的紧张。

同时，两国在经济、贸易、文化等方面的交流也不多。这就是直到上世纪 80 年代中期中印两国关系的大致状况。我也正是在这时候被派到中国驻印度大使馆工作。

拉·甘地总理的历史性访华

我 1985 年初来到印度时，正值英迪拉·甘地被刺身亡、拉吉夫·甘地继任总理不久。长期以来，印度政府的对华政策坚持两条原则：一是在边界问题上坚持印度单方面的领土主张，要求中国单方面让步，不接受按互谅互让原则解决边界问题；二是在边界问题按印方主张得到解决之前，限制同中国发展经贸、文化等其他方面的交往与合作。拉·甘地上台后的头几年，坚持奉行这种政策，两国关系仍没有明显改善和发展。但他逐渐认识到，这种政策并不符合印度的国家利益。

拉·甘地作为印度新一代年轻领导人，有改革经济、加快发展、振兴印度的抱负和施政目标，为此，印度需要一个良好的国际环境。但是，周边环境严重制约了印度实现这一目标。印度同巴基斯坦关系长期紧张。从 1987 年下半年起，印度又卷入斯里兰卡内战。多年来，印度同中国的边界会谈毫无进展，双边关系没有改善，1986 年以来又制造所谓中国"入侵"桑多洛河谷事件、强化同中国在边境的军事对抗以及成立"阿鲁纳恰尔邦"，严重加剧了中印边境的紧张局势，恶化了两国关系。

印度周边环境的恶化特别是中印关系紧张，令拉·甘地感到压力和不安，他担心如此发展下去，反对党在下次大选中会利用这些问题，威胁到他继续执政。因此，他开始考虑调整对华政策。1987 年 4 月，拉·甘地单独约见李连庆大使，他的一席谈话向中方传达了这一信息。他说，印度非常重视印中两国关系的发展，印中都是大国，在世界上都很有分量和地位，印度希望改善和发展两国关系，积极争取早日解决边界问题。他说，印中边界冲突时，他还年轻，他本人没有历史包袱；但是不久印度就要大选，解决得不好，会被人利用。请中方相信他是决心要在平等协商、互谅互让的基础上解决边界问题的；在边界问题未解决之前，希望维持边界现状，彼此都不要前进，千万不要发生冲突。

当时我在使馆政治处任一秘，看到李大使报给国内的这次谈话，明显感到拉·甘地迫于内外压力，不想同中国继续搞对抗冲突，确实想缓和边境紧张局势，改善印中关系。我也十分敏感地注意到印度领导人第一次表示愿意在平等协商、互谅互让的基础上解决边界问题。但这毕竟是一次非正式的内部谈话，印方是否会真正同意"互谅互让"、调整对华政策，还需拭目以待。不久，在新德里举行的中印边界问题第八轮谈判期间，拉·甘地在议会接见刘述卿副外长率领的代表团时，明确表示同意互谅互让、友好协商解决边界问题的原则。

1988 年 12 月 19—23 日，拉·甘地总理应李鹏总理的邀请对中国进行了正式访问。访问前，我和使馆政治处同事为国内准备了大量资料，包括对拉·甘地访华的看法、会谈建议、中印双边关系、中印边界问题、达赖问题、印度国内政局、印度外交政策、印度同巴基斯坦等南亚邻国关系、南亚地区局势和南亚区域合作联盟，以及拉·甘地和夫人索尼娅、外长拉奥等主要随行人员简介等。这是时隔 34 年印度总理首次访华，其重要性不言而喻。

两国总理就双边关系和边界问题进行了正式会谈。李鹏在会谈中说，中印两国作为和平共处五项原则的倡导者，应成为执行和平共处五项原则的典范。50年代时，中印关系曾非常友好。以后由于众所周知的原因，中印关系恶化，甚至发生冲突，这是不幸的。我们希望这种事今后不再发生。和平与发展是当代世界潮流，我们应顺应这个潮流。中印改善关系不仅对两国有利，也有利于亚洲和平。中印两国有许多地方可以相互借鉴，相互学习。关于双边关系，李总理说，妨碍两国关系改善的问题是中印边界问题，只要双方有诚意，本着互谅互让的原则寻求解决边界问题的途径，经过不懈努力，这一问题是可以解决的。李总理还说，中国政府注意到历届印度政府的原则立场是：西藏是中国的一部分；印度不干涉中国的内政；印度不允许西藏的分裂主义分子在印度进行分裂中国的政治活动。我们赞赏印度政府这一原则立场。

拉·甘地总理在会谈时说，当前国际形势确实发生了很大变化，最基本的问题是要消除紧张的根本因素。因此，他同意李鹏总理所说的要在世界上建立国际政治新秩序和国际经济新秩序的主张，要用和平共处来取代遏制的概念。他说，中印之间最困难的一个问题是边界问题，我们应以和平友好协商的方式来解决这个问题。印度方面有决心通过互利互惠来解决这个问题。在解决这个问题前，在维持边界的和平与安全的同时，两国可在双边关系中的其他领域增加来往与合作。在会谈中，拉·甘地重申，印度政府关于西藏问题的政策没有变。西藏是中国的一个自治区，印度政府不允许任何政治势力在印度进行有害于中国、被视为干涉中国内政的政治活动。

中央军委主席邓小平会见拉·甘地时说，中印两国人口加在一起超过18亿，占世界人口1/3还多，我们两国对人类负有共同的责任，我们应该利用现在和平的国际环境发展自己。人们都在议论说下一个世纪是"亚太世纪"，好像这个世纪已经来到，其实，真正的"亚太世纪"要等中国、印度和这个地区其他发展中国家发展起来后才能到来。邓小平说，（50年代）那个时候我们两国之间的关系非常好，"中间相当一段时间的情况是彼此不愉快的，忘掉它！一切着眼于未来"。拉·甘地对此表示同意。他说，希望两国关系能够恢复到以前那样。

访问期间，两国政府签署了科学技术合作协定、民用航空运输协定和文化合作协定。访问结束后，双方发表了联合新闻公报。在公报中，双方强调了和平共处五项原则的重要性，并一致同意在五项原则的基础上恢复、改善和发展中印两国睦邻友好关系。双方重申将为进一步发展两国友好关系努力。关于边界问题，公报称，两国领导人同意通过和平友好方式协商解决这一问题。在寻求双方都能接受的边界问题解决办法的同时，积极发展其他方面的关系，努力创造有利于合情合理解决边界问题的气氛和条件。为此，将采取一些具体措施，如建立关于边界问题的联合工作小组和经贸、科技联合小组。关于西藏问题，公报说，中国对一些西藏人在印度进行反对祖国的活动表示关切；印方重申印度政府长期和一贯的政策，即西藏是中国的一个自治区，印方不允许这些西藏人在印度进行反对中国的政治活动。

拉·甘地这次访华，在中印关系史上具有里程碑式的意义。第一，印度总理时隔34年再次访华，恢复了两国之间的高层访问，这是两国关系正常化的重要标志。第二，双方一致同意在五项原则的基础上恢复、改善和发展两国睦邻友好关系，并重申为进一步发展两国友好关系作出努力。第三，两国领导人同意在边界问题解决之前，积极发展其他方面的关系。这表明印方调整了对华政策，放弃了长期坚持边界问题不解决，限制发展其他方面关系的消极态度。第四，双方同意通过和平友好方式协商解决边界问题，寻求双方都能接受的解决办法。

拉·甘地在会谈中表示印方有决心通过互利互惠来解决边界问题，这接近中方一贯坚持的"互谅互让"原则。但在联合公报中仍未同意"互谅互让"原则。第五，关于西藏问题，印方第一次公开声明"西藏是中国的一个自治区，印方不允许这些西藏人在印度进行反对中国的政治活动"。

总的来说，拉·甘地访华是一次"破冰之旅"，对中印友好关系的恢复和发展具有重要作用。可惜在一年后的大选中，国大党因卷入博福斯军火购买贿赂丑闻等原因而遭到惨败，拉·甘地也被迫下台。但拉·甘地访华后，印度政府对改善和发展中印双边关系的态度比过去要积极，中印边境地区局势也有所缓和，中印关系回到了正常发展的轨道。

随吴特使赴印出席拉·甘地葬礼

1991年5月21日，拉·甘地在印度南部泰米尔纳德邦首府马德拉斯附近不幸遇刺身亡。当时，拉·甘地乘汽车到那里参加竞选集会。当他下车走向主席台时，周围挤满了欢呼的人群，向他献花束、为他戴花环的人接连不断。其中一名妇女身上捆着炸弹，当她弯下腰来似乎要行触脚礼欢迎拉·甘地时，炸弹被引爆。随着一声巨响，浓烟冲天，拉·甘地和其他12人一起倒在血泊中，当即身亡。据报道，刺杀拉·甘地是反对他出兵斯里兰卡的泰米尔武装组织所为。

这时，我在外交部亚洲司担任主管印度事务的处长。第二天早上一上班，我就从驻印度使馆发回的特急电报和新华社编译的《参考资料》中得悉了拉·甘地遇刺身亡，印政府拟于次日为他举行国葬，邀请各国领导人出席的消息。我正准备去司长办公室请示处理意见，王英凡司长却直接来到我处，经过几分钟商议，决定建议由主管外事的吴学谦副总理以中国政府特使身份乘专机赴印度参加拉·甘地的葬礼。我立即起草了一份标为"特特急"的请示报告，王司长口头请示钱部长同意后，迅速签批了我处起草的报告送部领导和中央审批。紧接着，同民航总局联系调派专机、确定起飞时间、制定随行人员名单、电示我驻印使馆告知印方我决定派特使参加葬礼、发去专机入境技术资料，等等，我们整整忙碌了一天，总算完成了所有准备工作。

当天，我们还起草了李鹏总理就拉·甘地前总理不幸遇刺身亡致印度总理钱德拉·谢卡尔的唁电。唁电对拉·甘地不幸遇难表示深感悲痛和深切哀悼，并称拉·甘地是印度杰出的政治家，也是中国人民熟知的朋友，生前为改善和发展中印关系作出了积极贡献。唁电稿用电话请示总理办公室后即由外交部领导签发，交电视、广播、报刊发表，并由我驻印使馆转交印方。

第二天一早，王司长和我作为工作人员随吴学谦副总理乘专机离开北京，除机组外，随行的还有秘书、翻译和警卫等五六个人。专机起飞后向西飞至新疆，经巴基斯坦领空向南进入印度，全程六七个小时。抵达新德里时，印度外交部官员和屠国维大使到机场迎接。这时新德里天气十分炎热，气温在摄氏 40 度左右，葬礼又在露天举行，印方特别告知着装从简，可以只穿衬衫。考虑到印度政府忙于安排葬礼，各国来印出席葬礼的领导人和代表很多，可能照顾不过来，不如住在使馆方便，所以按预定安排，吴特使和我们工作人员都住在我驻印度使馆。

依照印方安排，当天只有吴特使带一名翻译和屠大使到现场参加葬礼，他们在户外高温下待了好几个小时，全身汗湿，十分辛苦。我和其他人在使馆观看了电视直播的送葬和葬礼全过程：拉·甘地的遗体安放在一辆铺满鲜花的灵车上，由武装军警作前导，仪仗队、军乐队随行。拉·甘地遗孀索尼娅·甘地和子女们、高级军政官员、各界人士组成浩浩荡荡的送葬队伍，从停放遗体的尼赫鲁纪念馆启程，前往新德里西南郊圣雄甘地墓附近的火葬场。沿途，成千上万的民众伫立路旁为这位年轻的领袖送行。火葬依照印度教习俗进行，由拉·甘地的长子拉胡尔亲自点火。印度总统、总理、议长、内阁部长等高级官员及数十个国家的领导人、特使或代表出席了葬礼。

吴特使出席葬礼，表明了中方对中印关系的高度重视和对拉·甘地生前为改善两国关系作出积极贡献的充分肯定。

随同李鹏总理访问印度

1991 年 12 月，李鹏总理访问印度。这是继 1960 年周恩来总理访印后，31 年来中国总理首次访印，也是对拉·甘地总理 1988 年访华的回访。这次访问对中印双边关系的进一步改善和发展具有重要意义。我作为外交部亚洲司主管处长参与了访前准备和访问的全过程。

出访前的准备工作

李鹏总理应印度总理德维·高达邀请，原定 1990 年年底访印，后因印政府更迭而推迟。1991 年 7 月印度大选后，新任总理拉奥重申对李总理的邀请。在中央内定李总理拟于年底前访印之后，我们从 9 月就开始了准备工作。

首先是上呈李总理出访的请示报告、出访方针及会谈方案，由我起草上报亚洲司和部领导审批后报国务院。与此同时，由处里分管印度工作的五位同志分别准备供总理访印参考的背景资料，包括"印度简况""拉奥政府内外政策动向""印度领导人简介""中印关系简况""中印边界问题概况"，以及访问期间用的"会谈参考要点"（包括双边关系、边界问题、国际和地区问题）、"会见谈话要点"（包括会见印度总统、副总统、索尼娅·甘地等人）、"记者招待会表态参考口径"、抵达新德里机场的书面讲话稿、印度总理欢迎宴会讲话稿、在尼赫鲁纪念馆的讲演稿、拜谒圣雄甘地墓的题词等。此外，还为钱外长同印度外长会谈准备了"对口会谈参考要点"，为徐敦信副外长准备了出访前对媒体的谈话稿。所有这些材料由我一一审改定稿后上报司、部领导审批，我本人还负责起草了李总理访印后由双方发表的"中印联合公报"稿。

此外，为使访问取得一些具体成果，争取在访问期间签订几项协定，我们作为总理出访的主管和协调单位，还促请有关单位加紧准备，争取在出访前同印方达成协议。吸取前车之鉴，在此期间我们密切跟踪印度新政府上台后的政局动向，以防印政局变化影响李总理出访。为防止达赖分子干扰破坏这次访问，外交部还电示驻印大使就近期达赖分子在印的反华活动事向印方提出交涉，要求印方严格禁止达赖分子的反华活动，在李总理访印期间采取一切必要的安保措施，确保访问顺利进行。

李总理出访前，在人民大会堂主持召开会议，亚洲司张成礼副司长和我参加了这次会议。李总理听取了外交、安全等部门就出访准备工作的汇报。考虑到印度的安全形势，特别是达赖分子蠢蠢欲动，会议决定取消原定访问孟买和参观世界闻名的泰姬陵的日程。总理5天的访问仅局限于首都，这在我国领导人出访的历史上恐怕是极为罕见的。李总理最后讲话说，这次访问是在苏欧巨变、国际局势更加动荡不安的形势下进行的，是中国总理31年来首次访印，也是对1988年拉·甘地访华的回访，其本身意义重大。我们执行睦邻友好的对外政策，目标是创造一个有利的安全环境。这次访问就是继续改善中印关系的一个重大行动，希望通过访问增进了解，推动中印关系进一步发展。同时，李总理也指出，边界问题不可能突破，但双方应努力保持边境和平安宁，减少军事对峙。钱部长也在会上讲话，指出这次访问旨在继续保持中印关系改善的势头，并创造条件进一步发展两国关系。印度是一个影响较大的国家，苏联倒台后，美国极力拉拢印度。改善中印关系，有利于南亚地区稳定和我外交全局。双方在国际问题上有共同语言。

总理会谈、会见和演讲

1991 年 12 月 11 日，李鹏总理乘专机离开北京，对印度进行正式友好访问。随同总理出访的有总理夫人朱琳、国务委员兼外交部长钱其琛夫妇、对外经贸部部长李岚清等陪同人员，还有外交、经贸、安全等部门的官员和工作人员。我们外交部亚洲司随访的有张成礼副司长和我。

我们乘坐的李鹏总理专机于上午 10 时 30 分从北京机场起飞，经新疆红其拉甫山口进入巴基斯坦领空，于下午 3 点（印度时间）抵达新德里帕拉姆空军机场。

印度外长夫妇到机场迎接并分别陪车至总统府。印度总理拉奥在总统府广场迎接李鹏总理夫妇并举行欢迎仪式。李总理由印礼宾官员引导登上检阅台，仪仗队行持枪礼，乐队奏中、印两国国歌。之后，李总理走下检阅台检阅三军仪仗队，与印方参加欢迎仪式的人员见面。仪式毕，拉奥总理陪同李总理前往总统府下榻。

访印期间，两国总理分别于 12 日下午和 13 日上午举行了两轮会谈，每轮会谈都分为大组会谈和单独会谈。在首脑外交中，单独会谈是一种重要的方式，双方可以说得更深入、更推心置腹，更容易沟通，也更利于保密，从而更利于领导人之间建立和加深个人关系。印方比较偏爱这种方式，单独会谈就是印方建议的，原定举行一次，第二天又临时增加一次。两个小时的会谈中，单独会谈占了 1 小时 40 分钟，两国之间重要和敏感的问题主要是在单独会谈中说的。

在大组会谈中，李鹏详细阐述了中方对国际形势尤其是对苏联、东欧局势的看法及中美关系等。关于双边关系，李鹏表示，双方应在同拉·甘地总理达成的原则和谅解的基础上进一步发展中印关系；采取措施使两国边界成为和平安宁的边界。关于西藏问题，李鹏介绍了西藏历来是中国的一部分，历代达赖喇嘛均由中央政府册封批准，希望印度政府理解中方立场并重申不允许达赖集团在印度从事反对中国的政治活动。关于印巴之间的矛盾，他表示，中国不介入印巴争端，希望通过和平协商，公平合理地解决两国之间的问题。拉奥介绍了印方对苏联政局变化、世界多极化等国际问题的看法，然后提议举行单独会谈。

两次单独会谈（按：翻译是马雪松，张成礼和我以"记录"身份参加）中，双方主要谈及：（一）关于边界问题。拉奥说，首先，我要重申 1988 年拉·甘地总理访华时同你就解决边界问题的有关原则达成的谅解，本政府将恪守 1988 年双方确定的各项原则。第二，（中印）联合工作小组近几年深入讨论了边界问题的解决办法，增进了对相互立场的了解，希望他们的工作继续下去。第三，我们成功地保持了边境地区的和平安宁，希望双方进一步深入讨论，取得突破，根据我们达成的原则找到解决办法。鉴于边界问题非常重要和敏感，建议我们两人亲自考虑，给下次边界会谈以新的指示，开辟

新的途径。李鹏说，非常赞赏拉奥总理表示遵守 1988 年两国
总理达成的谅解，双方都应严格遵守"互谅互让、相互调整"
的原则。他询问对方是否公布这一原则。拉奥称，"我判断时
机还不成熟。"李鹏建议，双方同意制定保持边境地区和平安
宁的措施并对外公布；为防止边境发生不愉快事情，双方边
防人员可进行定期会晤。双方同意必要时可通过派遣特使等
不公开的渠道交换意见。（二）关于西藏问题。拉奥重申印方
认为达赖是宗教领袖，不允许其在印度搞任何政治活动，明
确承认西藏是中国一个自治区。他说，印度不少藏人不服管
教，印方将继续努力控制。（三）关于印巴关系。拉奥称，印
旁遮普邦的恐怖活动都是巴煽动的。双方多次会晤，越境恐
怖活动仍不断增加。（四）关于印美关系。拉奥说，印希望同
美保持良好关系，美国是印度最大贸易国。但印度是不结盟
国家，美国是超级大国，印度不会屈服于美国的压力，印在

1991 年 12 月 12 日，
李鹏总理在新德里拜谒
圣雄甘地墓。（供图：
中新社）

1991年12月12日，李鹏总理向甘地墓献花圈后，在陵墓东侧外国首脑通常植树的地方种下了一棵玉兰树苗。
（供图：中新社）

发展印美关系时，将保持独立的立场。中印在这一点上相似。李鹏表示，中、印同美国的关系有共同之处。美对中、印在技术转让、知识产权和市场准入方面施加压力，双方应协调立场。李鹏还阐述了中国在人权问题上的立场，表示反对西方把其人权价值观强加于我的做法。（五）关于双边贸易。李鹏说，中印贸易近年来有些发展，但处于低水平，双方应推动贸易进一步发展。双方贸易官员和企业家应更多互访。中方准备从印度进口矿石和烟叶。拉奥表示印方希望增加边境贸易点，李鹏表示原则上同意。（六）关于高层互访。李鹏正式邀请拉奥访华，拉奥愉快地接受了邀请。

李鹏总理还分别会见了印度总统文卡塔拉曼、副总统夏尔马以及外交、国防和财政部长，就双边关系和共同关心的国际、地区问题交换意见，双方在许多问题上取得了共识。李鹏总理还同两位前总理德维·高达和钱德拉·谢卡尔、各主要政党领导人进行了会晤，与各界人士进行了广泛接触，介绍我国内形势和对外政策，阐明在当前形势下发展中印睦邻友好的重要意义，对增进印度各界对我的了解起到了积极作用。

李鹏总理在尼赫鲁纪念馆对印度各界人士发表的演讲，引起了广泛而积极的反响。在这次演讲中，李鹏总理谈到中印传统友谊和中印共同倡导和平共处五项原则的历史性贡献，强调中印两国应该成为践行五项原则的典范。关于边界问题，他说，两国领导人一致认为边界问题不应成为改善和发展中印关系的障碍，双方同意努力寻求边界问题的解决。相信经过共同努力，一定能够找到一个双方都能接受的解决办法。陪同访问的国务委员兼外交部长钱其琛和外经贸部部长李岚清分别同印度外长和商业部长进行了对口会谈。双方签署了恢复互设总领馆协定、领事条约、恢复边境贸易备忘录、年度贸易议定书和和平利用外空科技合作谅解备忘录等五项协定，并发表了《中印联合公报》。

印方对李鹏总理的访问非常重视，给予了高规格的礼遇和热情、周到的接待。为防止达赖分子破坏访问，印方事先预防性拘留了数十名"藏独"分子，采取了最严格的安保措施，在李总理到达和离开时调派上万名军警，从机场到总统府三步一岗、五步一哨实施戒严。印方还特别安排了悬挂中印国旗的模拟国宾车队提前十分钟出发，以防范于万一。印方在我代表团下榻的旅馆派驻了一个连的警卫人员，在我驻印使馆外增派了 500 名警察。访问期间，达赖分子多次举行集会示威，焚烧模拟像，呼喊反华口号，还有 3 名西藏喇嘛企图自焚抗议。但由于印方采取了严密的安保措施，确保了访问的顺利进行。

通过访问，我们感到印度各政党之间虽存在政见分歧，但在发展对华关系上基本是一致的，都赞成积极推动两国睦邻友好合作关系的发展。两国总理在会谈中一致同意继续保持两国的高层互访，认为这对促进相互了解、推动两国友好合作关系的发展具有重要意义。双方希望进一步开拓和深化两国在经济、贸易、科技、文化等各个领域的关系，认真探讨了合作的领域和途径。双方一致认为两国在边界问题上的分歧不应成为发展关系的障碍，表示将通过友好协商争取早日达成双方都能接受的解决办法。双方还同意在边界问题最终解决前，保持实际控制线地区的和平与安宁，并把边防人员的不定期会晤改为定期会晤。在西藏问题上，印方重申承认西藏是中国的一个自治区、不允许西藏人在印度进行反华政治活动的政策。

在国际问题上，中印双方有许多共同点。双方对当前国际形势的看法基本一致，认为发展中国家应相互支持，积极推动南北对话，不断加强南南合作，共同应对面临的严峻挑战。双方强调中印共同倡导的和平共处五项原则应成为建立国际政治经济新秩序的基础，并确认国际关系中应严格遵守不干涉内政的原则等。双方还在人权问题上达成共识，强调对广大发展中国家来说，生存权和发展权是基本的人权。中印作为两个人口最多的发展中国家，就上述重大问题达成共识并载入联合公报，反映了中印两国人民的意愿，对维护发展中国家的权益，对地区乃至世界的和平、稳定与发展无疑都会起到积极作用。此外，双方还同意加强在国际事务中的合作。在南亚地区问题上，李鹏总理重申了我国同该地区所有国家发展睦邻友好的一贯政策，双方赞同中印发展关系不针对第三国，也不影响各自同其他友好国家的关系。

1991年12月16日，李鹏总理圆满结束对印度的正式友好访问，离开新德里回国。图为在印度总统府举行欢送仪式前，李鹏在拉奥总理陪同下走向检阅台。（供图：中新社）

写简报、谈公报
——令人难忘的经历

这次随同李鹏总理访印，对于我们亚洲司几位工作人员来说，是一次十分辛苦、令人难忘的经历。我们的主要工作是作记录、写简报。而这次李鹏总理访印5天的日程没有参观项目，几乎全部都是会谈、会见，一场接着一场，一共20多场。我们白天要参加每一场活动，全力以赴、聚精会神地做好记录。晚上活动结束后，立即前往驻印度使馆整理会谈或会见记录，写出"李鹏总理访问印度简报"，连夜报回国内，以便中央和有关部门及时了解。写简报并非简单地按照现场记录写出双方谈话内容，而是要按谈话内容的重要性，有重点、分专题地加以归纳整理，不是全盘照抄，但重要的关键性的表态绝不能漏掉，而且要反复核对，十分准确。所以，写访印简报是一件相当费时费力的工作。整个访问期间，每天晚上我们至少要写到凌晨两三点钟，甚至四五点钟才能写完。尽管大家都十分困倦，回到代表团下榻的奥布罗伊饭店，稍事休息，又按时起来，精神饱满地投入第二天的工作。

　　访问期间，我参与的另一项工作是协助张成礼副司长同印度外交部主管中国事务的联秘拉奥夫人商谈《中印联合公报》。双方同意发表联合公报，是为体现访问成果和双方达成的共识，但出访前双方只交换了各自起草的公报稿，没来得及谈。到德里后，双方以两份联合公报稿为基础进行商谈。我们白天要参加总理访印的活动，常常是晚上活动结束后才开始谈。由于双方在若干问题上的分歧，谈判进行得非常艰难。双方的主要分歧包括：（1）在边界问题上是否要明确写上"互谅互让、互相调整"的原则；（2）在西藏问题上，印方不愿支持我方进一步阐明原则立场；（3）印方不同意我方公报稿中反对霸权主义和不谋求霸权的内容，我也不同意印方公报稿中关于反对"暴力"和"恐怖主义"的内容（因有影射巴基斯坦之嫌）；（4）关于边界问题，我方不同意印方公报稿中"不诉诸武力或以武力相威胁"（有影射我方之嫌）的内容；（5）关于人权问题的一些提法等。在谈判中，双方外交官都表现了维护各自国家利益和原则立场的坚定信念，因此就公报稿的一句话甚至一个词，双方都会反复阐述各自立场，决不妥协退让，有时争论一晚上仍无结果。同时，双方也表现了外交官的耐心和素养，争论中没有使用过分和激烈的言辞。最后，双方还是本着求同存异的精神，经反复商谈对方仍不同意的就不写入公报，在李鹏总理访印结束前一天晚上最终就《中印联合公报》内容达成一致。

　　总之，李鹏总理这次访问推动了中印关系的全面改善和发展，达到了进一步增进了解和友谊的预期目的，取得了圆满成功。印度新闻媒体对访问作了大量报道，积极评价李鹏总理的访问是两国关系发展的"重要里程碑"。

中印国家元首的首次互访

曾序勇

（中国前驻印度使馆公使衔参赞，前驻尼泊尔、科威特大使）

印度总统首次访华

1992 年 5 月 18 日，印度总统文卡塔拉曼应杨尚昆主席邀请对中国进行国事访问。这是自 1950 年中印建交以来印度总统首次访华，受到中方的热情接待，表明双方都希望恢复和重建两大邻国的密切友好关系。

文卡塔拉曼·拉马斯瓦米是印度资深政治家。他生于 1910 年，1935 年开始从事政治活动，曾因参加印度独立运动被捕入狱两年。印度独立后，先后任人民院议员、邦政府工业和劳工部长等职。1980 年后，先后任印度政府财政、工业部长和国防部长。1984 年任副总统兼联邦院议长。1987 年 7 月当选总统。

访问期间，杨尚昆主席同文卡塔拉曼总统举行了正式会谈。杨尚昆主席首先说：阁下这次访华是中印两国建交以来印度总统首次访问中国，这是两国关系史上的一件大事。阁下就任以来，很重视中印友好关系，为促进中印友好合作作出了很大努力，我们表示赞赏和感谢。文卡塔拉曼总统热情地回应说：我非常感谢主席阁下对我的盛情邀请和热忱接待。我作为第一位访华的印度总统，感到十分荣幸。多年来我一直期待有机会访华，这个愿望终于实现了。50 年代，我们两国关系曾经历过最好的时期，喊过"印中人民是兄弟"（的口号）。我衷心希望两国关系恢复到 50 年代的水平。他接着说，印中两国都是文明古国，先后于 1947 年和 1949 年获得独立和解放，印度是发展中国家第一个同新中国建交的国家。我们对新中国在农业、工业、基础设施建设方面取得的成就表示钦佩。中印共同倡导了和平共处五项原则，只有这五项原则才能保证世界和平。他详细介绍了印度的政治、经济状况和独立以来在各方面取得的重大成就，表示印中两国可以在实现现代化方面进行合作，以促进两国和本地区的经济发展。希望这次访问为两国全面合作奠定坚实的基础。杨尚昆主席回顾了中印古老文明和两国在宗教、文化交流方面的悠久历史，表示：在近代"印中人民是兄弟"的口号曾经深入人心，两国共同提出的和平共处五项原则现已成为国际社会公认的准则。中国政府和人民希望两国关系恢复到并超越过去的高度。两国人口众多，资源丰富，都在致力于发展经济，两国关系的发展有很大的互补性。两国可在农业、工业、科学、文化等各方面开展广泛的合作。杨主席还向客人介绍了中方进一步深化改革开放、加快经济发展的政策，表示两国高层应经常交换意见和交流经验，以利于两国经济更好地发展，也有利于亚洲的和平与稳定。文卡塔拉曼总统邀请杨尚昆主席方便时访印，并说不要夏天来，印度夏天太热，阳光下鸡蛋都熟了。

　　5 月 19 日下午，江泽民总书记在钓鱼台国宾馆会见了文卡塔拉曼总统。文卡塔拉曼首先谈到中印两国的古老文明和传统友谊，50 年代两国建立了非常亲密友好的关系，这次访问的主要目的就是要恢复那样的关系。他赞赏邓小平倡导的经济改革和对外开放，称印度也在推行经济放开政策，但遇到许多问题，希望了解中国的经验。他说，印中在经济上有互补性，在贸易、工业方面的合作有很大潜力，可取长补短，相互提供技术。江泽民总书记向印度总统详细介绍了中国城市和农村的经济改革情况以及对国际形势的看法。他说，我们始终致力于建立国际政治经济新秩序，基础应该是中印共同创建的和平共处五项原则，特别是互不干涉内政。我们坚决反对霸权主义和强权政治。中印应共同努力，利用和平的国际环境把经济搞上去。中印保持睦邻友好，对两国的发展有很大好处。文卡塔拉曼表示赞赏江总书记对世界局势的分析。谈到中印边界问题，他说，边界问题是个复杂的问题，不能指望一夜之间得到解决。印方希望通过和平谈判解决边界问题，除联合小组会谈外，还可以另外采取一些步骤。为加强相互信任措施，可考虑裁减双方军队，从近距离接触地区相互撤军，双方相互通报军事调动。江总书记表示，我坚决主张同邻国和平解决边界问题，只要双方本着和平讨论的方针，边界问题总是能解决的。他感谢印方的邀请，表示在适当的时候愿意访问印度。

同日，李鹏总理在钓鱼台养源斋会见了文卡塔拉曼总统。李鹏首先代表中国政府对印总统访华表示热烈欢迎。他回顾了去年12月访印时受到的热情友好接待，并称那次访问后，两国在联合国等许多国际场合密切合作，对印度在人权会议上支持中国表示赞赏。文卡塔拉曼称李鹏对印度的历史性访问为两国关系的改善奠定了坚实的基础。他说，他这次访华同中国领导人深入讨论了经济改革中的问题，双方在此领域可加强对话、交流信息。两国贸易增加，在工业和技术设备方面合作有很大潜力；在发展农村工业、解决就业问题方面双方可交流信息和经验。

接着，文卡塔拉曼谈到中印边界、西藏和印巴关系等三个问题。他说：（一）边界问题是两国关系中最敏感的问题。边界问题应该通过讨论和平解决，永远不应在解决中使用武力。我赞成总的来说应互谅互让，相互调整。我建议双方审议相互裁军的可能性，以创造相互信任。近距离对峙问题，可由联合工作小组审议解决。如发生这种情况，双方应后撤，避免冲突。双方联合工作小组和边防人员应定期会晤，使双方相互理解，增加信任，消除猜疑。印度国防部长将于下半年访华，届时双方将详细讨论此问题。（二）关于西藏问题，我们明确讲过西藏是中国的一个自治区，西藏问题是中国内政，外国不得干涉。我尊重达赖喇嘛只是作为宗教领袖，不是作为政治领袖尊敬。印度政府拒绝达赖喇嘛反对中国的活动。（三）关于印巴关系，印度希望同巴基斯坦等所有邻国发展友好关系。现在印巴之间有西姆拉协定，双方同意所有问题通过讨论解决。

李鹏表示，中印在许多问题上看法是相似的。中印差不多同时取得独立解放，在经济建设方面都取得了可观的成就。中国高度评价印度在科技方面的成就，双方可进行合作，也有许多经验可以交流。关于边界问题，李鹏说：边界问题是历史遗留下来的，我们坚决主张用和平谈判而非武力方式解决。只要双方有诚意，问题终究可以解决。中国以经济建设为中心，执行独立自主的外交政策，这是我们长期不变的政策。中印都是发展中国家，人口众多，精力应放在经济建设上，而不是浪费在军事竞赛上。近年来中国特别重视发展同周边国家的关系。中国的政策是谋求和平友好的边界。两国政府首脑就解决边界问题的原则达成一致，即你提到的"互谅互让，相互调整"。在谈判的同时，应采取措施创造和平友好的气氛，这是至关重要的。你提到相互裁减军力、减少近距离对峙、边防人员定期会晤，希望能达成协议。同时我们也欢迎（印度）国防部长访华。关于西藏问题，李鹏表示非常赞赏总统重申印政府的政策，并说：达赖在世界上到处活动，到处搞分裂，破坏中国的统一，这种行为是很不合适的。西方利用宗教问题和西藏"人权""独立"问题来向中国施加压力。达赖"流亡政府"的基地在印度，希望贵国政府规劝达赖喇嘛，对他施加影响，使之不要妨碍中印关系。关于印巴关系，李鹏说，我们知道印巴关系紧张。印巴都是我们的朋友，希望双方和平谈判解决。过去印巴就克什米尔和两国关系达成过协议，还有联合国有关决议，希望双方在此基础上继续谈。我们希望印巴化干戈为玉帛，和为贵，集中精力于经济发展。关于人权问题，我们主张人权应得到普遍尊重，但不能干涉内政。

对于中方安排三位主要领导人会见和给予盛情接待，文卡塔拉曼总统本人和陪同官员都表示十分高兴和满意。陪同访华的印度外秘迪克西特对徐敦信副外长说，两国领导人交换意见，内容和实质都比预料的更积极和深入。他们作为中印边界联合工作组的负责官员和两国外交部主管双边关系的高级官员，还就中印边界建立信任措施、脱离近距离对峙的建议、就签订保持边境地区和平安宁的原则协议交换草案以及双方尽早在上海和孟买开设总领馆等事宜进行了具体而深入的讨论并达成了共识。此外，徐敦信还就台湾问题重申了我原则立场，要求印方将印台经贸往来限制在民间水平上，不要同台湾发生官方或变相的官方关系。迪克西特重申印执行一个中国政策，不同台湾发生任何政治关系，无论是公开的或是变相的都不允许。他还介绍了印度不会签署歧视性的核不扩散条约的立场，希望中方理解。双方同意向媒体公布，中印联合工作组 10 月份将提交关于在边境地区建立信任措施、保持和平安宁的协议草案，作为印度总统访华的具体成果之一。应该说，在总统访华期间，两国外交部主管官员举行会谈达成许多共识，极大地丰富了印度总统访华的内容。文卡塔拉曼在访华结束的声明中强调要进一步加强印中合作，并指出：印度和中国要实现现代化的目标，需要在本地区和国际上有一个持久和平和稳定的环境。印度《国民先驱报》称：文卡塔拉曼访问中国"是加强印中这两个亚洲大国之间关系的一个重要里程碑"。

文卡塔拉曼总统一行在北京期间还参观了八达岭长城，离开北京后先后访问了古都西安、杭州和上海，参观了秦始皇陵兵马俑、西湖等名胜古迹。访问期间，由建设部部长侯捷担任陪同团团长，驻印度大使程瑞声全程陪同，徐敦信副部长、张成礼副司长是外交部负责接待的主要官员。我作为主管处长参与了访问前所有接待准备工作，访问期间参加了欢迎仪式、晚宴、会谈、会见、参观访问等全部活动。由于对印度情况和接待工作已经相当熟悉，无论是访前为中央领导准备会谈和会见的一系列材料，还是访问中作记录写简报，都比较得心应手、轻车熟路，圆满地完成了这次接待工作。

中国国家主席首次访问印度

1996 年 11 月江泽民主席访印，是中印建交 46 年来中国国家元首对印度的首次访问，是中印关系明显改善的重要标志，在两国关系史上具有重大意义。我们既兴奋和高兴，同时深知使馆接待高访责任重大，不能出任何差错。使馆接待工作既繁杂又具体琐碎，必须全馆动员，统一指挥，通力合作。裴远颖大使是馆长、第一责任人，但他作为代表团陪同人员要参加全部访问活动，所以全馆接待工作的具体策划、安排、组织、协调工作，就主要落在我这个使馆二把手、公使衔参赞肩上了。

全力以赴做好接待准备工作

使馆为江主席访印的准备工作提前两个月就开始了。首先是向国内报送印度最新的国内政局、经济形势、对外关系、中印关系和印度领导人资料。由我起草了关于江主席访问印度的建议，主要包括会见印方领导人名单、会谈会见和讲演内容、接受记者采访、参观项目、签署协议、发表联合公报及主要内容等，这些建议基本上被国内采纳。

第二是成立接待班子，由大使总负责，由我具体协调落实；下面分6个组，包括礼宾联络组、政治组、新闻组、后勤组、安全组、专机组，我兼任礼宾组组长，其他组长主要由几位参赞和武官担任。第三是立即为代表团大部分工作人员、随团记者和专机机组分别预订下榻旅馆，因为按对等原则印方只接待31人，其余均由中方自理。11月是印度旅游旺季，要在交通方便的五星级饭店预订百十间房间，必须及早落实。

过了国庆节，我外交部先后发给我馆有关江主席访印的初步日程以及中方对礼宾安排、住房乘车、安全工作等方面的要求，指示我馆同印方商谈。裴大使和我即正式约见印度外交部主管官员进行口头交涉并面交书面照会，以免有任何遗漏并记录在案。这些事项主要有：（1）确定日程，首先是抵离日期。（2）礼宾安排：机场迎送、欢迎仪式程序和示意图；各场会谈、会见、宴请的时间、地点、形式、程序、人数限额、对方主要官员、我方出席人数、是否发表正式讲话、翻译安排、服装要求及有关注意事项等细节。（3）参观游览：参观项目、城市的介绍材料、参观程序、对方陪同人员及是否需题词、签名、赠礼等。（4）住房：为便于联系和活动安排，争取全团人员住同一饭店，楼层尽量集中。（5）行李：请印方安排专车、专人负责运送江主席行李，该车抵离时均随车队行进。使馆派专人分别负责江主席和代表团的行李，确保运输、装卸、停放和分送过程中安全无误。（6）乘车：江主席主车及译员、警卫、医护人员、双方礼宾官员、代表团成员和所有工作人员的乘车顺序和安排。（7）用餐：除江主席外，其他人均用自助餐。与饭店商定一固定餐厅供代表团使用。（8）礼遇：要求印方给代表团提供免检、免验礼遇。（9）联络员：由使馆安排多名人员担任，负责江主席及随行部长的联络，随时协助工作。（10）同印方商定招待人数及费用等。

关于江主席访印的安全工作，我们也向印方提出了一些具体要求，包括中方警卫人员和车辆安排、专机看护办法、确保食品安全等。

印方对我方提出的有关访问日程、礼宾、住房、乘车安排等要求，总的来说态度积极，尽量予以满足。在接待准备和访问过程中，双方合作愉快。

为做好接待工作，使馆多次召开接待班子会议和全馆会，动员、布置、落实接待准备工作。我在会上强调江主席访印的重大政治意义，要求全体同志务必高度重视，全力以赴，精心准备，保证访问圆满成功；要求各接待组制订出工作计划和行动细则，抓紧、抓细，逐项落实。

使馆以江主席访印为契机，开展了多项外宣工作，如向印度主要新闻媒体散发并提供大量背景和宣传材料，裴大使在访问开始前三天举行记者招待会介绍江主席访印的目的、意义和我国经济发展、内外政策等。这些举措对印度媒体充分、正面、客观地报道江主席访印和中国情况起到了积极作用。

在此期间，使馆还接待了国内多个访印代表团，其中外交部亚洲司司长王毅率团访印是直接为江主席访印作准备，主要就双方会谈内容和在边境地区建立军事信任措施等同印方交换意见。

随着访问临近，裴大使和我再次约见印度外交部官员，详细商谈落实涉及访问的各项事宜并递交了十余份照会，内容包括：确认江主席访印日程、代表团人员名单（共67人，另有22名记者和26名机组人员）、住房乘车安排、中方参加各场活动（包括机场迎送）人员名单、确认双方分担经费、看护专机人员及车辆名单、中方安全人员携带特殊器材清单、专机入出境申请资料等。印方根据我馆要求，向我馆参加接待的人员和车辆颁发了访问期间进入机场停机坪和其他活动现场的许可证，还发给了我出席印度总统在总统府欢迎江主席正式晚宴和印度总理在海德拉巴宫为江主席举行午宴的请帖。

为了把接待工作做好、做细，确保严谨、有序，各接待组都研究制定了各组的工作职责、分工与实施细则，做到每个人都明确自己的职责和具体任务。除了访前要完成的准备工作外，还包括访问期间每天各场活动要做的工作，全都落实到每个人。这样，尽管大多数同志此前从来没有接待过国家元首级的高访团，但由于大家思想上高度重视，事前组织准备工作充分、细致、具体，既统一指挥，又分工负责，每个人都明确自己的工作任务，整个接待工作做得有条不紊、紧张有序。

后勤接待任务也十分繁重。访前两天，我和后勤组负责人一起去总统府查看了江主席一行10人的住房和厨房，重点检查卧室、浴卫、烹调设施，配备了一些必要的生活用品。江主席住在二楼，卧室、客厅、餐厅面积很大，空间很高，是很气派的宫殿式建筑。印方安排外国元首住总统府，是一种高规格的礼遇，同时也很安全。

代表团大多数人员住在泰姬宫饭店。事前，我和联络员约见了饭店经理，确定我代表团人员在饭店用餐的餐厅，并划定专门的用餐区包括几个包厢，商定了自助餐的菜谱，要求饭店绝对保证食品卫生安全。饭店经理非常配合。

机场迎接是江主席访印的第一场活动。使馆除了要组织欢迎、安排好车辆、协助代表团办理入境手续外，最重要的任务是把江主席及住总统府随行人员的行李、代表团住泰姬宫饭店人员的行李、住孔雀饭店记者的行李以及代表团所带礼品（直运使馆）共 200 余件准确无误、快速、安全地装车并分别押送到各处。为此，我们事先同印度外交部官员商谈好了运送行李的人员、车辆安排，认真做好接机和转送礼品等准备工作。

我们使馆全馆动员，忙乎了一两个月，一切准备就绪，终于迎来了江主席的访问。江主席专机预定于 11 月 28 日下午 3 时 30 分准时到达。使馆十余名联络员和工作人员提前 3 个小时分别进驻总统府和泰姬宫等 3 个饭店作准备。使馆 30 余人提前 2 小时到达新德里帕拉姆空军机场。使馆负责押运行李和协助办理入境手续的工作人员同印方人员取得了联系，确认行李车到达指定位置，并在专机后舷梯附近等待。我同礼宾组人员检查了代表团乘坐的车队停放位置和排列顺序，确认同双方商定的一致，并贴上车号。3 点多，使馆参加欢迎的人员在停机坪按礼宾顺序列队：前面安排一位使馆女同志献花，后面依次是大使夫人、我和夫人、其他参赞、武官等。

紧张的国事访问日程

3时30分，江主席乘坐的波音747专机准时降落在机场。裴大使和印度礼宾司长德赛登机请江主席下专机。江主席走下专机后，同前来迎接的印度外长古杰拉尔和计委国务部长阿格拉等印方官员握手，然后走到我馆欢迎队伍前接过使馆女同志献的花递给警卫，再同我们一一握手，裴大使在旁作了介绍。之后，我和两名联络员按事先分工，赶紧去引导陆续从前舷梯下专机的钱其琛副总理、曾庆红特别助理、多吉才让民政部长、吴仪外经贸部长、王维澄特别助理、江村罗布（西藏自治区）主席、唐家璇副外长等主要陪同人员上车。由于整个车队有近30辆车，如不加引导，他们很难在车队中迅速找到自己乘坐的车，及时跟上主车出发。其余几十名工作人员和警卫人员等事先已被告知车队排列情况和各自的乘车号，专机停下之后，他们迅速从后舷梯下飞机上车。机场欢迎是访问的第一场，也是容易出现差错和混乱的活动。还好，在我们精心准备和周密安排下，整个活动包括行李装车、押运都按预定计划紧张而有条不紊地顺利完成。

印度总统夏尔马在总统府前举行欢迎江主席的仪式。江主席走进总统府正门后，鸣礼炮21响。江主席下车后，夏尔马总统和高达总理迎接。江主席由印礼宾司长引导至检阅台上，乐队奏中印两国国歌。仪仗队指挥官上前敬礼，请江主席检阅。江主席在指挥官引导下检阅仪仗队。检阅后，江主席向夏尔马总统介绍中方主要陪同人员。20分钟的欢迎仪式结束后，夏尔马总统陪同江主席上车进入总统府下榻，代表团住饭店人员前往泰姬官饭店。我和住饭店联络员在饭店前厅迎接引导钱副总理和陪同部长上楼进房间，向他们的秘书介绍

1996 年 11 月 28 日，印度总统夏尔马在总统府亲切会见江泽民主席。

了电灯、电视、空调、热水器等各种开关如何使用，并催促将行李尽快送入房间。之后，我们同代表团礼宾官员取得联系，协助代表团有关人员去总统府活动。下午，江主席稍事休息后即在总统府南客厅分别会见印度人民院议长桑格马和副总统纳拉亚南，时间约半小时，参加人员只有曾庆红、多吉才让、裴大使等 5 人。

当晚，印度总统夏尔马在总统府北客厅会见江主席，钱副总理等 6 名中方人员参加。随后在宴会厅举行欢迎晚宴。此前，我和联络员先指引代表团不参加宴会的人员去中餐厅用餐，并及时调度车辆，协助钱副总理等参加会见和宴会的人员去总统府。晚上 8 点，夏尔马总统陪同江主席抵达大客厅，乐队奏两国国歌。夏尔马总统头戴白帽，身穿黑色印度式长衫，同江主席分别向对方介绍了出席宴会的主要官员，然后进入宴会厅入席（翻译坐后面，不入席）。此前，我同代表团其他十余人先进入宴会厅，已在自己座位后站好，待双方领导人入席后才坐下。宴会桌是大长桌，印总统和江主席对面坐长桌中间，中印双方官员按礼宾顺序交叉坐在长桌两边。菜肴以印餐为主，由众多服务员一道一道端上来，从主人和主宾上起，上一道菜换一次盘子。吃完甜点后，上咖啡之前，夏尔马总统致欢迎辞，然后江主席致答辞。讲话没有口译，而是由礼宾官给每人发一份讲话的中、英文稿（印总统讲话的中文稿是由我馆事先翻译打印的）。宴会持续了一个多小时，10点前结束，我回到泰姬宫饭店。11时，我召集住饭店联络员在我的房间开了个碰头会，检查布置工作。我说，今天是访问第一天，开局顺利，没出什么纰漏，希望大家再接再厉，全力以赴圆满完成今后的接待工作。

第二天（11月29日），江主席上午的活动日程是拜谒甘地墓、会见印度外长古杰拉尔、会见高达总理并出席签字仪式、出席印总理午宴，下午会见印度国大党主席凯萨里，晚上去科学宫会见工商界人士并出席招待会。早上8点半，我同联络员孙彦、王锦峰带着花圈和缎带驱车去往位于新德里东郊的甘地墓。花圈是前一天预定好的，白色缎带上写好了悼词。印方在甘地墓附近采取了严密的安全措施，各处都有军警值守戒备，据说事前军警还用钢叉刺扫甘地墓内外杂树草丛，以防有人藏身其中图谋不轨。9点30分，江主席抵达甘地墓，在印礼宾司长和甘地墓负责人陪同下进入大门，步行数十米至墓地入口处换上拖鞋（按印方习俗不能穿鞋入内）。江主席和陪同人员一行进入甘地墓，按顺时针方向绕行一周至墓前。我们事先已将花圈摆放在黑色大理石墓台边，江主席上前给缎带稍加整理，略退后一步，面向甘地墓默哀约半分钟。江主席仔细阅读了一块石碑上镌刻的"七大社会

罪恶"，它出自甘地 1925 年所著的《年轻的印度》一书：

搞政治而不讲原则；

积财富而不付出辛劳；

求享乐而没有良知；

有学识而没有人格；

做生意而不讲道德；

搞科学而不讲人性；

敬神灵而不作奉献。

江主席在出口处换鞋后，在留言簿上题词："民族英灵，世人敬仰，印度独立运动先驱和领袖圣雄甘地永垂不朽！"之后在印方礼宾司长引导下步行前往墓地植树，种了一棵玉兰树作为留念。

中午，江主席前往海德拉巴宫会客厅，由高达总理前来拜会。中方参加人员仅有钱其琛、裴远颖、唐家璇等 6 人。之后在海宫会议室举行会谈，中方全体陪同人员参加，我列席旁听了会谈。会谈持续了一个多小时，然后，在江主席和高达总理见证下举行了签字仪式。接着，高达总理在海宫宴会厅举行欢迎江主席的午宴，中方陪同人员和工作人员约 20 人参加了宴会。高达总理是印度南方人，身材高大偏胖，面色红黑，两眼炯炯有神。他和江主席与双方参加宴会的人员（事先站成两列）握手后进入宴会厅。印方邀请我作为使馆官员参加。宴会结束后，我同代表团人员回到泰姬宫饭店。

下午，钱副总理兼外长与印度外长古杰拉尔举行对口会谈，唐家璇、王毅等 4 人参加。我陪同他们前往印度外交部并列席了会谈，还作了记录。

晚上，江主席在科学宫会见印度工商界人士并出席工商界人士举行的招待会。印度工商联主席迎接、献花并致欢迎辞，江主席发表了讲话。代表团成员和使馆主要官员都出席了招待会。

江主席访印第三天，上午是乘印方波音 737 总统专机前往阿格拉参观世界闻名的泰姬陵。参加人员有全体陪同人员（除唐家璇外）和少数工作人员。唐副部长作为中印联合工作组中方首席代表过去率团访印时早已去过泰姬陵。我陪同他从下榻饭店回到使馆，阅看国内近日发来的重要文电。其他不去阿格拉的代表团工作人员，则由我馆派车，由联络员按预先安排，带他们游览德里市区的印度门、库杜布高塔等名胜古迹。使馆还派车陪代表团部分人员去工艺品商店购物。

江主席一行中午返回德里，下午参观了印度国家博物馆，然后到使馆看望我馆人员、驻印机构代表和留学生代表。这场活动我们事先也作了周密准备，包括确定参加人员名单、事先排练照相位置、在使馆大厅布置照相和开会场地、准备麦克风和录音机等。江主席下午 5 时来到使馆，大家在楼前列队欢迎并献花。进入大厅后，我们请江主席和钱副总理等陪同人员坐前排，使馆人员等按事先确定的位置迅速站在后面，分批照相，之后请江主席给大家讲话。江主席首先对驻外人员在国外辛勤工作表示慰问，对使馆周到细致的接待工作表示赞赏和满意，接着即兴谈了国内形势、外交方针和访印观感等。其中有一段很风趣的话我印象很深，他说："来之前，我就想看看印度神牛是什么样的。印方清场，连神牛也看不到了。……不管是在新德里还是在阿格拉（都没看见），应该说是非常宁静。"其实，江主席到访前，达赖集团放风要在访问期间制造事端。但江主席所到之处，印方都采取了严密的防范措施，达赖集团的图谋未能得逞。江主席的这段话也是对印方安保措施的肯定。晚上，夏尔马总统与江主席在总统府客厅话别后，访问日程就基本结束了。

次日（12月1日）上午，印度国务部长等官员和我馆人员到机场为江主席送行。江主席专机于10时起飞离开德里前往伊斯兰堡，圆满结束了对印度的访问。

就确立建设性合作伙伴关系达成共识

从1991年李鹏总理访印、1992—1993年印度总统和总理相继访华，到1993—1995年李瑞环、钱其琛、乔石又接连访印，中印两国开启了前所未有的高层互访。而江泽民主席作为中国第一位访印的国家元首，则将这一进程推向了高潮。这次访问的主要目的是增加互信，推动双边关系进一步改善和发展。首先，江主席在会见夏尔马总统时就强调，中国和印度互不构成威胁，两国的共同点大于分歧。这实际上是为中印关系提出了最重要的定位。他说，发展中印长期稳定的睦邻友好和互利合作关系是中国政府的既定方针。中印之间没有什么解决不了的问题，正像中国改革开放的总设计师邓小平先生所说的那样，既不存在中国对印度的威胁，也不存在印度对中国的威胁。江主席表示，中印都是发展中国家，目前都在致力于建设自己的国家，都在为争取建立国际政治经济新秩序而努力。两国之间共同利益远大于分歧。只要双方遵循和平共处五项原则，以长远眼光看待和处理相互关系，就一定能够将一个建设性的合作伙伴关系带入 21 世纪。

夏尔马回应说，当今世界处于新的十字路口，正在形成的世界新秩序充满希望和机遇，也面临新的矛盾和难题。历史的逻辑和时代的需要决定印中两国必然友好。他表示，印中拥有 20 多亿人口，有着巨大的市场，两国经济合作前景广阔。印中建立面向新世纪的建设性合作伙伴关系，不仅对两国的发展，而且对世界的发展都至关重要。

两国元首就确立中印建设性合作伙伴关系达成共识，突出了两国是伙伴而不是对手、合作大于分歧，体现了两国致力于发展友好的真诚愿望和务实态度。

签署建立边境信任措施的重要协定

江主席访印取得的另一个重要成果是，双方达成并签署了《关于在中印边境实际控制线地区军事领域建立信任措施的协定》。协定规定双方不进行威胁对方或损害边境地区和平、安宁与稳定的任何军事活动，寻求公正合理和相互都能接受的方案解决两国边界问题。在边界问题最终解决之前，双方将严格尊重和遵守中印边境地区的实际控制线，任何一方的活动都不得越过实际控制线。双方还将在中印边境实际控制线地区就裁减或限制各自的军事力量采取各种措施。

经过双方多年协商谈判达成的这项协定，是两国寻求搁置争议、和平相处、共谋发展的重大举措，对于增进互信、保持边境地区的和平稳定具有重大的政治意义和实际效果。印度舆论称这项协定实际上是两国签署的"不战宣言"。协定签署后，中印两军互信和交往不断发展。两国边防部队建立了定期会晤制度，开通了边防热线，使中印边境地区总体上保持了和平和稳定。

江主席访印还有一个令人瞩目之处是，随行的9名陪同人员中有两名是藏族高官：时任民政部长的多吉才让和西藏自治区主席江村罗布。中国国家主席首次访印，专门安排两位藏族高官随行，自然有特殊的考虑和含义，那就是中方对西藏问题的重视。江主席在同印度总理会谈中介绍了西藏自治区的发展状况，重申了中方在达赖问题和西藏问题上的原则立场。在参观泰姬陵时，江主席还同多吉才让和江村罗布在泰姬陵前的一张大理石椅上照了合影。印度记者非常敏感，抓住了这个镜头。第二天，印度主要报纸上刊登了这张照片。据说达赖集团的人看到这张照片后非常沮丧，感觉印度对西藏的政策变了，不再支持"西藏流亡政府"。的确，印方在会谈中向江主席表示，印方认识到西藏问题对中国的敏感性，完全尊重中方的立场，将恪守有关承诺。印方也采取了一些有效措施，防范达赖集团对访问的阴谋破坏。

江主席访印结束后，印度媒体对访问普遍给予了积极评价，其中一篇题为"历史性访问"的社论称，这次访问突出了中印关系的三大特点：一是不再为边界问题所困扰，二是第三方不再是决定性因素，三是双方互利合作不再受到限制，认为中印关系进入了一个新的发展阶段。

中印友好新篇章

程瑞声

（中国前驻印度大使）

1991年9月12日，我和夫人李路到达新德里，开始了出使印度的生涯。

我到任后的首要任务，就是全力以赴地为李鹏总理访问印度作准备。一位使节到任后能很快实现本国政府首脑的访问，这是很难得的。李鹏总理访印又是在周恩来总理1960年访印后时隔31年我国总理再次访印，具有重大的历史意义。因此，当我拜会印度外交部官员时，他们都友好地称我为"幸运的大使"，而我也欣然地接受了这一称呼。

80年代初，我在驻印度使馆任参赞时，中国政府曾不止一次地表示愿邀请时任印度总理英迪拉·甘地访华。但是英迪拉·甘地认为中印边界问题的解决是她访华的前提，因此一直未能成行。

1984年10月，英迪拉·甘地不幸遇刺身亡后，其长子拉吉夫·甘地继任总理。拉吉夫虽然缺乏从政经验，但具有新的思想，在外交上更加灵活和务实。1988年12月，他不顾印度国内某些人的反对，以非凡的勇气和胆略，毅然决定对中国进行正式友好访问。他的意大利血统的夫人索尼娅也陪同他来华访问。访问期间，李鹏总理同拉吉夫进行了会谈。中央军委主席邓小平在会见拉吉夫时表示，过去我们两国的关系非常好，后来经历了一段不愉快，忘掉它！一切着眼于未来。拉吉夫也在欢迎宴会上郑重宣布：现在是把目光转向未来的时候了；现在是恢复我们两国关系的时候了。在拉吉

夫访华期间，双方同意通过和平友好方式解决中印边界问题，建立关于边界问题的联合工作小组；在寻求边界问题解决办法的同时，积极发展其他方面的关系，努力创造有利于合情合理解决中印边界问题的气氛和条件。拉吉夫访华确实是一次历史性的访问，恢复了中印两国领导人的互访，成为中印关系的重大转折点。

　　然而不幸的是，1991年5月印度举行大选时，拉吉夫作为印度国民大会党的领导人于5月21日在泰米尔纳德邦进行竞选时，被斯里兰卡泰米尔"猛虎"组织恐怖分子炸死，在印度全国和国际上引起极大震动。当时，我正在缅甸准备离任，已得知我将担任驻印度大使的消息。有一天，我在电视上看到拉吉夫和索尼娅在投票站投票的镜头，想到不久将同中国的这两位老朋友见面，心中十分高兴。然而没过几天，BBC电台广播了拉吉夫被害的消息。我不敢相信，当即打电话给印度驻缅大使，他证实了这一消息，使我大为震惊和悲痛。在接到印度驻缅大使设灵堂吊唁的通知后，我成为第一个前往吊唁的使节。

拉吉夫被害在印度各地激起一股同情国大党的浪潮，使国大党在大选中多得了一些选票，成为议会第一大党，但其议席没有超过半数，加上其盟友也只是微弱多数。国大党代主席纳拉西姆哈·拉奥出任总理。由于拉奥政府是"少数政府"，有评论认为它随时可能倒台。拉奥政府能否稳定，直接关系到李鹏总理的访问，因此需要研究并作出判断。我组织使馆有关同志反复进行了认真研究，认为拉奥政府虽然面临不少困难，但由于采取了一些与反对党缓和矛盾的措施，得以在议会几次渡过难关。据此我们估计，拉奥政府能够继续执政下去，建议李鹏总理可以如期访印。

1991年12月11日，李鹏总理一行乘专机到达新德里，对印度进行正式友好访问。陪同访问的有李鹏夫人朱琳、国务委员兼外交部长钱其琛、对外经济贸易部部长李岚清等。由于拉吉夫1988年访华是专访，李鹏这次访问也是专访印度，不去其他国家，在印度又不去外地访问，因此在新德里逗留的时间有5天之久。这使李鹏有充分的时间同拉奥总理和其他领导人会谈，并同印度各主要政党、工商界、文化界、友好组织、记者等广泛进行接触。

已故总理拉吉夫对中印关系作出过重大贡献，中国人民也深切地怀念他。12月12日上午，李鹏夫妇在我和李路的陪同下到拉吉夫的遗孀索尼娅的家中看望她。李鹏对拉吉夫不幸遇难表示沉痛悼念，对索尼娅亲切慰问。朱琳表示，欢迎索尼娅在方便的时候再次访问中国。当索尼娅谈到她正在从事拉吉夫·甘地基金会工作时，李鹏表示愿做些捐献。会见后，我当即同陪同来访的外交部领导同志研究捐款的数额。我们参考了印度报纸报道的索尼娅本人和其他人士捐款的数额，建议李鹏捐献 2 万美元，经李鹏同意后，由我办理了手续。印度报纸对此进行了报道，效果很好。

在李鹏总理访问印度的前后，国际上发生了苏联解体这一第二次世界大战结束以来最重大的历史事件。中印两个大国面对冷战结束后新的国际形势，采取何种对策，不仅关系到这两个国家的前途，对世界和平也有深远的影响。在我参加两位总理的会谈时，使我感到鼓舞的是，李鹏和拉奥的观点十分一致。双方都反对国际事务由少数国家垄断，主张以和平共处五项原则作为建立国际新秩序的基础，同意中印两国加强合作来迎接国际形势的挑战。双方在人权问题上的观点也基本相同，强调生存权和发展权对发展中国家的重要性，反对以人权为借口干涉别国的内政。关于中印双边关系，李鹏和拉奥也达成共识，即中印边界问题不应成为发展两国关系的障碍，在边界问题解决前，维持边境地区的和平与安宁，采取信任措施。双方并邀请对方的领导人访问，增加高层来往。可以说，会谈是富有成果的。12 月 16 日，李鹏总理圆满结束访问回国。这次访问不仅成为中印关系发展的重要里程碑，而且为我这位刚到任的大使进一步开展工作创造了非常有利的条件，使我对以后的工作充满了信心。

就在李鹏总理访问后不到半年，印度总统文卡塔拉曼于 1992 年 5 月到中国进行国事访问。这是历史上印度总统首次访华，也有重要的意义。印度总统访问的随行人员较多，印方并挑选一些著名记者陪同。访问期间，文卡塔拉曼和他的随行人员对中国改革开放后取得的巨大成就十分惊讶，热烈赞扬。到上海后，陪同访问的文卡塔拉曼两个女儿听说中国的卡拉 OK 歌厅很多，希望能看一看。印度驻华使馆武官辛格上校自告奋勇进行安排。当晚欢迎宴会后，由我和李路、印度驻华大使海达尔夫妇、辛格上校等陪同总统的两个女儿到附近的一个卡拉 OK 厅参观。她们两位十分活跃，和大家一起唱歌，直到凌晨 1 时才尽兴而归。

1993 年 9 月 6 日至 9 日，拉奥总理对中国进行正式友好访问。9 月 7 日，拉奥在一天内会见了中共中央政治局七位常委中的五位：江泽民、李鹏、乔石、李瑞环、胡锦涛。江泽民主席在会见拉奥时表示，中印都是发展中国家，加强合作十分重要；强调必须反对霸权主义，并介绍了中国国内情况。拉奥表示，不能再用老一套办法来对付世界巨大的变化，印中两国人口占世界人口的 40%，应紧密合作。拉奥表示，希望江主席尽早访印，江主席表示将在适当的时候访印。

拉奥在同李鹏总理会谈时说："自 1988 年前总理拉吉夫·甘地访华以来，印中两国走上了睦邻友好的道路。可以说，现在印中关系成熟了，双方没有让一些分歧妨碍两国互利合作的发展。"他对中印关系的评价是十分中肯的。

在拉奥访华期间，中印两国政府签订了关于在中印边境实际控制线地区保持和平与安宁的协定。根据协定，中印边界问题应该通过和平友好方式协商解决，双方互不使用武力或以武力相威胁；在两国边界问题最终解决之前，双方严格尊重和遵守双方之间的实际控制线；协定所提及的实际控制线不损及各自对边界问题的立场。协定并规定了在实际控制线地区的一些信任措施。总的来看，协定体现了互谅互让的精神，为中印边界问题的最终解决创造了良好的条件。协定所规定的各项信任措施将保证中印边境地区的长期和平与安宁，大大减少在这些地区发生偶发事件的可能。因此，这一协定的签订是我任期内中印关系取得的最重大的成果之一。

在协定签订后，也有一些印度记者和学者问我，现在中印关系很好，中印边界问题为什么不能最终解决？我说，中印双方在边界问题上的争议面积确实很大，最终解决这一问题将涉及一系列政治上和法律上的问题，目前看来时机还不成熟，但只要双方抱有诚意和耐心，边界问题最终是会得到妥善解决的。

拉奥总理访华后，中印友好关系明显加强，各方面的交往进一步增加，有时甚至出现我需要同时接待来自国内的两个高级代表团的情况。

就在拉奥访华后不久，中国人民政治协商会议全国委员会主席李瑞环于1993年11月29日至12月4日访问了印度。根据印度领导人的日程安排，如先访问新德里，印度总统和总理都不在，因此双方商定李瑞环主席先访问孟买，后访问新德里。11月28日，我飞驻孟买，于29日上午到孟买机场迎接李瑞环主席一行。当晚6时半，李瑞环在下榻的奥布罗伊饭店会见了柯棣华大夫的亲属。

1994年1月，以中共中央政治局候补委员、书记处书记温家宝同志为首的中国共产党代表团应印度国大党的邀请访问了印度。我和使馆负责党际关系的一秘徐绿平同志全程陪同。1月8日，印度副总统纳拉亚南在会见温家宝时表示，过去见到的中国领导人最年轻的也有70岁，现在见到50多岁的中国领导人，感到很高兴。他表示，印度密切注视中国15年来改革开放所取得的重大成就，并为此感到高兴；中国的巨大变化对世界力量的对比产生重大影响。温家宝介绍了中国国内形势和外交政策。

当天下午，温家宝一行到果阿访问。当晚，果阿邦首席部长威尔佛里德·德索扎在一艘游艇上为温家宝一行举行宴会。果阿除因美丽的海滩闻名于世外，还有很多小河可供游览。我们所乘的游船于晚8时半沿一条小河缓缓而行，凉风拂面，十分舒适。船上装有彩灯，和岸上灯光遥遥相映，给人一种神秘感。游船的歌舞队演出了果阿民间歌舞。晚9时半在船上用餐，饭后继续观看歌舞。最后，演员邀请温家宝、德索扎和我们陪同人员一起共舞，气氛更加热烈。温家宝笑着说，这是他有生以来第二次跳舞。晚10时半，才登岸返回饭店。

中印两国军队友好往来的恢复是中印关系新的重大发展。1994年9月7日至12日，国务委员兼国防部长迟浩田上将访问了印度。这是中印两国建交以来中国国防部长首次访问印度。在这之前，印度国防部长沙拉德·帕瓦尔于1992年7月访问了中国。

9月12日，拉奥总理会见了迟浩田一行。拉奥表示，迟浩田是第一位访问印度的中国国防部长，访问有特别的意义。他表示，在发展两军关系方面有很多事情可做，两国在国际领域内也可加强合作。迟浩田表示，中国军方将竭尽全力来落实两国总理达成的协议，使双方的边境变成长期睦邻友好和平的边境；两军合作可以更宽一些。

1993年11月，中国海军"郑和"号训练舰访问了孟买。我到孟买参加了有关活动。

在我担任大使期间，中印两国贸易增长较快，从1991年的2.64亿美元增至1994年的8.95亿美元。1994年6月，中国对外贸易经济合作部部长吴仪访问了印度。6月17日中午，我陪同吴仪一行参加印度工业联合会举行的午餐会。该联合会主席在欢迎词中说："中国是龙，印度是大象，龙和大象应很好合作。"吴仪在致答词时首先表示："龙和大象是不可战胜的！"这时全场热烈鼓掌。

在印度工作期间，我深深体会到，只要中印双方坚持和平共处五项原则，继续开展友好合作，增进相互信任，两国的友好关系必将进一步巩固和发展。

超越过去，面向未来

——乐玉成大使与印度小女孩的互动

潘正秀

（中国驻印度使馆前外交官）

2015 年 7 月 14 日，中国驻印度大使乐玉成在印度《经济时报》（Economic Times）发表署名文章《All Izz Well》（祝福你，不知名字的印度少年），赞扬了一位中国报社编辑为不知名的印度少年捐献造血干细胞的义举。该文在印度国内引起巨大反响，印度、美国多家新闻网站转载和报道了此事。9 月 8 日，一位孟买的 11 岁小女孩读到这篇文章后，非常感动，给中国大使写了一封信。信中称："中印两国应告别过去，面向未来，因为我们生活在一个合作而非对抗的时代，我们还有很多事情可以做。"

乐玉成大使立即给小女孩回信，并邀请她全家赴新德里参加 9 月 24 日举行的中国国庆招待会。印度《经济时报》报道了这个故事，并刊登了小女孩的来信及乐大使回信的全文。

以下是乐大使给印度小女孩回信的全文译文：

亲爱的 Tanushree：

来信收到，你作为一名 11 岁的女学生如此关心中印友好合作，令我感动和钦佩。我完全同意你的观点，中印两国应该"告别过去，面向未来"，因为"我们生活在一个合作而非对抗的时代，我们还有很多事情可以做"。

我比你大 40 岁，相比我小的时候，现在的印度和中国，孩子们上学的环境好很多，并且有更多的中国小女孩和印度小女孩在学校接受与男孩子一样的平等教育。你拥有富有远见的爸爸妈妈，像许多年轻的印度父母和中国父母一样，他们给了你开放与自由的心灵。这让我感动，而这正折射出过去的几十年中你的祖国和我的祖国的巨大进步。

收到你的信以后，我一直在思考你提出的那个问题——在未来，我们可以一起做些什么呢？在我和你一样大的那一年，是1974年。那一年，世界上发生了很多事情，但在我看来，那一年最重要的事情也许是，一位叫鲁比克·厄尔诺（Rubik Ernö）的建筑学教授为帮助学生理解空间结构，发明了神奇的魔方。40年来，正是这个小小的方块，激发了无数孩子的梦想，绽放出他们的无限想象力。

让我们想象一下，我们可以做什么：我们要增加相互认知。作为邻居，我们彼此的了解还太少，我们可以去了解对方，发现对方，学习对方；我们要扩大合作，全球化时代，我们都在一条船上，面临共同的问题与挑战，需要齐心协力，共同划桨，才能到达胜利的彼岸；我们要弥合分歧，化解矛盾，学会做减法，消除影响双方互信与合作的障碍，实现互利共赢；我们要扩大多边合作，造福地区和世界，创造更好的物质和精神产品，提出更好的治理方案和理念；我们要着眼未来，保持可持续发展，努力让所有人喝上洁净的水，呼吸清新的空气，让子孙后代生活在和平安宁的阳光下、风景如画的青山绿水中。

我想，也许我的想象力远远不如你的，因为你和你的同龄人生活在一个充满奇迹的时代。这是我们共同的时代，但更是你们的时代。这个时代有时速超过1000公里的喷气式客机，有时速达到360公里的高速铁路，这意味着借用今天的交通技术，我们可以走得更近；这个时代有手机，有互联网，有Wi-Fi（无线宽带），这意味着凭借今天的通信技术，我们可以更好地沟通。在这样的时代，那些物理的元素不再成为我们彼此交往的障碍，我们所要做的，是敞开彼此的心灵，放飞我们的想象力，那就没有办不成的事情。

真挚地邀请你和你的爸爸妈妈参加中国驻印度大使馆的国庆招待会。随信附上邀请函。

你真诚的朋友

中国驻印度大使　乐玉成

9月24日，中国大使馆举办国庆66周年招待会，印度小女孩及家人应邀出席，发表了简短的讲话，还表演了印度民族舞蹈，气氛十分欢快与温馨。乐大使在招待会致辞最后深情地说：

前两天，我收到一位11岁的印度小女孩Tanushree Priyadarshi的来信，她告诉我现在是印中要协作不要对抗的时代，印度和中国应该超越过去，面向未来。她认为少年儿童可以成为两国友好的使者，建议我安排一个印度少年儿童代表团访问中国，推动两国下一代致力于促进中印世代友好。我深深被这封来信所感动，决定接受她的建议，邀请她和她的同学们近期访问中国。今天，Tanushree Priyadarshi也来到了招待会的现场，让我们欢迎她的到来，为中印友好的未来热烈鼓掌！

国之交在于民相亲。当前，中印两国都处在民族振兴的重要时期，两国关系都已经进入互相提供重要发展机遇、互为合作伙伴的新阶段。我们坚信，只要中国人民和印度人民特别是两国青少年一代携起手来，我们两国和两国关系的未来一定会更加美好，亚洲与世界和平发展的未来一定会更加美好。

难忘"印中人民是兄弟"的岁月

成幼殊

（中国外交部离休干部）

从事外交工作，是我原本没有想到过的。1953 年初，我离开了 1949 年从香港回来参与创建的广州《南方日报》，同先期到京的丈夫陈鲁直一起在外交部工作。

在我的外交生涯中，缘分最深的也许是印度。因为，中印关系迄今为止经历的三个阶段——友好、抗争、恢复和发展，我都曾经参与其中。人生几何，从上世纪 50 年代以来，我个人和印度的关系断而又续。而中国和印度这两个亚洲大国互相为邻，即使沧海桑田，这种情况又怎么会改变？

新相知

经过整整 60 年的国际风云，一件依旧赫然在目的大事，就是 1954 年 10 月印度总理尼赫鲁对中国的访问。作为亚洲司主管科里的一名成员，我曾随同有关同志一起参加临时组建的接待尼赫鲁总理办公室的工作。

办公室设于外交部（指外交部街原址）东楼二层的部办公厅，厅主任是王炳南。会客室和宴请大厅在楼下，当时兼任外交部长的周恩来总理有时在这里举行宴会，招待外宾。对外接触最多的交际处（后改称礼宾司）、领事司等单位也在楼下。东楼因为向来对外，气派和我们地区司等所在的西楼很不一样。单说东楼那两扇镌有双龙的高大玻璃门，还是清廷的遗物。秋季，总有两大盆金桂陈放在这玻璃门两侧，散发着清醇的香气。而培养它们的玻璃花房，就搭在我们西楼前的小院子里。所以我们虽在西楼，却是可以先闻其香的。

对于我来说，在接待尼赫鲁总理过程中，最动人心魄的一幕，莫过于毛泽东主席、朱德副主席等国家领导人与主持宴会的周恩来总理一起步入北京饭店宴会厅的一瞬间了。当年的北京饭店是为贵宾举行国宴的最辉煌的场所。红柱彩顶，光照璀璨，乐队鸣奏，伟人莅临，那满面春风、满面红光，气魄直逼四座而又暖人肺腑。我这时只是呆呆地凝望，把自己融于全场的欢乐之中。

新中国正如日升于东方，不论是敌是友都为之震动了。

尼赫鲁总理总是那一身白色民族装束，戴一顶白色的国大党船形帽，胸前别一朵红玫瑰。与他同行的女儿英迪拉·甘地夫人正值青春年少，笼罩在一袭印度纱丽之中。不论是主人方面的陪客，还是应邀前来的各国使节等外国来宾，都欣悦于一睹尼赫鲁这位和圣雄甘地一起为自己的国家赢得独立的传奇领导人的风采。

毛主席会见了来访的尼赫鲁总理，所赠礼品有折扇一把，并亲手题写了两句楚辞："悲莫悲兮生别离，乐莫乐兮新相知。"赠以屈原《九歌》中这深情而悱恻的诗句，可以看出，无论在领导人个人之间还是在两个国家之间，那友谊是不一般的。中印两国有着共同的苦难和奋斗的经历，而印度又是早在1950年4月1日就和新中国建立外交关系的第一个非社会主义国家，尼赫鲁很自然地也是最早来访的非社会主义国家领导人。在国际讲坛上，印度主张恢复中国在联合国的合法席位，台湾应归还中国，不赞成当时的联合国诬中国抗美援朝为"侵略者"的决议，友谊确非偶然。

同时，毛主席在和尼赫鲁总理的晤谈中也说过这样的话："朋友之间有时也有分歧，有时也吵架，甚至吵到面红耳赤。但是这种吵架同我们和杜勒斯的吵架，是有性质上的不同的。"那么，中印之间曾进行过怎样的"吵架"呢？

原来，印度虽然长期遭受殖民主义的侵略占领，但是，1947年独立时还在中国的西藏享有英国遗留下来的一些特权。这是在中印之间首先突出起来并亟待解决的问题。在中国解放西藏的时候，印度就曾表示"惊异和遗憾"。西藏和平解放以后，印度向中国提出了关于在西藏特权的备忘录，这就导致了两国在1953年底开始进行的谈判。1954年4月29日，两国达成协议，签署了《中印关于中国西藏地方和印度之间的通商和交通协定》，双方还互换了有关文书。对于当时解决条件还不成熟的边界问题，中国方面的原则是留到以后再谈，以便上述协议易于达成。

作为谈判后方的一个新兵，我当然十分高兴于眼见通过谈判得以明确清除过去英国侵略西藏的痕迹。那主要是：文件规定印度全部撤出它驻在亚东和江孜的武装卫队，而印方本来是要求换防的。文件又规定印度在西藏地方经营的邮电企业及其设备和印度的12个驿站都移交给中国。这些驿站，印方本来是要求去"视察"的。同时，令人欣慰的是，文件确定了促进中国西藏地方和印度之间的通商贸易以及便利两国人民互相朝圣和往来的各项办法。仅以西藏的冈底斯山和玛法木错湖（又名玛旁雍错）而言，就是印度教和佛教信徒心向往之而要跋涉前往的朝拜圣地。

应该说，尤其重要的是协定序言中对和平共处五项原则的确定。1953年12月31日，周恩来总理在接见印度政府代表团成员时就告诉他们："新中国成立后就确立了处理中印两国关系的原则，那就是，互相尊重领土主权、互不侵犯、互不干涉内政、平等互惠和和平共处的原则。"印度方面当时就同意以这五条为指导谈判的原则。

谈判的中方首席代表章汉夫副部长作风沉稳严谨。当时，他就住在外交部对面的小宅院里，可说是日夜都守着外交部。印方首席代表是身材瘦长的资深外交官赖嘉文大使。谈判过程中的所有方案、文件都要上报中央，经中央政治局常委和毛主席圈阅批准。而周总理读到哪里就圈点到哪里的墨迹，更使人感到一字千钧的分量。

当协定内容于 4 月 29 日晚在中央人民广播电台播出时，我们七八个有关同志聚集在亚洲司办公室的收音机旁静静聆听。当时我们这些做具体工作的人都还年轻，连司长陈家康也不过 41 岁，却被人半开玩笑地尊为"家老"。他风趣而机敏，只是喜欢把两手像清朝"遗老"似的互插在袖筒里。副司长何英才 39 岁。那晚和我们一起在办公室听广播的还有当时任中央人民政府驻西藏代表外事帮办的杨公素。他那背靠小沙发，因办完这件大事而显露出如释重负神情的形象至今仍会浮现在我的眼前。他是专程从西藏提前赶来的。当他把一些从西藏带来的古老地图摊开在地毯上，大家关注的目光曾从那如同中国传统水墨画般的一座山移向另一座山，一条河移向另一条河。现在，从广播中我们终于听到了中国外交新天地的晨曲。我们共同的忧思和困顿都在那清亮凝重的嗓音中涤去。和平共处五项原则自此向全世界公布。

周恩来总理三访印度

1954 年中印协定签订还不满两个月，周总理就首次访问了印度，并随即访问缅甸。在 6 月 28 日和 29 日周总理先后与印度总理尼赫鲁和缅甸总理吴努分别签署的联合声明中，和平共处五项原则进一步展现光辉，被倡议为国际关系的准则。在新德里，周总理受到印度朝野热烈而隆重的欢迎。那时，先我赴印度的陈鲁直在使馆文化处忙于起草新闻公报并与记者等各界人士打交道。"印地秦尼帕伊帕伊"（印中人民是兄弟）的欢呼声中又加上了"潘查希拉金德巴"（五项原则万岁），越过山山水水传到中国，传向全世界。

1955 年春，我奉调到中国驻印度大使馆工作，来到了既遥远又邻近、既陌生又知悉的印度。当时使馆的"金厦"馆舍，是租自一位印度土王的宅院。那座老式平房，地面本来只是用水泥抹上的。人们告诉我，周总理 1954 年来访时，曾对首任中国驻印度大使袁仲贤说：你这位将军，把使馆也办成了兵营了。我到馆后还见到工匠趁天暖，使馆对外活动可以在草坪举行的季节，把室内地面换成了水磨石的。

我和袁大使在尼赫鲁总理访华时就已经相识。袁大使是南昌起义时的老干部，为人豪爽，光头不蓄发，下巴还有个明显的弹孔疤痕，工作雷厉风行。他有时谈笑风生，和三五馆员随便讲讲亲身经历的险事趣事，从国内战争到抗日战争，包括 1949 年 4 月的"英国紫石英号军舰事件"——当时英舰侵入我长江并向解放军阵地开炮，被我击伤后偷逃，袁是此事件中在南京代表人民解放军发表声明的发言人。

那时中印两国友好空气甚浓，各种重要互访和文化交流频繁，其中包括 1955 年冬宋庆龄副主席对印度的访问。这时，她比我 1946 年冬在上海《新民晚报》当记者时所见发福多了，但仪态依旧，在印度受到隆重而热烈的欢迎。

1956 年底，周总理应邀第二次访问印度。他全副冬装，头戴皮帽，到达新德里帕拉姆机场。那里的 12 月也颇寒冷，只是不下雪而已。周总理仍然是精神抖擞。陪同他的有贺龙副总理等。和前次一样，尼赫鲁总理到机场迎接。车队也再次把挂满花环的周总理送往印度总统府下榻。4 岁多的小姑娘嘟嘟当时在机场向周总理献花，她是参赞叶成章和夫人张琬的掌上明珠。一帧她的小圆脸挨着周总理的照片是由印度记者抢拍下来的，随后被选用在使馆新闻期刊的封面上。这时的中国大使已由潘自力继任。他也是大革命时期的老干部，处事持重，待人宽厚而律己很严。

周总理和贺龙副总理由尼赫鲁总理陪同，前往印度最大的巴克拉—南迦尔水电工程参观，并在从新德里赴加尔各答

1956 年 11 月 28 日，周恩来总理、贺龙副总理和随行人员抵达印度新德里，受到热烈欢迎。（供图：FOTOE）

的火车上共度除夕。这真是一种不同寻常的友好安排。在奔驰的火车上，他们除了纵论国际形势，周总理还告诉尼赫鲁总理，中国和缅甸已经要谈判解决两国边界问题，并恳切说明中国政府对于历史遗留下来的边界问题所持的态度。可惜，尼赫鲁总理并无借鉴中缅之意。中印关系的困难时期终于一步步来临。

周总理于1960年4月第三次来到印度。这时，他已不再兼任外交部长，而由与他一起访印的陈毅副总理继任外长。

在帕拉姆机场，面对迎向飞机舷梯的尼赫鲁总理，周总理仍然愉快和礼貌地同他握手致意。后者却难掩满面尴尬——他已在给周总理的回信里说，不可能举行任何"谈判"，只同意进行"会晤"。

两国总理这一瞬间的不同表情，被印度记者捕捉而凝结在孩子献花的一幅照片上。这次机场献花者中有陈鲁直和我在印度生的4岁小女儿香棣。她穿着白色衣裙和小红鞋，举花趋前说："总理，您好。"在这样的场合，周总理竟仍不忘答谢，并微笑着俯身询问："你叫什么名字？"

这次访印期间，周总理和尼赫鲁总理进行了多次长谈，还同印度总统、副总统和国防、内政、财政等负责官员分别长谈。两国总理充分说明各自在涉及边界问题上的立场，但是没有能取得解决分歧的成果。双方仅仅同意，由两国官员共同审查、核对和研究有关边界问题的事实材料，并向两国总理提出报告。这就是后来进行多次的中印官员"会晤"（同样不称为会谈）的由来。

这样，周总理访印一个星期，离印前夕只能和尼赫鲁总理发表了一个不能令人满意、却又不可能更好的联合公报。但是就在同一天，即4月25日晚上，周总理举行了一次非常成功的记者招待会。在会上发表的书面讲话中，周总理提出了他本人认为在边界问题上中印双方应能找到的6个共同点或者接近之点。然而，印度方面连6个共同点的第一条即"双方边界存在争议"都不愿承认，却咬定是中国向印度提出了"领土要求"又"侵略"了印度。与会的印度和各国记者共有150多人，提问踊跃，周总理一一从容应对。招待会开得很是热烈。中国合情合理的和解态度，通过周总理直接阐述，在印度以至国际上产生了轰动，影响深远，特别是对于那些关心中印边界问题和中印关系的亚非国家。一些抱有偏见的西

1960年4月，周恩来总理第三次访问印度，在新德里机场接受欢迎。陈鲁直和成幼殊的小女儿香棣等献花。

方记者也从周总理的高姿态中增进了对中国的理解。

光阴荏苒，自周总理第三次访印至今，已经过去半个多世纪。抚今追昔，我心潮起伏，北京和新德里当年的外交风云又飘动于眼前。仰望西天，毛泽东、周恩来、尼赫鲁的时代已经隆隆而过。中印这两个正在继续求索、开拓未来的东方大国，不论过去经历过、也许将来还会经历什么曲折，终将携手共进。

中国人民的老朋友

——森德拉尔和他的弟子们

李兆乾

（中国前驻印度使馆文化参赞）

森德拉尔于 1886 年 9 月 26 日出生在印度北方邦一个小县城——穆吉费尔，曾获阿拉哈巴德大学文学与哲学硕士学位。大学期间，他组织激进派学生集团进行活动。大学毕业后，曾去各地进行演说，组织政治性大会，号召人民反对英国殖民统治，争取印度独立。随后追随印度国父甘地，进行"不合作运动"，曾与尼赫鲁一起任甘地秘书 7 年。1936 年成为全印度国大党委员会委员。曾在印度北方几个邦被选为国大党主席。他因为积极参加反抗英国殖民统治的斗争，曾被英国殖民当局数次逮捕，关进坎德瓦监狱。为表彰他对印度的贡献，坎浦尔大学授予他荣誉博士学位。森德拉尔 1981 年逝世，享年 95 岁。北方邦政府为他举行了国葬。

森德拉尔是中国人民的老朋友，为印中友好事业付出了毕生的精力。

1950 年 4 月 1 日，印度成为第一个与新中国建交的非社会主义国家。1951 年 9 月，应中国政府邀请，印度总理尼赫鲁派出第一个友好代表团，共有 15 人，团长为森德拉尔，团员有著名作家阿纳德、阿巴斯和社会工作者、教育工作者、记者，以及森德拉尔的秘书普拉沙德等。该团在中国停留 40 天，访问了七个大城市，其中包括北京、上海、南京、大连等，除在北京参加国庆观礼外，还走访了大中学校、农村、法院、剧院等，接触了社会团体、学术机构等。毛主席接见了该团。森德拉尔不仅见到了毛主席，还见到了其他主要领导人。郭沫若副总理为该团举行了欢迎宴会，周恩来总理等出席。该团回国后，森德拉尔到全国各地演说，并写了《今日中国》一书，介绍在中国的所见所闻。他还在印度创建了"印度中国友好协会"。

印中友好协会成立大会及第一次会议于 1953 年 12 月 11 日在新德里宪法俱乐部举行，为期三天。与会者除各地分会代表外，还有各阶层重要人士，其中有前人民院副议长阿延吉、前上议院副议长阿尔瓦女士、中央邦前首席部长、德里市前首席部长及许多议员和大学教授等。大会选出 100 多名全国委员会委员、21 名执行委员会委员，选举森德拉尔为印中友好协会会长。

自印中友好协会成立后，印度全国各地分会不断增加，遍布各邦主要城市、县。1951 年只在新德里、孟买和加尔各答有分会，1955 年增至 135 个，1959 年达 225 个。

由森德拉尔主持通过的《印中友好协会章程》规定其宗旨为："将通过密切文化（指广义的文化）交流促进印中人民的相互了解、亲善和友谊。"关于该会的主要活动，《章程》中规定：

森德拉尔参加中国国庆两周年观礼，向毛泽东主席祝贺。（供图：FOTOE）

1. 组织印度作家、艺术家、医生、历史学家、经济学家、教师、学生、农民、工人及有兴趣研究中国文化和人民生活的人士，与中国同行进行联系；

2. 协助印中两国交换文学和艺术等著作；

3. 协助印中两国互派代表团；

4. 协助印中两国机构交换学者；

5. 出版和散发关于中国文化和人民生活的书刊及资料；

6. 组织集会、讲演、讨论及学习小组；

7. 表演戏剧及组织政治座谈会；

8. 举办展览会；

9. 建立阅览室、图书馆；

10. 协助学习中文；

11. 与中国的组织和学术部门合作，研究印度文化、语言和人民生活；

12. 开展与协会宗旨有关的其他活动。

1954年9月，印中友好协会派出了第一个代表团，参加中华人民共和国成立五周年国庆。该团共35人，由议员乌玛·尼赫鲁夫人率领，成员有印中友好协会执行委员会主席格亚·昌德、副会长及国大党议员、邦议员等。该团在华停留56天。

印中友好协会代表团归国后，增加了该协会的活力。印度政府对印中友好协会产生了兴趣。1955年4月20日至23日，在加尔各答举行了印中友好协会第二次全国代表大会，大批国大党要员出席了这次大会，并被选入领导机构。森德拉尔仍任该会会长。

印中友好协会第二次代表大会的决议和发言发出以下呼吁：美国从台湾撤出；接受中华人民共和国加入联合国；各国接受印度和中国1954年4月联合倡导的五项原则；印中自

印度亲善访华团在北京。后排中右为团长森德拉尔，中左为印度驻华大使潘尼迦。（供图：FOTOE）

由地进行经济和文化交流。

1958 年 2 月，印中友好协会第三次代表大会在森德拉尔主持下于孟买举行。国防部长克里希南·梅农在开幕式上讲话。这次大会决定，在新德里建立一所纪念印度援华医疗队队长爱德华大夫和队员柯棣华大夫的图书馆，并成立了"爱德华—柯棣华纪念图书馆委员会"。该图书馆一直开办到 1964 年底。

1959 年后，中印关系趋向冷淡，印中友好协会的活动也日渐困难。同年，在古吉拉特邦巴罗达举行了最后一次全国委员会会议。

上世纪 70 年代中，中印关系出现转机。在这种气氛下，一些对华友好人士着手恢复印中友好协会。1976 年两国恢复大使级关系后，印中友好协会的工作有了实质性进展。同年 9 月 26 日，印中友协在德里举行了庆祝森德拉尔 91 岁诞辰集会，并把这天定为"印中友好日"。

中印关系改善后，印中友好协会有了较大发展。各邦纷纷恢复印中友好协会，并开展一些友好活动。1977 年 10 月 1

日至 2 日，在新德里召开了旨在促进印中友好的集会，来自各邦的友协代表出席了会议。1979 年 4 月 21 日至 22 日，在加尔各答举行了印中友协第四次全国代表大会，选举西孟邦前渔业和合作部长孟德尔为印中友好协会会长。森德拉尔由于年事已高，不再担任会长职务。

森德拉尔为中国人民做了很多有益的工作。早在 50 年代初，中国缺少印地语教师，他派自己的秘书普拉沙德夫妇来中国任外文出版社、印地文《中国画报》和中国广播事业局对外广播部印地语组（后改为中国国际广播电台印地语部）翻译和播音员。

普拉沙德夫妇教出的学生都已成为中国印地语事业的骨干力量，对国家的建设事业乃至后来的改革开放事业作出了贡献。他们当中的刘安武、金鼎汉和马孟刚成为北京大学印地语教授，林福集译审曾任印地语中国画报社社长，陈士樾译审曾任外文出版社印地语部主任。在国际广播电台，还有许多他们的学生，孙宝钢、陈宗荣等都成了印地语广播事业的中坚力量，陈力行译审曾任中国国际广播电台第三亚洲部主任。在社会科学院亚太研究所工作的王宏纬成为该所的研究员、顾问，

森德拉尔的学生普拉沙德（右 3）和夫人（右 4）

并曾担任中国南亚学会副秘书长。李兆乾三次赴中国驻印度大使馆工作，曾任文化参赞，著有《佛国都城——德里》《印度风情》及《德里大学》等书。马维光两次去中国驻印度大使馆工作，曾任文化参赞，著有《印度神灵探秘》等书。

巴拉伯是森德拉尔的弟子之一，也是森德拉尔派来中国工作的。巴拉伯夫妇于 1956 年 9 月 29 日到达北京，紧接着是中国国庆的日子，他应邀参加了天安门国庆观礼。在观礼台上，他第一次近距离看到了毛主席和许多中国领导人，当时无比激动。

由于巴拉伯对中国非常友好，他很快就适应了北京的生活。到京后，他应聘到外文出版社工作，最初负责翻译一些中国政治、历史和文学方面的书籍，包括鲁迅和茅盾的短篇小说等。他工作非常积极，认真负责。1959 年 3 月，中国国际广播电台的印地语广播开播，巴拉伯也倾注了自己的心血，以后他的夫人夏玛任印地语播音员。巴拉伯还经历了中国"大跃进"时期，他有时甚至通宵工作。有一本 200 页的书，他三天就翻译完了，这是通宵工作的结果。1961 年 11 月，中国政府授予巴拉伯"友好纪念章"。在纪念证书中，周总理写道："巴拉伯先生，感谢您对我国人民做了有益的工作，现送给您友好纪念章一枚，以志纪念。"这是中印友谊的见证，也是对他个人成就的认可。

随着中印关系的恶化，1961 年，印度政府要求巴拉伯夫妇回国，他被迫离开了中国。回到印度后，他的护照被没收，直到 1977 年，他都没有护照。这是他一生中最艰难的时刻，没有工作，没有收入，想翻译些文字，出版社都不敢雇用他。中国驻印度大使馆得知巴拉伯的困境后，于 1963 年邀请他来使馆协助编辑两份在当地发行的刊物。直到 1977 年，巴拉伯一直在中国驻印度大使馆文化处工作。由于他与中国关系友好，在中国工作和生活过，1971 年，他曾被关进监狱。经中

国驻印度大使馆交涉，一周后他获得了自由。

1977年至1990年，巴拉伯夫妇分别受外文出版社和中国国际广播电台的邀请，再次回到过去熟悉的岗位工作。他于1987年完成了《毛泽东选集》五卷的印地文版翻译和出版工作。

1990年5月，巴拉伯再度到中国国际广播电台工作。他的工作十分繁忙，经常日夜工作，一个月下来，身体吃不消，心脏出了毛病。从那年7月11日起，他在医院住了六个星期，康复后于当年12月回到印度。回国后，他长期担任印中友好协会秘书长，为印中两国民间交流做了很多有益的工作。2003年，他患轻度中风后，不再担任秘书长一职，但他至今仍是印中友好协会高级顾问。

巴拉伯还参与了《西游记》的翻译，他与中国国际广播电台及外文出版社资深翻译家陈学斌、刘明珍和钱王驷等人合作，在印度和中国两地打印、排版等，经过20年的努力，终于在2009年出版了这部2000页的巨著——《西游记》印地文版。著名学者季羡林为该著作写了序言："这是一部值得重视、非常重要的书，它不仅是中国人民的文化瑰宝，随着世界文化的不断交流，它越来越被更多外国朋友们所喜爱。在整个世界史上，像中国同印度这样两个国家有着至少 2000 多年的文化友好交流的历史，是十分罕见的。"他认为，印地文版《西游记》问世，有利于中印两国人民彼此了解，有助于中印友谊不断和谐地发展，这对两国甚至世界和平都是有好处的。

该书在印度引起热烈反响，已被赠送给帕蒂尔总统、辛格总理、国大党主席索尼娅·甘地、印度文化关系委员会主席及印度文学院、国家图书馆、德里大学等五所著名大学，受到人们的喜爱和高度赞扬。

巴拉伯夫妇退休后来中国定居，与小儿子阿杜尔住在一起。阿杜尔已在中国多年，从 2001 年起担任印度工商会中国执行董事，并在中国经商多年，为中印经贸往来作出了贡献。印度总理莫迪在任古吉拉特邦首席部长时曾数次访华，都由他担任翻译和陪同。直到现在，巴拉伯和曾在一起工作的外文出版社、中国国际广播电台及中国驻印度大使馆的同事们还经常有来往，愉快地在中国安度自己的晚年。

近年来，中印关系有了较大发展。2014 年，习近平主席访印。2015 年 5 月，莫迪总理访华，第一站是西安，习主席专程去西安，陪同莫迪总理参观大慈恩寺，举行欢迎宴会，去城墙散步，观看文艺演出。习主席和莫迪互赠了具有深厚历史背景的礼品：习主席向莫迪赠送了珍贵出土文物铜车马的模型以及中文和印地文版的《大唐西域记》。莫迪回赠了释迦牟尼舍利罐的复制品、释迦牟尼头像复制品以及出土这两件文物的印度古吉拉特邦历史遗迹的画。

习主席赠送给莫迪总理的印地文版《大唐西域记》，正是森德拉尔的弟子们教育培养出来的中国印地语翻译工作者们辛勤劳动的成果，也是他们对中印文化交流和中印友好事业所作的贡献。

我和印中友协的故事

巴斯卡伦

（印度卡纳塔克邦印中友协秘书长、全印度印中友协秘书长）

郑瑞祥 编译

　　我从青年时代起就参加促进印中友好的活动。后来又参加印中友好协会的工作，成为卡纳塔克邦印中友协的组织者和负责人，并担任全印度印中友协的秘书长。我曾多次应中国人民对外友好协会之邀访问中国，也曾多次接待从中国来印度访问的友好代表团和经贸、文化等方面的人士。近几年里，我两次参加中国领导人为印度友好人士和友好团体举行的颁奖仪式：2010 年 12 月中国总理温家宝访问印度期间，向为中印关系发展作出贡献的印度友好人士颁发"中印友好贡献奖"；2014 年 9 月中国国家主席习近平访问印度期间，会见印度友好人士、友好团体代表并颁发和平共处五项原则友谊奖。我感到非常荣幸和感动。

2010 年 12 月，温家宝总理访印期间向为中印关系发展作出贡献的印度友好人士颁发"中印友好贡献奖"。图为巴斯卡伦领奖时与温总理合影。

下面是我对印中友协，特别是卡纳塔克邦印中友协工作的一些回忆。

新中国成立后不久，1949 年 11 月 1 日，印中友协（卡纳塔克）在班加罗尔（现为卡邦首府）成立了，其目的就是为了与中国人民建立各个领域的友好关系。同时宣布，将与中国人民一起为反对帝国主义、保卫世界和平而奋斗。印中友协是在高温达·雷迪的领导下成立的，他当选为第一任主席，后来他成为印度议会的议员。韦泽斯特当选为秘书长，克里希南·拉奥和森德拉杰为秘书。其他领导人和创始成员还有：A·N·辛格、N·L·乌帕达雅、贾亚塞瓦普。班加罗尔当时分为两部分，一部分属马德拉斯（现为金奈），另一部分属迈索尔。

1950 年，应中国政府之邀，高温达·雷迪率领一个五人

2014 年 9 月 19 日，习近平主席在新德里向首批荣获"和平共处五项原则友谊奖"的印度团体和友人颁奖。左 4 为巴斯卡伦。（供图：涂莉丽）

代表团访华。这是印中友协成立后第一个访华的代表团。后来，森德拉尔先生到班加罗尔会见高温达·雷迪，讨论了筹建全印度印中友好协会事宜。随后，该协会便宣告成立，森德拉尔成为第一任主席。据高温达·雷迪回忆，当时印度全国许多地方都成立了印中友协，有加尔各答、新德里、昌迪加尔、勒克瑙、班加罗尔、特里凡得琅、马德拉斯、海德拉巴等。我参与了班加罗尔和其他一些地方的印中友协的建立工作。

　　印中友协的工作与两国关系的形势有着密切关系。上世纪50年代是印中友好的黄金时期，所以印中友好组织迅速发展。但是，众所周知，1962年发生的不幸事件在印中两国人民之间造成了巨大的鸿沟。两国关系很长时期处于僵冷状态。印中友协的工作几乎完全停顿。但我要说，即使是在那样困难的日子里，我和我的一些朋友们仍然坚持与中国人民友好，保持联系。到了70年代，印中关系有了转机，1976年两国恢复互派大使。我们印中友协又看到了希望。第二年，我就和一些朋友们一起恢复了印中友协的工作，此前我们曾经试图恢复友协的活动，但没有成功。1977年7月，我们重新组

1951 年 11 月 18 日，海德拉巴印中友好协会成立大会。（供图：FOTOE）

织了卡纳塔克邦印中友协，并确定了新的方向。从此，印中友协又可以积极开展活动了。按照我们的经验，我们还帮助其他邦恢复了印中友协的工作。最终，我们成功地重建了全印度印中友协。我一直积极参加印中友协的各项活动。

1978年，印中友协接待了王炳南会长率领的中国人民对外友好协会代表团，但他没能来班加罗尔。同时，有一个七人小组来到了班加罗尔。我和我的朋友们积极参与接待工作，访问非常成功。另外，由林林率领的中国人民对外友好协会代表团访问了班加罗尔，受到热烈欢迎。

我们积极组织各种活动，例如中国电影展、中国书展，都很成功。特别是中国书展，办了许多次，观众争相购买儿童读物以及医学和工程方面的书籍，还有一些政治方面的书籍如毛泽东选集，关于周恩来、邓小平以及列宁、斯大林的书籍。观众对中国电影的反应也很热烈。印度群众很想了解中国。

我们印中友协每年至少举办三场活动，特别是中国国庆日、中印建交日的庆祝活动。我们还举办关于中国发展和中国旅游的讨论会。我们每年举办图片展，主题包括中国发展的成就、印度援华抗日医生柯棣华的事迹、中国文化和体育等。1996年起，我们创办了一个刊物——《印中人民的观点》，发表关于中国建设的文章，传递中印友好的信息。该刊每季度出版一期，我担任主编。

上世纪90年代初，中印关系快速发展。自1962年起关闭了30年之久的中国驻孟买总领馆得以恢复，卡纳塔克邦在其领区范围内。这对我们印中友协开展活动有促进作用。领馆在班加罗尔举办活动，我们都积极参与；中国各行各业的代表团组来卡邦访问，我们都热情接待。通过这些交往和合作，我们和中国外交官之间建立了深厚的友谊，有的分别多年仍然保持联系。

通过我们的努力，卡邦印中友协与中国一些省市如江苏省、山东省、四川省、上海市以及成都、济南、西安、天津等城市建立了友好关系。中国许多省市的代表团来卡邦参观访问，会见当地政府部长和其他官员，建立了中国人民和印度人民特别是卡邦人民之间的友好关系。

作为卡邦印中友协秘书长和全印度印中友协秘书长，我应邀参加过中国对外友协为促进中印友好以及中国与南亚国家友好关系举办的一些会议，例如"中国—南亚友好论坛"。2015年，我还应邀参加了中国人民对外友好协会成立60周年的活动。

今后，我要继续努力为促进印中友好事业贡献自己的力量。正如习近平主席2014年在新德里会见印度友好人士和友好团体代表时所强调的那样，传承中印友谊是一项伟大而崇高的事业，功在当代，利在千秋。习主席表示希望两国越来越多有识之士积极投入中印友好事业中来，让中印友好理念在两国人民中深深扎根、结出硕果。相信通过我们一代又一代人不懈努力，中国和印度一定能够世世代代友好下去，共同实现中印两大民族伟大复兴的梦想。

回顾中国人民对外友好
协会对印民间友好交流

涂莉丽

（中国人民对外友好协会亚非部干部）

中国人民对外友好协会（以下称"对外友协"）60 多年来开展了大量对印度民间友好活动，在中印建交 65 周年之际，回顾历史，重温友谊，必将鼓舞我们在中印民间友好事业上越走越远，对中印友好更有信心。

中国人民对外友好协会是中国成立最早的从事民间外交工作的全国性人民团体之一，以增进人民友谊、推动国际合作、维护世界和平、促进共同发展为宗旨，为中外民间友好关系的发展作出了突出贡献，一直以来也是中国开展对印友好交流的重要力量。对外友协的前身中国人民对外文化协会成立于 1954 年，由中国人民保卫世界和平委员会（以下称"和大"，成立于 1950 年，1954 年对外友协成立后，该委员会自动撤销）、中国缅甸友好协会、中国印度友好协会（以下称"中印友协"，成立于 1952 年，对外友协成立后，中印友协作为其下设国别友协继续开展对印工作）等 10 个人民团体联合发起，因此可以说，对外友协的对印友好交流实际上可追溯到和大和中印友协时期。

2015 年是中印建交 65 周年。65 年中，对外友协开展的中印友好交流是两国民间友好交往的重要组成部分，值得回味。

对外友协的中印民间交流可以分为以下几个阶段：

1949—1962 年：活跃期

1950 年 4 月 1 日，中印建交，印度成为社会主义阵营外

1952年5月16日，中印友好协会在北京成立。图为中印友好协会会长丁西林在大会上致辞。主席台左1为印度驻华大使潘尼迦，左4为郭沫若。（供图：FOTOE）

第二个承认新中国的国家。建交之初近十年，两国发展了"中印人民是兄弟"的美好情谊，民间交流如火如荼。这一时期的和大和中印友协是当时对印民间交流的主力军，组织了大量交流项目，陆续邀请了印度艺术家代表团、印度诗人、全印和平理事会代表团、印度亚洲团结委员会代表团、印度文化代表团、印度援华医疗队队员及亲属代表团、印中友协代表团等访华；多次组派了友好代表团访印；并举行了酒会、宴会、摄影展、图片展等大型活动。这一时期的友好交流中：

两国领导人高度重视，积极参与。1953年，以丁西林会长、夏衍为正副团长的友好代表团应印中友协邀请访印，受到了印度副总统拉达克里希南和总理尼赫鲁的接见；同年，全印和平理事会应和大邀请组派印度艺术代表团访华时，毛泽东主席会见了代表团主要成员5人，周恩来总理还特地为代表团举行了欢迎招待会。

两国名人热情参与。这一时期，友协组派了前文化部长丁西林、著名文学家夏衍、女作家冰心、诗人袁水拍、历史学家吴晗等诸多名人访印，并邀请了印度著名剧作家萨

钦·森·古普塔，诗人哈林德拉纳特·查托巴迪雅亚，科学院院士、斯大林国际和平奖获得者萨希布·辛格·索克，摄影家沙尔玛，舞蹈家乌黛·香卡，尼赫鲁家人拉·尼赫鲁，著名的甘地追随者、声望很高的国会议员卡列尔卡等印度知名人士访华。来自两国的知名学者、文学家、艺术家、社会活动家不仅参与交流，还把体会写成文章发表或在各场合作演讲。

交流效果好。中国和印度都是拥有悠久历史的文明古国，两国人民自古对彼此的文化都充满了好奇与向往，对开展友好交流、增进相互了解有着迫切的愿望，加上领导人的重视和名人的积极参与，民间友好交流效果非常好，百姓对活动的参与度非常高，通过交流，两国人民对彼此有了更多的了解、更深的友谊。1953 年 7—8 月，印度艺术家访华 40 天，为中国人民带来了精彩的印度文化表演，在中国各地演出共 13 场，观众逾 25000 人；同年，中印友协代表团访印期间，参加了印中友协成立大会及文艺演出等 200 多场活动，回国后代表团举办了访印报告会和座谈会，向中国人民介绍了印度的文学、音乐、舞蹈等情况，深受百姓欢迎。

1962—1976 年：停滞期

两国在一些问题上的矛盾与冲突，导致中印关系恶化。中印友协于 1962 年暂停工作，对印民间友好交流活动暂时停滞。

1976—1998 年：恢复期

1976 年，中印恢复大使级外交关系，对印民间友好交流也得以逐步恢复。自关系正常化后，双边关系一般以 1988 年拉吉夫·甘地访华为界限分为解冻期和升温期两段，据此也把对印民间友好交流划分为两个阶段。

第一阶段是 1976—1988 年。1962 年后的十几年，中印各领域交往几乎全部中断，两国人民亟须更新知识、增进相互了解、重建彼此好感。在此背景下，对外友协对印民间友好交流迅速恢复，仅 1976 年至 1984 年初就接待了 50 批印度代表团、200 多人次访华。这个阶段的友好交流以增进了

1956 年 2 月 28 日，印度总理尼赫鲁接见中印友好协会访印文化代表团团长吴晗和团员们。

解为主。一方面，对外友协邀请大量印度记者、学者访华，他们回印度后大多通过出书、作报告、演讲等方式向印度人民介绍中国的发展建设等情况。另一方面，对外友协代表团访印期间广泛接触印度各界人士，以增进两国人民的了解与友谊。如1984年友好代表团在印度期间参加了9场大会，其中千人以上大会和五百人以上大会各3场，与数位国会议员、30多名记者和百余名学者进行了座谈，总共接触万余名印度人士。

第二阶段是1988—1998年。1988年拉吉夫·甘地访华后，中印关系走上了正常发展轨道，为中印民间友好交流的开展创造了良好的政治环境，印度有官方背景的人士和团体又开始积极参与中印民间友好交流。对外友协抓住这一机遇期，一方面积极邀请在印度声望很高的前部长和前驻美大使卡兰·辛格、前财政部国务部长西绍迪亚、卡纳塔克邦上院议长卡尔曼卡等人士来访；另一方面，组派代表团访印时，通过与印方友好组织和人士的合作与积极协调，使中印民间友好交流活动得到印度政府的支持和重视。1992年，印度副总统纳拉亚南、前总统宰尔·辛格、印共总书记古普塔、印共（马）总书记苏吉特、西孟邦首席部长乔蒂·巴苏、西孟邦邦长哈桑、加尔各答市市长查特吉等会见中印友协代表团；1996年，印联邦院副议长赫普图拉、外长穆克吉、水利部长韦都、印度文化关系委员会（隶属于印度外交部，主管印度对外文化交流）主任萨蒂等会见中印友协访印团。

1998—2007 年：保持期

1998年5月，中印关系一度冷却，至2003年走出低谷。

中印关系这一短暂挫折并未对两国民间交流产生太大影响，对外友协每年都邀请印度各地的对华友好组织和友好人士代表团、印度青年代表团、印度教授、学者等访华，并组派中国友好代表团访问印度。通过代表团互访，保持了中印民间友好交流的热度和中印人民对友好交流的热情。

2007—2015 年：发展期

随着全球化深入发展，中国对外交往更为频繁，政府部门和社会各界纷纷加大对印交流，涌现出一大批开展对印交流的机构。在此背景下，中印友协于 2007 年 11 月成立 55 周年之际进行改组，邀请了各领域热衷于中印友好事业的热心人士加入，积极探讨寻求中印民间友好交流的突破和新发展。

发展期的中印友好交流在过去以团组互访、招待会、图片展活动为主的交流模式的基础上，开拓出如中印联合医疗队活动、中印论坛、中印大学生论坛、中印青年交流、中国

2010 年 5 月 28 日，时任国家副主席习近平和印度总统帕蒂尔出席在印度驻华使馆举行的中印建交 60 周年招待会，为印度知识竞赛抽取获奖者。

2011 年，印度青年代表团在北京。

国际瑜伽交流大会等一批丰富多彩的交流项目。这些项目特点鲜明：（1）机制化：绝大多数项目自启动后做到了每年或隔年定期举办，实现了可持续发展。（2）接地气：联合医疗队项目传承柯棣华大夫的伟大国际主义精神，走进中印农村地区为贫困人民送医送药；大学生论坛和中印青年交流项目着眼于中印友好事业的接班人，不但为两国青年提供了面对面的交流与互动平台，还安排如"民宿""住校"等活动使中印青年、大学生真正走进彼此的学习与生活，在同住、同吃、同上课中建立了深厚的友谊。（3）高层关注：2010 年12 月温家宝总理访印期间，向印度民间友好人士颁发了"中印友好贡献奖"；2014 年 9 月习近平主席访印期间，与印度友好人士和团体代表进行了将近半小时的亲切交流和热情对话，并向他们颁发"和平共处五项原则友谊奖"，以表彰他们为中印友好作出的巨大贡献。值得一提的是，习主席特地屈身问候了轮椅上 93 岁高龄的柯棣华三妹马诺拉玛·柯棣尼斯女士，亲切地嘘寒问暖，老太太感动得红了眼圈，握着习主席的手许久才放下，场面十分感人；2015 年 9 月，柯棣华大夫遗属代表、柯棣华侄女苏曼加拉·博卡和侄女婿拉詹·博卡应邀来华参加庆祝中国人民抗日战争暨世界反法西斯战争胜利 70 周年系列活动，2 日上午出席"中国人民抗日战争暨世界反法西斯战争胜利 70 周年纪念章颁发仪式"，习近平主席亲手给柯棣华遗属代表颁发纪念章，3 日出席"纪念抗战胜利 70 周年大会"、纪念招待会并观看"纪念抗战胜利 70 周年文艺晚会"。纪念大会上，苏曼加拉·博卡等国际友人或遗属受邀登上天安门城楼与各国政要共同观礼，文艺晚会前，拉詹·博卡等 10 名国际友人或遗属代表在人民大会堂接受少年儿童鲜花和问候，访华全程受到高规格接待和

2015 年 9 月 2 日，习近平等中国领导人与获得中国人民抗日战争暨世界反法西斯战争胜利 70 周年纪念章的国际友人或遗属代表合影。左 2 为柯棣华大夫的侄女苏曼加拉·博卡。（供图：中新社）

中国人民对外友好协
会李小林会长（右
1）、林怡副会长看
望来华出席中国人民
抗日战争暨世界反法
西斯战争胜利70周
年纪念活动的苏曼加
拉·博卡。

特殊礼遇，充分体现了中国政府和领导人对友好人士的高度
重视。相信领导人对民间友好事业的关注与重视，对所有致
力于友好事业的人们都是莫大的鼓舞，也使人们对中印友好
更有信心。

如今，中印建交迈入第65个年头。65年在悠悠历史长河
中只是短暂的一瞬，而我们已有如此多的美好回忆。希望在
今后的日子里，我们再接再厉，续写中印友好的美好篇章。

合 篇 作

和平共处五项原则诞生记

李达南

（中国外交部离休干部）

我自 1949 年 10 月进入外交部亚洲司工作后，一直分管南亚地区事务，特别是印度，直到 1979 年从驻印度使馆调回国，前后整整 30 年。印度是与我国毗邻的大国。新中国成立后，印度是第一个同中国进行建交谈判的国家，也是非社会主义国家中第一个同我国建交的国家。上世纪 50 年代，两国关系十分友好，印度是当时我国对外工作重点之一。印度是周恩来总理出访的第一个非社会主义国家，尼赫鲁总理也是第一位来华访问的非社会主义国家的政府首脑。

2014 年是举世闻名的和平共处五项原则发表 60 周年，中国举行了隆重的纪念活动。和平共处五项原则经过一个甲子的历史考验，越来越为国际社会所普遍接受，成为发展国

2014 年 6 月 11 日晚间，纪念和平共处五项原则发表 60 周年招待会在新德里举行，印度外交国务秘书苏嘉塔·辛格女士与中国驻印度大使魏苇（右 1）、缅甸驻印度大使吴苏（左 1）共同为纪念活动点灯揭幕。（供图：中新社）

家关系和解决国际争端的公认的基本准则。

其实，和平共处五项原则最早是周恩来总理 1953 年 12 月 31 日接见来北京谈判中印关于两国在中国西藏地方关系的印度政府代表团时，第一次完整地提出的。1950 年 4 月 1 日中国和印度正式建交及 1951 年西藏和平解放后，印度政府不愿意放弃英国过去在中国西藏地方的一些特权。中国政府通过各种途径向印度政府明确表示，中印两国在中国西藏地方的关系有必要通过协商在新的基础上建立起来。1952 年 2 月 11 日，印度政府向中国交来 一份《关于印度在西藏利益现状》的备忘录，共开列七项涉及中国主权的权益。周恩来总理于同年 6 月 14 日向印度驻华大使潘尼迦先生指出："中国同印度在中国西藏地方的关系的现存情况，是英国过去侵略中国过程中遗留下来的痕迹，对于这一切，新的印度政府是没有责任的。英国政府与旧中国基于不平等条约而产生的特权，现在不复存在了。因此，新中国与新的印度政府在中国西藏地方的关系要通过协商重新建立起来。"1953 年 9 月 2 日，印度总理尼赫鲁建议两国政府尽早就此问题进行谈判。周总理于 10 月 15 日建议，谈判可于本年 12 月在北京举行。

当时，我任外交部亚洲司四科（主管除阿富汗和巴基斯坦以外的南亚各国事务）副科长，参加了这次谈判，担任双方全体会议的记录。会谈前，外交部做了紧张的准备工作，由外交部副部长章汉夫任团长，团员有亚洲司司长陈家康和中央人民政府驻西藏代表外事帮办杨公素。印方指派第二任驻华大使赖嘉文先生为团长，外交部联合秘书（相当于正司长）考尔为副团长，外交部官员戈帕拉查理为顾问。我国政府代表团会同外交部亚洲司、政策委员会等一起讨论了谈判方案，由亚洲司负责起草请示报告送周恩来总理审批，但是方案一直没有批下来。

　　周总理是十分注意信用的。当时中方同意在1953年12月进行谈判，尽管印度代表团因故迟至12月底才抵京，周总理还是抓紧时间在那年的最后一天即12月31日接见印度代表团，中方代表团参加，作为中印双方正式谈判的开始。接见在中南海西花厅举行，译员兼记录由外交部情报司（即今新闻司）的陈辉同志担任。周总理说："中印两国的谈判在今天，12月的最后一天开始了。我们说过在1953年开始这一谈判，现在实现了。"他接着说："我们相信，中印两国的关系会一天一天地好起来。某些成熟的、悬而未决的问题一定会顺利地解决的。新中国成立后就确立了处理中印两国关系的原则，那就是互相尊重领土主权、互不侵犯、互不干涉内政、平等互惠和和平共处的原则。两个大国之间，特别是像中印这样两个接壤的大国之间，一定会有某些问题。只要根据这些原则，任何业已成熟的、悬而未决的问题都可以拿出来谈。"

　　1954年1月3日，周恩来以他本人的名义向中央写了关于中印谈判方案的请示报告，其中一一列出上述和平共处五项原则，作为谈判的指导方针。报告还提出谈判要先易后难，这次不谈边界问题，印度在西藏所沿袭的各种特权应该取消，但考虑到便利贸易和朝圣的惯例，凡不损及中国主权的，可以适当保留。谈判方案得到中央批准。这就是和平共处五项原则的由来，这些原则是周恩来亲自创造和首次提出来的。

　　中印关于两国在中国西藏地方关系的谈判经历了4个月的漫长过程，先后举行了12次全体会议和无数次的小组会。在第四次全体会议上，双方就以和平共处五项原则作为谈判的指导方针达成一致。尽管谈判过程交锋相当激烈，但由于

2014 年 6 月 29 日，中国国家副主席李源潮在北京钓鱼台国宾馆与缅甸总统吴登盛、印度副总统安萨里共同参观和平共处五项原则发表 60 周年纪念图片展。（供图：中新社）

有这一共同的指导方针，正如谈判结束后发表的公报所说，谈判自始至终是在融洽的气氛中进行的，得到了双方满意的结果。1954 年 4 月 29 日，双方达成协议，签署了《中印关于中国西藏地方和印度之间的通商和交通协定》及换文。《协定》在序言中写明："基于互相尊重领土主权、互不侵犯、互不干涉内政、平等互惠及和平共处的原则，缔结本协定。"关于这一点，由于我方不便强加于人，是在印方表示赞同的建议的基础上写上的。协定有效期原内部建议为十年，后由周总理改为八年。当时，由于周总理已去日内瓦参加会议，签字仪式由政务院董必武副总理和宋庆龄副主席出席。

协定签订和公布后，两国总理互致贺电。周总理在贺电中指出：只要各国共同遵守上述各项原则（指和平共处五项原则），采取协商方式，国家间存在着的任何问题均可获得合理解决。尼赫鲁总理在贺电中说，此一基于和平共处五项原则而缔结的协定，加强并巩固了中印两国人民的友谊。

日内瓦会议没有邀请印度参加，尼赫鲁总理派他的密友克里希纳·梅农先生作为特使，在会外进行活动。周总理多次会见他，实际上是在帮助印度做工作。尼赫鲁为表示感谢，在6月底日内瓦会议各国代表团团长休会的空隙，由梅农代表他邀请周总理走南路回国，顺道访问新德里。当时中国代表团内部对是否接受此邀请有分歧，有人认为时机尚未成熟。经周总理电中央请示，毛泽东主席6月13日发来指示，认为此次机会不可放弃，还是周总理到印度走一趟，做做印度的工作。6月25日，周总理抵达新德里，同尼赫鲁总理进行多次会谈。28日，两国总理发表联合声明，重申和平共处五项原则，并指出这些原则不仅适用于各国间，而且适用于一般国际关系中。一时间，中印友好掀起热潮，周总理所到之处响起"印地秦尼帕伊帕伊"（印中人民是兄弟）和"潘查希拉金德巴"（五项原则万岁）的欢呼声。后来，新德里的一条大街还被命名为"五项原则大街"（PanchaShila Marg）。

印度人称五项原则为"潘查希拉"。尼赫鲁同周恩来谈话中介绍说，梵文中的潘查希拉（五项原则）是佛教的一种教义，是佛教为人们所规定的五条人生戒律，即不杀生、不偷盗、不饮酒、不淫色、不妄语。我们共同倡议的五项原则可以说是国家之间相处的五条戒律。我们两国将这五项基本原则作为国家关系准则肯定下来。

6月28日，周总理访问缅甸。在29日发表的两国总理的联合声明中，确认和平共处五项原则"也应该是指导中国和缅甸之间关系的原则"，并指出"如果这些原则能为一切国家所遵守，则社会制度不同的国家的和平共处就有了保证，而侵略和干涉内政的威胁和对侵略和干涉内政的恐惧将为安全和信任感所代替"。

和平共处五项原则的个别措辞后来稍有改变。在1954年中印、中缅总理联合声明中，"平等互惠"改为"平等互利"（英语是一样的）。在 1955 年亚非会议上，周恩来总理的发言中，"互相尊重领土主权"改为"互相尊重主权和领土完整"。

1955 年 4 月，在第一次亚非会议上达成的万隆会议十项原则，实际上是和平共处五项原则的引申和发展。后来的事实证明，社会制度相同的国家之间，同样也应该强调和贯彻和平共处五项原则。据统计，到 1976 年 1 月周恩来去世时，有 90 多个国家同我国共同发表的文件中确认了和平共处五项原则，而在此基础上同我国建交的国家增加到 100 多个。这五项原则被应用到中苏宣言、中美上海联合公报、中日建交联合声明和 1978 年 8 月中日和平友好条约上，成为社会制度相同和不同国家之间的关系准则和国际政治新秩序的核心。1988 年 12 月，邓小平在会见印度总理拉吉夫·甘地时明确提出，要以和平共处五项原则作为建立国际政治新秩序的基础。他说："我认为中印两国共同倡导的和平共处五项原则是经得住考验的。我们向国际社会推荐这些原则，首先我们两国之间的关系要遵循这些原则，而且我们同各自的邻国之间的关系也要遵循这些原则。"

"一带一路"背景下的印度机会

罗 赞

（中国工商银行孟买分行副总经理）

印度地大物博、资源丰富、人口众多，处于"一带一路"的重要区域，是一个极具吸引力的投资目的地。

印度是南亚次大陆最大国家，面积居世界第7位。印度东北部同中国、尼泊尔、不丹接壤，孟加拉国夹在东北部国土之间，东部与缅甸为邻，东南部与斯里兰卡隔海相望，西北部与巴基斯坦交界。东临孟加拉湾，西濒阿拉伯海，海岸线长5560公里。

印度全国人口约12.72亿（2014年3月），位居世界第二。印度资源丰富，有矿藏近100种。云母产量世界第一，煤和重晶石产量居世界第三。森林67.83万平方公里，覆盖率为20.64%。拥有世界1/10的可耕地，面积约1.6亿公顷，人均0.17公顷，是世界上最大的粮食生产国之一。

印度自1991年7月开始实行全面经济改革，后续三个五年计划中年均经济增长7.8%，是世界上发展最快的国家之一。受2008年之后的国际金融危机影响，经济增长率放缓至5%以下。目前是世界第十大经济实体，也是二十国集团（G20）和金砖国家（BRICS）成员，2013—2014财年（截至2014年3月31日）国内生产总值（GDP）达113.55万亿卢比（约合1.86万亿美元），国内生产总值增长率4.7%。

2014年5月人民党莫迪新政府上台后，经济发展方面，主张在投资、消费、出口等领域加大政策支持力度，陆续推出"印度制造""智慧城市""清洁印度"等宏大计划。首先着手清理此前的停滞项目，要求完善手续尽快开工建设；继而出手减少行政审批事项、简化办事程序、规定审批时限等，以提高政府行政效率；同时大幅增加公路、铁路和港口等基础设施建设计划，加大投资刺激力度；减少外资投资限制，以吸引更多外资进入；加大金融改革力度，扩大市场参与活性，着手税收体制改革，等等。

随着上述政策措施的陆续出台，加之莫迪在上台不到一年时间里就争取到美、俄、中、日等主要大国元首或首脑的访问，并且获得日本政府未来五年内投资 350 亿美元和中国政府 200 亿美元的投资意向，这使得投资者信心逐步回升，印度主要股市指数（BSE/NSE）在大选结束后持续走高。

在投资环境改善、经济活性增强的背景下，国际货币基金组织（IMF）等国际机构纷纷上调印度经济增速预测，预计 2015/16 财年将达到 7.2% 以上，并有望超过中国。更有部分组织预测，到 2020 年，印度将超过日本成为世界第三大经济体。

如何看待印度机会

印度市场巨大，中间阶层收入水平的不断提高、基础设施的改善以及商业环境的提升，都将推动印度经济增长。不过，在印度经营仍存在着各种商业、运营和文化等多方面的挑战，其经济发展趋势呈现出与政府执政能力和政策变化高相关性的显著特点，对于那些希望把握住印度发展机遇的企业而言，还需进行认真的筹划。

支持印度经济发展的驱动因素主要包括：

1. 持续的人口红利。与其他众多领先经济体相比，印度是一个年轻的国家。预计到 2025 年，将有 2 亿印度人加入劳动者的队伍。从目前到 2030 年的这段时期，印度的人口抚养比（即每 100 名适龄劳动人口中的受抚养人口百分比）将下降至 45%，而发达市场的人口抚养比将升至 60% 以上。年轻的印度人口将直接带来生产力和未来消费的持续保证。

2. 不断增长的可支配收入。印度经济的稳步增长正在创造着一个具有巨大潜在购买力的新兴中产阶级，可支配收入的增加将有力地拉动市场内需。

3. 庞大的基础设施投资需求。预计到 2020 年，印度基础设施支出将超 1.3 万亿美元，主要用于新的发电站、公路、铁路、灌溉系统、港口和清洁水设施的建设。

4. 低成本的较高素质劳动力。印度广泛使用英语，劳务成本低廉，直接降低了公司的运营成本。

5. 政府鼓励发展的政策和规定。如鼓励外商直接投资，参与公路和发电厂建设项目，在全国各地设立经济特区（SEZs），享有税收优惠政策等。

尽管印度具备以上的驱动因素，但抑制因素的作用也会使得经济和其他领域的增长大打折扣。抑制性因素主要包括：（1）制度缺陷带来的运营效率低下。印度的广泛民主和议而不决、政治派别林立，使得公共服务水平和基础设施的运行质量都显著降低。（2）本地商业复杂环境带来的经营挑战。印度本地经营环境的不确定性显著表现在执行合同、获得建设许可、设立公司和支付税费等方面，同时印度消费者要求相当苛刻，并对价格极为敏感，因此对印度本地情况的了解程度对于企业发展具有至关重要的意义。

成功进入印度市场的企业通常会采取以下几项关键措施来应对市场。一是作好准备，努力寻找合适的本地合作伙伴。

鉴于印度政府和监管体制的不确定性以及苛刻的印度消费者，新市场进入者为确保自身对印度市场具有全面的了解，通常都寻求与充分了解各种市场经营细节的本地伙伴建立合作关系。二是寻找优秀的本地管理团队，以更加适应本地化发展要求。三是密切、持续地跟进政府政策和规定的最新动向。

印度机会在哪里

印度内在基础设施和民生提升需求旺盛，与我国提出与沿线国家共建"一带一路"的设施联通、贸易畅通、资金融通等基本内容高度契合，在中印两国政府推进务实合作的基础上，未来印度基础设施及本地制造等方面的潜在机会众多。

作为南亚大国，印度保有自英殖民时期以来逐步形成的较为完善的交通网络。

铁路：为最大国营部门，拥有世界第四大铁路网，总里程约 6.54 万公里。

公路：发展较快，拥有世界第二大公路网，总里程约 486.54 万公里。

海运：拥有主要海港 12 个，各港年吞吐量总计超过 6.5 亿吨，能力居世界第 18 位，主要包括孟买、加尔各答、金奈、科钦、果阿等。

空运：2013 年印度机场总乘客量已达到 1.59 亿人次，国内航空市场总客户量达到 5000 万人次，民航飞机已达近 500 架，共有机场 345 个，其中国际机场 5 个，分别位于德里、孟买、加尔各答、金奈和特里凡得琅，已成为全球第九大航空市场。

但上述交通网络的老旧不堪和能力瓶颈已经严重制约了经济发展。按照莫迪新政府提出的发展计划，印度未来将大力升级其公路、铁路、电站等方面的公共基础设施；改革劳动法律和税收，简化审批程序，吸引各界在印度投资设厂，扩大当地就业，以"Make in India"构建生产能力；通过打造百个"Smart City"，推动城市化进程，持续改善民生，并利用人口红利拉动内需。新政策主要涉及 25 个行业，包括铁路、港口、公路、航空、汽车、化工、制药、纺织、信息技术、旅游、再生能源、采矿以及电子产业等，投资总需求将超过 1 万亿美元。

其中，在铁路方面，印度计划未来建设总长约 9000 公里的钻石四边形高速铁路网，包括新德里—孟买（线路长约 1200 公里）、孟买—金奈（线路长约 1100 公里）、金奈—加尔各答（线路长约 1400 公里）、新德里—加尔各答（线路长约 1400 公里），以及对角线的新德里—金奈（线路长约 1800 公里）、孟买—加尔各答（线路长约 1700 公里）。第十二个五年计划中，将投资 956 亿美元，按照中印双方高层签订的计划，中国公司将负责新德里—金奈线路的改造可研计划。同时，新德里、阿格拉、昌迪加尔、坎普尔、斋浦尔、那格浦尔、果阿等部分区域间的高速铁路网建设计划也将同步开展。

中资企业的印度机会

中印均为世界主要新兴经济体且山水相依，彼此间的重要性不言而喻。在过去的十几年里，双方交流合作日益密切。从两国贸易情况看，2013 年两国贸易额达到 654 亿美元，2014 年更是突破 700 亿美元，增幅超过 7%，增长十分迅速。

但从总量上看，中国在印度的投资额仅占印度接受外资总额的 0.2%，而印度在中国的投资额仅占中国外资总额的 0.05%。同时，虽然中印两国具有经济互补性和地缘优势等有利因素，有着超过 25 亿的消费者，但两国经贸额相对于中国与欧盟的 5591 亿美元、与美国的 5210 亿美元、与东盟的 4436 亿美元，都有着巨大的差距，甚至比巴西、南非等"远邻"也有一定差距。

这一差距，既来自于两国间的贸易总量和结构失衡、各自经济增长减速和结构调整等客观性的因素，也是由于双方在商业规则、法律制度、文化习俗等软环境方面的差异，以及印方从自身角度出发提出的安全原因，和在贸易壁垒、公司注册许可以及严格的签证制度等方面设置的一些障碍。正是由于中印之间长期以来的微妙关系，中资企业在印度的发展并非一帆风顺，落地生根发芽的过程艰难曲折，"一半是火焰一半是海水"，目前在印发展也大多停留在"看上去很美"的状态。

自莫迪新政府上台后，其积极发展经济的主张是对印度未来发展的最大促进，庞大的基础设施投资计划也成为中资企业富裕产能走出去的良好选择。2014 年 7 月，习近平主席在巴西会见印度总理莫迪时提出"推进孟中印缅经济走廊建设，引领区域经济一体化进程"的建议，得到了印方的积极回应。

在习主席访印期间，双方签署了《经贸合作五年发展规划》，中方将在印度建设两个工业园区，参与印度铁路建设，未来五年向印度投资 200 亿美元，并将积极拓展在药品、农产品、金融、民用核能、节能环保和清洁能源等领域的合作。在两国高层确定发展基调后，中印边界会谈和外交高层对话的继续有序展开，以及印方预计对包括中国在内的多国给予落地签的安排，都使得广大中资企业对两国合作进入一个崭新的阶段有了良好预期，也对自身在印度的投资发展有了更多期待。

目前在印的中资企业主要集中在以下行业，其中比较大的有电力行业，包括上下游的电建、发电、输电、配电、主机和一些配套设备与服务；还有就是建筑承包企业，主要方向包括公路桥梁、港口码头等；其次是电信产业，龙头企业是华为和中兴，他们与本地电信运营商都有很好的合作。

对待未来颇具潜力的印度机会，中资企业要认清印度特殊的国家环境，秉承不急功近利、发展务求长远的思路，用历史的眼光把握发展战略，不必过于悲观，也不能盲目乐观，求发展务必客观。在业务开展实际中，应如中国驻印大使乐玉成先生所谈到的那样，始终坚持"三心"，即对未来发展要有信心、做好扎实工作要有恒心、对市场开拓要有耐心。在遵循优势互补、互利共赢的原则下，做好市场调研和路径选择，既要抓住市场机会，也要了解政策法规和退出机制，做好风险控制，才能更好地抓住"一带一路"带来的良好机遇，争取更好更快的发展。

印度机会中的金融机会

"一带一路"愿景与行动文件中提出：资金融通是"一带一路"建设的重要支撑。中印两国同样作为亚洲基础设施投资银行、金砖国家开发银行的创始会员国，在"一带一路"行动的大背景下，通过中国西进战略与印度东向战略的协调、孟中印缅经济走廊建设的推进，以及双方在上海合作组织和金砖国家框架内的合作，不仅可以实现两国产业优势和发展需求的结合，而且能够带动周边国家和地区的共同发展，成为打造亚洲利益共同体和命运共同体的发动机。

中国工商银行是较早涉足印度市场的中国商业银行之一，在过去的几年里对印度市场的介入也是由浅入深，渐入佳境。继完成印度电信领域 9 亿美元贷款银团筹组、电力领域 6 亿美元项目融资后，2011 年 9 月，工商银行国际化布局在印落子成功，工商银行孟买分行作为中国大陆在印度开业的首家中资银行正式开业运营。

开业以来，孟买分行积极建设核心服务能力，结合本地实际成功开办存贷款、保函、国际结算、国际贸易融资等各类银行业务，与在本地运营的大部分中资企业建立了业务关系，为中资企业开拓印度市场提供了积极支持。

同时，分行还不断深入本地市场，与目标行业中的领先企业陆续达成业务合作，并成功安排了 Tata 钢铁集团、Tata 汽车集团、JSW 钢铁集团、Vedanta 集团等多家本地知名企业的境外银团贷款，完成了印度国家航空公司 8 架波音 787 飞机近 3 亿美元的搭桥融资，协助集团内工银租赁与印度 IndiGo 航空公司签署了总额 26 亿美元、未来 5 年提供超过 30 架飞机的融资租赁服务合作备忘录。

工商银行不仅具有雄厚的资本实力，而且为适应海外大型项目融资的需要，已专门在总行设立了专项融资部，在全球 50 多个国家和地区成功实施了一大批各领域的基础设施项目，具有丰富的专业经验和较大的国际市场影响力。

在"一带一路"战略的引领下，工商银行将凭借全球联动平台，以综合化和专业化的双重实力，加强与亚洲基础设施投资银行、丝路基金等组织和相关机构的合作，为印度电力、通信、铁路、公路、港口等领域的建设提供更大的支持；同时，积极支持中印工业园的建设以及园区内企业的发展，增强在印企业的出口创汇能力，促进两国间的贸易平衡；充分发挥工行在印分支机构的"中印经贸的金融桥梁"作用，促进两国优势产业的互补和有效整合，加强资金融通和信息流通，推动优质印度企业在中国资本市场上试水，帮助印度本地企业进一步拓宽融资渠道、增强筹资能力，实现合作共赢。

一次愉快的合作

薛克翘

（中国社会科学院研究员）

2011 年 10 月，我接受中国大百科全书出版社的委托，负责组织人力与印度专家合作编撰《中印文化交流百科全书》。这个项目是 2010 年 12 月温家宝总理与印度总理曼莫汉·辛格联合发表的《中华人民共和国和印度共和国联合公报》确定的。我觉得这项任务既重大又艰巨，尤其要两国专家合作，恐怕扯皮的事情不会少，心里一直惴惴不安。

经过一年的准备，包括整理词条、组织人力、分工、试写样条等，2013 年 4 月初，终于迎来了与印度专家在北京见面和研讨的机会。这是中印专家第一次联席会议，会议地点在北京的友谊宾馆。印度来了 4 位专家，首席专家是尼赫鲁大学的邵葆丽（Sabaree Mitra）教授，另外三人为德里大学的玛姐玉（Madhavi Thampi）教授、贝拿勒斯印度教大学的卡马尔·希尔（Kamal Sheel）教授和印度国际大学的那济世（Arttatrana Nayak）教授。四个人中有两位是老相识、老朋友，这让我对合作完成任务有了信心。

中国有句俗话："两座山不见面，两个人会见面。"还真有道理。

我与卡马尔·希尔先生相识于 1988 年 1 月。此前，我的恩师刘国楠先生在贝拿勒斯印度教大学讲学期间，不幸于 1987 年 11 月 29 日因心脏病突发病逝。1 月份举行葬礼，我当时在阿格拉进修印地语，接到消息，连夜动身赶过去参加葬礼，并协助师母处理后事。卡马尔·希尔先生当时不满 38

岁，是中文系主任，负责安排葬礼事宜并与我们沟通。在他的努力下，葬礼顺利结束。同年，我曾与卡马尔·希尔先生两次通信，主要内容都是处理刘国楠老师的身后事宜。此后便再无联系。直到2005年夏天，我随《走近释迦牟尼》摄制组来到瓦腊纳西，特地到卡马尔·希尔先生家，一是为了采访他的父亲、印度老资格的社会活动家和对华友好人士A·K·那拉因先生，二是为了和卡马尔·希尔先生叙旧。回忆起1988年初次见面的情景，我们俩都感慨良多。当时，他曾多次到招待所看望我们，并商谈葬礼安排。葬礼前一天傍晚，他陪同我们到市场购买骨灰盒的代用品。葬礼过程中，他带我去喝茶以等待火化结束。葬礼后，又陪同我们乘船到恒河上撒骨灰。18年过去了，我们俩也都变胖了，变老了。

2006年，第三届玄奘国际研讨会在成都召开，我再次与卡马尔·希尔先生见面，并在峨眉山金顶合影留念。从此，我们就通过电子邮件频繁地交流信息和联络感情。2007年7月，我因撰写《中国印度文化交流史》一书向卡马尔·希尔先生请教，很快就得到了他的答复。2010年8月，卡马尔·希尔先生发来电子邮件，说他下个月将陪同贝拿勒斯印度教大学副校长来北京访问，希望我在他们开会之余帮助安排几次活动，我答应了。当时我正在做印度密教方面的研究课题，也请他复印一些有关资料带来。9月，他如期来华，也为我带来了印度密教方面的宝贵资料，这令我感激不尽。从多年的交往中，我了解到，卡马尔·希尔先生是一位朴实厚道的学者，能有机会与他合作编撰《中印文化交流百科全书》是一件令人深感荣幸的事。事实正是如此，在讨论编纂原则以及双方分工时，他始终和善友好、文质彬彬，从不节外生枝。

我的另一位老熟人是邵葆丽教授。记得第一次见她是在

1995 年，入冬后的一天傍晚，我随北大耿引曾老师去友谊宾馆拜访在华工作多年的印度老专家沈纳兰先生，正好邵葆丽也在沈先生家做客。当时她在北京大学历史系进修，是一位天真活泼的姑娘。1999 年 10 月，我和同事刘建一起出访印度，曾到尼赫鲁大学东亚系访问，当时邵葆丽女士已在尼赫鲁大学任教。这两次相见都比较匆忙，只是留下了一个初步印象，没有过多交谈。2000 年 2 月，我被文化部外联局借调到中国驻印度使馆文化处工作。3 月 10 日，在文化处举办的招待会上，邵葆丽女士和尼赫鲁大学的几位老师一起应邀出席。再次相见，大家都很高兴，并合影留念。没有想到，时隔十余年，还有机会合作编纂百科全书。邵葆丽女士的中文很好，口语尤其见长，无论是讨论问题还是开玩笑，都出口得体，不失分寸，反应机敏。

另外两名印度学者虽然此前从未谋面，但由于他们都懂中文，都了解中国文化，因而有许多共同语言，相见即是相知。玛姐玉教授是中印经济关系史问题专家，对有关问题的研究相当深入。那济世教授则对近现代中印间的人文交流非常熟悉，如数家珍。与他们合作、交流，使我受益匪浅。

艰巨的工作在进行中，有许多细节需要共同商讨解决，也有许多心得需要交流切磋。为此，在一年半的时间里，两国学者召开了五次联席会议，三次在中国，两次在印度。会议通常要开两到三天，会场上很热闹，也很融洽，中文、英文、印地文交替使用，古往今来，天上地下，海阔天空。

我们遇到的第一个问题是，双方对于百科全书的理解不同。在我们看来，百科全书要尽量求全，让读者查有所得，因此事先列出了 6000 多个词条。而印度专家则认为，所谓百科全书，是要反映相关领域的概貌，以主要人物和大事纲领全书，而不必事无巨细一一罗列。因此，印方拟出的词条仅400余个。考虑到时间紧、任务重，最后双方折中，决定撰写600—800条。

更有许多具体问题需要商讨。例如，古代的大翻译家鸠摩罗什，其父为印度人，其母为龟兹人，他出生于龟兹，游学于印度，成就于凉州，圆寂于长安。他是印度人还是中国人？按照中国古代的做法，标注一个人的里氏，取其父系籍贯；而按照现代人的做法，则注重其出生地。经过争论，最后折中，把他算作西域人，因为东晋时龟兹泛称西域。类似的问题还有不少，双方学者从学术的角度出发，既尊重历史，又尊重民族感情，通过友好协商、各自让步，作出合理处置。

经过双方的努力，到2014年6月中旬，《中印文化交流百科全书》终于定稿付梓。6月30日，中国国家副主席李源潮和印度副总统安萨里先生在北京人民大会堂共同为本书揭幕。至此，中印两国学者合作的编纂任务圆满完成。

从将近2000年前的中国东汉初期开始，中印两国的学者就开始合作翻译佛经。到今天，两国学者再度携手，这既是一次继往开来的合作，也是一件具有历史意义的大事。合作的时间是有限的，也可以说是短暂的，但它留给我的回忆却是永久的、愉快的。当然，人无完人，书无完书，尽管书中留下了一些缺憾，但它毕竟是中印两国学者心血的结晶，是两国人民友好的见证。

根植于两国人民心中的友谊

郑清典

（中国前驻印度使馆公使衔参赞，前驻孟加拉国、牙买加大使）

我曾有幸先后三次在中国驻印度大使馆工作，前后长达 15 年，同时也经历了中印两国关系从逐步恢复、改善，到步入健康稳定发展轨道的过程。15 年中，方方面面的感受颇多，但印象最深的还是两国之间的传统友谊，特别是根植于两国人民心中的那份友好情谊。有一件我亲身经历的事，至今让人难以忘怀。

事情发生在 2004 年 4 月 13 日，上午 9 点多，一艘在马来西亚注册、名为"金浩 6 号"的货轮因遭遇风暴，在印度东海岸孟加拉湾哈提亚港口东南约 190 海里水域沉没，在该船上工作的 17 名中国籍外派船员全部落水，失事原因不明。在得到货轮沉没、船员落水的求救信息之后，印度哈提亚海岸警备队随即发出救援信号，要求附近船只尽快前往出事地点，协助搜救出事货轮和落水船员，并且还通知了位于首都新德里的中国驻印度大使馆。

得知我船员遇险的消息后，国内高度重视，国务院总理温家宝作出"全力搜救我船员"的重要指示。根据中央和外交部的指示精神，中国驻印度大使华君铎立即召开紧急会议，全馆上下迅速展开全面营救工作。当天下午，我奉华大使指示与印度外交部东亚司负责人取得联系，请对方尽快核实情况、采取措施，全力搜救我失踪船员。印方当即应允，并表示一定全力协助中国大使馆采取救援行动。约半小时后，印方即答复称，经核实情况属实，包括大副、二副在内的 17 名中国船员全部落水，货轮失事原因尚不清楚。随后，在印方的大力配合和协助下，我和使馆领事部主任霍玉平作为使馆代表（当时我国尚未在加尔各答设总领馆），乘飞机于当晚 7 点抵达加尔各答市，并直接乘车前往哈提亚港口。约 2 个多小时后，我们顺利到达印度东部海岸警备队司令部。警备队司令等高官正焦急地等待我们。简短寒暄后，对方便详细地向我们介绍了有关情况，同时决定：当晚即刻启动全面救援行动。于是，我与霍主任也立即与印方海岸警备队一道投入救援行动之中。

非常值得庆幸的是，13 日中午时分，中国远洋集团的"桐海"号正在出事海域附近执行运输任务，他们得知消息后马上请示国内，并在征得同意后立即调整航行路线，火速赶往出事海域。印度海岸警备队不顾海上风浪，同时派出直升机、船只等全力协助"桐海"号开展搜救。据当时"桐海"号反馈的消息，出事海域风高浪急，这种情况对"桐海"号虽无大碍，但对参加救援行动的印度直升机和舰艇来说，却是相当危险。在中印双方的共同努力下，特别是在印海岸警备队人员以及直升机和舰艇的指引下，经过一个多小时的努力，到当天下午 3 点多，已有 8 名中国落水船员获救。此后，因附近海域没有再发现落水船员，"桐海"号随即离开。但令人感动的是，从 13 日晚上到 14 日早上，印度海岸警备队一直不惧风浪、不顾疲劳，连夜作战，先后又救起 4 名落水中国船员。至此，从货轮失事到 12 名中国落水船员获救，仅仅过去了 21 个小时左右。

经过一天一夜救援，印方人员显然已经十分疲劳。但 14 日上午 8 点，也就是大家刚刚吃过早餐，海岸警备队司令再次召集双方紧急会议。他强调，救援行动不能有任何耽误，时间就是生命，早一分钟也许就能多挽救一条生命，救援行动必须继续下去。会议刚一结束，印方再次派出大量人员，并出动直升机、船只等展开救援行动。到下午 2 点 20 分左右，印度海岸警备队又传来好消息：他们又先后救起 3 名中方落水船员。特别让他们感到惊喜的是，最后一名船员是从一只游弋在海面上的海龟背上救起的，并说这一海域的海龟先前也曾救起过当地的渔民，中国船员真是万分幸运。印方还介绍说，这3名中国船员虽然已经在海上漂流了近30个小时，但获救时健康状况良好，并且已经开始进食。且不说是否真有"海龟救人"的说法，但这足以表明印度海岸警备队在救起中国船员后极度兴奋的心情，以及对获救中国船员发自内心的祝贺。更让人感动的是，哈提亚海岸警备队司令瓦德亚还亲自打电话向我表示，现在已经有15名中方船员获救，对此印方感到十分高兴和欣慰。海岸警备队将全力以赴，继续搜救剩下的两名落水失踪中国船员。他还强调，拯救海上遇难船员是他们的神圣职责，能够拯救中国兄弟更是他们一生中最大的荣幸。

虽然另外两名失踪的中国船员最终未能找到，但上述30多个小时的搜救过程充分表明了印度哈提亚海岸警备队不仅是一支训练有素的队伍，更是一支具有高度责任感的队伍。在随后的15、16两日，在印方当地政府和海岸警备队的精心安排下，获救的15名中国船员分三批先后安全上岸，并进行了初步体检。17日，印度海岸警备队还专门作出安排，并派人陪同中国船员到加尔各答市内医疗条件较好的医院进行详细体检。最后，他们将全体中国船员平安送上归国的飞机。离别那一刻，看到中印双方人员紧握双手，热泪盈眶，久久不愿离别的情景，大家都十分感动。

还须提及的是，获救后的中国船员曾十分动情地多次谈到，在短短的一个星期内，在从异国他乡落水遇险、安全获救，直至与中印两国救援人员的朝夕相处中，他们有一个"想不到"和一个"意外"。

"想不到"的是，他们作为普通的国内外派船员，在远离祖国的异乡海上遇险，祖国对他们是如此重视和关心。更让他们感动的是，温家宝总理在百忙之中还亲自指示使馆，配合印方全力搜救；中国驻印度大使馆的工作人员是那么和蔼可亲、废寝忘食，给他们悉心照顾，努力维护他们的合法权益。所有这些，使他们从心底感受到：危难时刻，祖国永远是他们的坚强后盾。

"意外"的是，全体印方人员对中国船员如此友好和热情。以往他们所知道的，只是 1962 年两国之间的那场边界冲突，并且一直觉得印度是那么的遥远，印度人又是那么的生疏。获救之初，他们甚至担心因证件丢失会受到印度警方的扣留和刁难，但结果令他们感到"意外"。印度海岸警备队和地方政府官员不仅从未为难他们，相反一直竭尽全力地援救他们，并且处处给他们以热情周到的关心、照顾和接待，就像是对待亲兄弟一样。

事情的过程也的确如此。仅仅几天时间，在"想不到"和"意外"的背后，他们所经历的，就是一个个连接哈提亚港口与新德里中国大使馆的热线电话，就是一个个步履匆匆的疲惫身影，就是一双双通宵达旦工作后焦急而凝重的眼眸。这其中所体现的，也正是那根植于中印两国人民之间的、永远让人难以忘怀的深厚情谊。事情虽然已经过去十多年了，但每当忆及当时的情景，都仿佛就在眼前。

毛泽东曾经说过："印度民族是伟大的民族，印度人民是很好的人民。中国和印度这两个民族和两国人民之间的友谊，几千年是很友好的。"在中国和印度 2200 多年的友好交往历史中，虽然经历了这样或那样的曲折，但谁都不会忘记曾出现过的三个高潮期。一是远在古代，中印两个伟大的文明古国即以佛教为载体，开始了历史性的交往。中国高僧法显和玄奘曾先后到佛教诞生地——印度取经，并把佛教经典带回中国。"佛学东渐"不仅深度融合了两国文明，而且逐渐形成了整个东方文明对世界、宇宙、生死等人类基本思想和观念

郑清典公使衔参赞与印
度前总统纳拉亚南

的共同认识。二是在 20 世纪前半叶，两国人民在争取民族
独立和解放的斗争中一直相互同情、相互支持，结下了深厚
的友谊。在中国抗日战争最艰苦的时刻，印度援华医疗队远
渡重洋，投身中国人民的救亡事业，柯棣华医生还为此献出
了自己的生命。三是在两国相继独立和解放初期，两个新兴
国家之间曾经有过十分密切的交往。1950 年两国建立外交关
系，印度成为第一个同中国建交的非社会主义国家。1954 年，
两国总理实现互访，两国领导人共同倡导了著名的和平共处
五项原则，为维护亚洲和世界和平作出了不可磨灭的贡献。

今天，两国新一代领导人正在努力构建面向和平与繁荣的
中印战略合作伙伴关系。毫无疑问，中印作为当今世界上两个
最大的发展中国家，不仅面临着共同发展的历史重任，也承担
着维护世界和平的共同责任和义务。两国人口加起来有 26 亿还
多，中国和印度用一个声音说话，全世界都会认真倾听；两国携
手合作，全世界都会加倍关注。我相信，两国人民之间的传统
友谊必将不断得到传承，一个崭新的两国关系的高潮已经来临。

忆 篇

和柯棣华弟弟妹妹交朋友

袁南生

（中国外交学院党委书记、教授，曾任中国驻印度孟买总领事）

　　2002 年至 2004 年，我出任中国驻印度孟买总领事。孟买是印度的经济中心，当地人喜欢拿孟买与上海相比，把孟买说成是印度的上海。在印度工作的两年多时间里，我亲身感受到了印度人民对中国人民的友好，交了许多印度朋友，特别是与柯棣华大夫的弟妹交上了朋友。

　　很小就听到印度伟大的国际主义战士柯棣华大夫的名字，他与加拿大伟大的国际主义战士白求恩大夫有着惊人的

2002 年，在孟买举行的纪念柯棣华大夫逝世 60 周年大会。

2004 年访问孟买时的
柯棣华夫人郭庆兰，
时年 89 岁。

相似之处：都不远万里来到中国帮助中国人民抗战；都为中国人民的抗日战争献出了自己宝贵的生命；都受到了毛泽东的高度赞扬；都为中国人民和他们自己祖国的人民所永远怀念。柯棣华原名柯棣尼斯，1910 年出生于印度孟买省绍拉普尔镇（今马哈拉施特拉邦绍拉普尔市），1938 年随印度援华医疗队来华支援中国抗战。次年 2 月 12 日，柯棣华一行到达延安，受到延安军民的热烈欢迎，毛泽东亲切会见了他们。后来，他担任八路军军医院外科主治医生，曾与爱德华、巴苏华一起为周恩来诊治受伤的手臂。白求恩医生逝世后，柯棣华任晋察冀边区白求恩国际和平医院院长。在中国人民最困难的日子里，他踏遍晋察冀根据地的山山水水，行程上万公里，救治伤病员无数，并为培养我军医务人员做了大量工作，终因积劳成疾，于 1942 年 12 月 9 日病逝于抗日前线，年仅 32 岁。此时，离他加入中国共产党仅 5 个月。毛泽东、周恩来、朱德、邓小平、宋庆龄、叶剑英、聂荣臻等领导人曾先后为他题词或发表专文。我从未料到我会有机会到柯棣华大夫的故乡孟买工作，更没有想到我会和柯棣华大夫的弟弟和 4个妹妹以及其他亲属交上朋友。

柯棣华姐妹让我看了毛泽东的题词真迹

柯棣华大夫有 3 个妹妹住在孟买：柯二妹莉赛尔是家庭主妇，柯三妹马诺拉玛曾任联合国儿童基金会研究员，柯五妹瓦特萨拉曾到中国学习针灸，是针灸大夫。柯二妹婚后无后，目前与终生未婚的柯三妹、五妹住在一起。我一到任，就立即与柯氏三姐妹联系，她们对我出任驻孟买总领事表示祝贺和欢迎，并热情邀请我到她们家里做客。她们家住孟买市普罗克特路莫德尔公寓二楼第 8 号，这是一栋在普通住宅区里的一座不起眼的楼房，楼为砖木结构，怕有上百年历史了，相当陈旧。我和妻子以及中国总领事馆的一些同志一同前往，到达时，柯五妹瓦特萨拉在楼下接我们。走进家门，挂在墙中央的柯棣华遗像跃入我的眼帘。柯当年拍此照时不到 30 岁，身着西装，风华正茂，然而，此时与我一一握手的他的妹妹们，一个 84 岁，一个 80 岁，最小的也已 74 岁。要是

柯棣华大夫故乡绍拉普尔市建立了柯棣华大夫铁路纪念医院，袁南生总领事应邀出席仪式。

柯棣华大夫健在，那年已是 92 岁，他离开她们整整 60 年了。岁月的沧桑在老人们的脸上留下明显的痕迹，此时，我心中忽然泛起一阵激动，这些都是柯棣华大夫的亲妹妹啊！她们的二哥柯棣华大夫曾经在这里和她们一起生活，就是从这里告别亲人走向了中国的抗日战场，并一去不复返，长眠在了中国的大地上。如今她们都已老态龙钟，风烛残年，生活明显不富裕，家里除了一台小电视，其他一切均与现代化无缘。但是很容易看出，她们为二哥柯棣华大夫而自豪，为中印关系不断改善而欣慰。

四次访问过中国的柯三妹告诉我：柯棣华是 1938 年 9 月 1 日午夜乘"拉吉普塔纳"号邮轮，和组成印度援华医疗队的其他 4 人一起离开孟买的。就在不久前，已经取得了外科医学学士学位的柯棣华，还满怀信心地准备考取更高的学位和取得英国皇家外科医学会会员的资格。在家乡颇有威望的父亲也为他准备好了从医的诊所和医疗器械。可就在这时，抗日的烽火在中国燃起，印度国大党为支援中国的抗日战争，组建了援华医疗队。柯棣华经过反复申请，终于成为援华医疗队的一员。柯氏三姐妹高兴地告诉我，叶剑英、王炳南等中国老一辈无产阶级革命家曾经来到她们家看望，周恩来、朱德、聂荣臻等领导人曾接见过柯棣华亲属，李鹏、朱镕基等领导人访问印度期间看望了她们。她们把有关的影集拿出来，一张一张指给我们看。言谈之中，充分显示了她们对中国人民的友情，对毛泽东、周恩来等我国领导人的崇敬，对已牺牲了 60 年的二哥的怀念。说到兴奋之时，柯三妹拿出一个卷轴给我们看，这是毛泽东当年为柯棣华大夫牺牲所作的题词。我们小心翼翼地把卷轴打开，毛泽东刚劲有力、潇洒自如的题字展现在眼前：

印度友人柯棣华大夫远道来华，援助抗日，在延安华北工作5年之久，医治伤员，积劳病逝，全军失一臂助，民族失一友人。柯棣华大夫的国际主义精神，是我们永远不应该忘记的。

这是我第一次看到毛泽东题词真迹原件。毛泽东题词题在一张约半米宽、一米长的宣纸上，已按中国书画传统的装裱方式装裱好。"这是在印度装裱的吗？"我问道。"不，是在中国装裱的。50年代，当时任中国人民对外友好协会会长的王炳南来孟买访问期间，到我们家来做客。他看到毛泽东题词原件后，发现没有装裱，担心会影响长久保存，主动提出带回北京装裱后再送回来。当时我们很犹豫，担心他带回后把原件留下，另给我们一件复制品。王炳南看出了我们的心思，承诺尽早装裱好后原物送还给我们。他说到做到了。"在老人的眼里，毛泽东的题词是她们家的镇宅之宝、传家之宝。她们还骄傲地告诉我，李鹏等中国领导人接见柯棣华亲属时，

马哈拉施特拉邦首席部长、曾任国大党总书记的辛德接见柯棣华夫人郭庆兰。

都看过毛泽东的这幅题词真迹。

此后，我和柯氏三姐妹经常见面，并形成了一些交往的"规则"：每年印度的传统佳节"迪瓦里节"，我会登门"拜年"，她们也会准备一些印度糕点托我带给中国总领事馆的馆员品尝；每年新年到来时，我们会互送新年贺卡；每年年底，我会请柯氏亲属吃饭；一些重要活动，例如一年一度的中国国庆招待会，我会邀请他们参加，并派车接送；有新的英文版的关于中国的书刊杂志，我会送给她们阅览。柯棣华大夫在中国抗日期间与八路军女战士郭庆兰结婚，郭老也已年近90，老人们常常惦记她们这位中国嫂嫂的情况，我注意经常与她们沟通这方面的信息；遇到中国发生 SARS、禽流感等大的事情时，她们总是关切地向我询问，我注意及时通报有关情况。为了使她们能多了解一些中国的情况，我代表总领馆送给她们一台中国收音机，她们高兴得当场打开收听。

和柯氏亲属一起纪念柯棣华

12月9日，一个在中印两国人民友好交往史上不应被忘记的日子。1942 年的这一天，年轻的柯棣华大夫的心脏在中国人民抗日战争的战场上停止了跳动。60年后的同一天，中国驻孟买总领事馆组织召开了柯棣华大夫逝世60周年纪念大会，怀念柯棣华的人们再次聚集在金色夕阳沐浴下的孟买泰姬饭店，共同缅怀他为中国人民的反法西斯事业和促进印中友好作出的杰出贡献，畅谈继承柯棣华的未竟事业，在新世纪不断将中印两国关系推向发展的前景。柯棣华大夫的 14 位亲属到会，远在古吉拉特邦的柯四妹苏蕾克哈及其子女也赶来了。

袁南生总领事（前排左2）在柯棣华故乡纪念塑像前留影。他身后是积极推动印中友好的印共（马）绍拉普尔市委书记、议员贡恰尔。

纪念大会会场布置得简朴庄重。主席台左边悬挂着毛泽东当年为纪念柯棣华逝世亲手书写的挽词真迹，右边悬挂毛泽东题词英文译文大幅屏幛。主席台前右侧摆放着柯棣华大夫的大幅标准照，会场周围摆放着上百幅反映柯棣华大夫生平的大幅珍贵历史照片，这些照片是总领馆为这次纪念活动特意洗印的。前来参加纪念会的200多名印度朋友中既有两鬓斑白的老者，也有英气勃发的青年和稚气未脱的孩子。

当柯家姐妹听说有多名中国记者专程从首都新德里来孟买报道这次纪念会时，问道："现在中国还有多少人知道柯棣华？"我们告诉她们，柯棣华的事迹已经写入教科书，在中国，凡是念过书的人都知道柯棣华大夫。老人们听后，脸上露出欣慰的笑容。我还特意告诉她们，就在同一天，总领事馆还派出了商务参赞等官员特意到柯棣华的家乡——绍拉普尔，参加了当地政府和印度共产党中央正在举行的各种纪念活动。听说不仅驻孟买中国总领馆在举行纪念大会，北京也在同时举行有关纪念活动，柯氏亲属和印度朋友纷纷为中国人民没有忘记柯棣华而由衷地高兴。

纪念大会在中印两国国歌声中开始后，我和柯棣华亲属等依次向柯棣华遗像敬献鲜花花环。柯三妹马诺拉玛、印中协会主席巴夫纳、印中友好协会秘书长兼马邦分会主席费尔南德斯、印中工商会秘书长拉马恰恩德拉、孟买市第一公民桑特兰姆等先后致辞。当我说到柯棣华大夫是中印友谊的象征，中国人民永远不会忘记这位伟大的印度友人时，柯氏亲属带头热烈鼓掌。我讲完后，坐在我左边的柯三妹紧紧握着我的手，连声说谢谢。

除了召开纪念大会以外，我们还举行了其他形式的纪念活动。纪念活动的消息在中国中央电视台多次播出后，我没有忘记及时告诉柯的亲属，他们听了十分欣慰。

袁南生总领事和柯棣华大夫的 4 个妹妹及部分其他亲人在一起。

到柯棣华弟弟家做客

　　柯棣华的弟弟维赛尔当时已 84 岁高龄，他和夫人在浦那居住。从孟买乘汽车到浦那约 3 个小时。此前一年，我邀请他们出席在孟买举行的中国国庆招待会，他给我写来一信，说因路途遥远不能出席，表示谢意和歉意。信是老先生手写的，那道劲流畅的英文书法给我留下了深刻印象。如今，计算机打印的材料漫天都是，看到一份手写的材料实在不易。因此，我把老先生的来信视为至宝，予以珍藏。

　　2004 年 2 月 27 日，我和夫人以及商务参赞、政治文化事务领事等专程前往浦那，定于 28 日上午看访柯棣华弟弟全家。老先生一家听说我们在 27 日下午将出席印中友协马邦分会举办的中国图片展和"如何与中国做生意"研讨会，欣然前来，主动参加。下午 2 点多，我们到达研讨会现场时，老先生一家已在贵宾室等候我们。当我第一眼看到老先生时，我的心突然一动：老先生的面容与我们熟悉的柯棣华大夫的

袁南生总领事在浦那市柯棣华弟弟家做客，与柯棣华弟弟夫妇及他们的外孙合影。

头像是多么相似呀。我把我的这一感觉告诉老先生后，他笑得很甜，说他访问中国时，许多中国人，特别是和柯棣华大夫一起战斗过的老战士们都这么说。我们走进会场前，印度小姐按照印度传统习俗，为老先生夫妇和我等点红，佩带花环，以示欢迎和祝福，走进会场时，全场掌声雷动。我从这掌声中实实在在感受到了印度人民对柯棣华大夫的深切怀念、对柯棣华亲属的崇高敬意和对中印关系更上一层楼的殷切期待。研讨会结束后，老先生一家和我们稍微休息了一下，又一起出席了中国图片展开幕式。我邀请老先生和专程出席图片展开幕式的马邦住房和城市建设国务部长、浦那市市长等一起点灯。这是印度类似于剪彩的一种正式仪式。参观展览时，老先生贪婪地搜寻他熟悉的中国图像和画面。当看到天安门、长城等他熟悉的地方的图片，老人脸上露出欣喜的目光。晚上，我邀请老先生全家共进晚餐，我们一边品尝中餐，一边谈到印度的服饰。我告诉老先生夫妇和其他嘉宾，到印度后，我夫人做了一套印度纱丽，漂亮极了，我们打算再做一套印度旁遮比女装。老先生的弟媳眼睛一亮，问道："喜欢什么颜色？"我夫人回答："粉红色。"

第二天上午，我们应约到柯棣华弟弟家做客。他的儿子早已在楼下等我们。4 年前，他们花 40 多万卢比（约合 8 万人民币）买下了位于二楼的这套 80 平方米的住宅。这是一个新的住宅区，清洁安静。柯小弟夫人为我们开门。屋内整齐干净，墙上挂满了中国的绘画和剪纸，柜上、桌上摆了不少中国工艺美术作品。我们一进屋，柯小弟夫人就对我们说，柯先生出去有点事，几分钟就回来。

不一会儿，柯先生回来了，他手中拿着一束鲜花，还提着一个橘红色的袋子。原来，他是特意出去为我买花去了。柯拿出影集，让我们看他两次访问中国的照片。那略显陈旧、发黄的黑白老照片中，我们看到了不少老一辈无产阶级革命家接见柯小弟夫妇的留影，有叶帅，有聂帅，有杨成武将军，有黄华副总理，等等；还有他们夫妇两次访华参加纪念柯棣华大夫活动的照片。当然，老两口也忘不了把他们的家庭影集拿出来请我们欣赏。

接着，老两口摆好桌子，拿出印度传统的糕点小吃请我们品尝。我们同去的5人，加上他家3口，围着桌子，一边吃着点心水果，一边喝着饮料，海阔天空地侃起来。临别时，我们向老两口赠送了礼品，老先生郑重其事地向我献花，大家一起合影留念。临出门时，柯小弟夫人拿出一套印度旁遮比女装——粉红色的，送给我夫人。一看装衣服的袋子是橘红色的，我们顿时明白了，原来昨晚柯小弟夫人详细问我妻子喜欢什么颜色时，就已打定了为我妻子买一套旁遮比女装的主意。头天晚上宴会结束时已是10点半，商店已经关门。所以，老先生今天一大早就出门，一是买女装，二是买鲜花，那个橘红色袋子里装的就是那套旁遮比女装。印度商店是上午10点开门，我们是10点过一点点到他们家，于是便出现了我们到他们家10分钟后，老先生才风风火火赶回家那一幕。当然，在聊天时，我也特别注意了解老两口喜欢什么中国货，他们说，他们喜欢喝中国的茉莉花茶，有兴趣学学中国的太极拳。临别时，我说我会很快将茉莉花茶和学太极拳的音像资料转给他。并说，如他们到孟买，一定告诉我。老先生夫妇会心地点头答应。

印度援华医疗队

——中印关系史上一段动人的佳话

陈永成

（中国前驻密克罗尼西亚联邦大使）

20世纪30年代，世界处于反殖民主义和反法西斯时期，印度人民挣扎于殖民主义的统治之下，中国人民则惨遭日本法西斯的野蛮侵略和屠杀。中印两国人民相互同情和支持，争取民族独立。代表印度政府和人民来中国抗日前线救死扶伤的"印度援华医疗队"的五位大夫，中国人民永志不忘。其中柯棣华大夫不幸积劳成疾，献出了年轻的生命，尤为动人心弦。

周恩来总理生前亲自关怀，要筹建"柯棣华纪念馆"。1976年12月9日，柯棣华同志逝世三十四周年纪念日，柯棣华纪念馆在柯棣华大夫当年担任首任院长的"白求恩国际和平医院"原址揭幕。全印柯棣华大夫纪念委员会主席、柯棣华的战友、中国人民的老朋友巴苏华大夫和柯棣华大夫的亲属都专程赶来参加。他们望着那宽敞明亮的展览馆里陈列的展品，情不自禁地称赞："你们是珍惜友谊的！"

我当时在中国驻印度大使馆工作，巴苏华大夫为出席这次意义重大的开幕仪式来使馆办理签证手续时，我有幸参加接待，同他交谈。我少年时，家乡是抗日根据地，有机会经常同八路军战士接触。这时坐在我身旁的巴苏华大夫，高高的个头、黧黑的面孔，能说些中文，他的言谈举止，真的就是一位八路军战士。这使我感到亲切和敬仰。从此，我就开始关注印度援华医疗队这桩美事。本文所写的就是我所知道的事实。

印度国大党组织援华医疗队

1937 年 7 月日本发动全面侵华战争后，印度国大党积极声援并以实际行动支持中国人民的抗日战争。在国大党主席尼赫鲁的号召下，印度全国在 1937 年 9 月 30 日至 1938 年 1 月 9 日期间多次举行声援中国抗日的"中国日"活动，包括集会游行、发布宣言、捐款献药、抵制日货、不为日本运输和生产战争物资，等等。

尼赫鲁在一次"中国日"活动上对民众发表演讲说："中国人民自古以来就与印度有着千丝万缕的友好联系，我们要像同志一样向他们伸出援助之手。对他们的危难和痛苦，我们感同身受。未来的命运把我们紧紧地联系在一起，我们要与他们荣辱与共。"他还发表了一系列文章，支持中国的抗日战争。

1937 年 11 月，在宋庆龄的建议之下，中国共产党领导人毛泽东以八路军总司令朱德的名义致函尼赫鲁，在对印度人民声援中国人民的抗日斗争表示感谢的同时，请求印度给八路军医疗方面的援助。12 月 20 日，尼赫鲁接到这封信之后立即发表声明，赞扬朱德率领红军长征为"军事历史上的杰出事迹"，并主持召开国大党第 53 次会议，通过派遣医疗队援助中国抗日的决议。

组织援华医疗队，需要一名有战地经验的医生带队。尼赫鲁看上了当时还在西班牙战场上的妻弟爱德医生。1938 年 7 月，尼赫鲁访问英国，把自己的妻弟爱德医生从西班牙"国际纵队"调回，委托他率领国大党援华医疗队来华。

爱德医生回国后，在国大党的支持下，筹组援华医疗队。他的呼吁立即得到各界人士的响应，随即成立了一个专门委员会，负责募集资金和挑选人员。委员会明文规定：医疗队要从全印度选拔五名优秀医生，且必须具备足够的外科经验。委员会的规定出台后，随即就有700多名医生提出申请。

最终，委员会选定了五位大夫：爱德任队长，副队长是卓克，其他三位是巴苏、木克和柯棣。

1938年8月底，五位成员从各地赶到孟买集合。8月31日，居住在孟买的华侨在吉马哈尔饭店举行宴会为他们饯行。当天晚上，国大党孟买委员会和当地的劳工组织在真纳大厅召集盛大的群众集会欢送他们。会议主席在讲话中称医疗队员们为"无任命驻华大使——人民大使"时，全场站立起来，报以热烈的掌声。大学生跑到主席台上，把医疗队包围起来致敬，将医疗队里最年轻的柯棣和巴苏称为他们的光荣代表。有一批纺织工人徒步五公里赶来参加大会，以表达他们坚决支持中国人民抗日斗争的真情实意。他们长长的队伍，举着红旗，唱着爱国歌曲，高呼"印中人民是兄弟"的口号，全场都随着他们口号的节奏鼓掌、欢呼……

9月1日，印度援华医疗队带着印度人民的情谊，携带54箱药品、一些医疗器械、一架轻便X光透视机、一辆防弹救护车和一辆卡车，自孟买乘坐英国邮轮"拉吉普塔纳"号奔赴中国。

在轮船上，队员们激动不已。柯棣打开《西行漫记》，在书里他认识了毛泽东、周恩来、朱德这些革命家，发现了"长征""根据地"这些新名词，尤其是中国共产党领导的这场革命使他产生了新的希望。他想中国和印度多么相似呀，这两个国家就是一对孪生姊妹。他期望这种革命也能在印度发生。

医疗队里的巴苏是一位印度共产党党员。他同柯棣一样，都认为"今后岁月里的每一天都是我们生活史上的新篇章，因为我们所献身的事业是关系到全人类的事业"。他拿出朋友赠送给他的一个笔记本，要把离开祖国海岸后的每一刻都记录下来。

印度医疗队初到中国

经过半个多月的海上航行，医疗队于 1938 年 9 月 17 日下午抵达广州。时任"保卫中国同盟"主席的宋庆龄亲自带领各机关团体代表和印籍侨民等 2000 余人到码头迎接。宋庆龄、何香凝等人到码头登上"拉吉普塔纳"号英国邮轮，对医疗队来华服务的热情和精神表示钦佩和感激。这给队员们留下了深刻的记忆。医疗队成员看到，宋庆龄"很年轻，风度迷人，讲一口漂亮的英语"，而且"衣着朴素，丝毫没有中华民国国父夫人的架子"。

次日是"九一八事变"七周年纪念日，医疗队在广州瞻仰了中山纪念堂、黄花岗七十二烈士墓和十九路军抗日阵亡将士墓，并献了花圈。

当晚 7 时，广州市民不畏日机轰炸，举行抗日火炬游行。宋庆龄也行进在群众的游行队伍之中。这壮观的场面给医疗队留下了深刻的印象。巴苏大夫当即向宋庆龄谈起医疗队打算去共产党领导的八路军中去工作。宋庆龄听了很高兴，说医疗队可以在长沙或汉口由史沫特莱安排会见周恩来，向他提出到延安去。

按当时的惯例，凡是前来援华的外国朋友先要向当政的国民党政府报道。医疗队在广州活动了六天，又乘车北上，经长沙来到当时国民党的大本营武汉。在这些地方生活了半个月，他们对那些繁文缛节不太适应，觉得宴会都是花天酒地。他们急于为中国的抗战事业尽力，几经申请，才被分配了工作。

柯棣在军医院工作时，遇到一件令人难以置信的事。他们用一种药物进行治疗，一个疗程之后，病人不仅未好转，病情反而加重。他困惑不解，因为不久前他在印度用过这种药，疗效很好。在这里为什么就无效了呢？他安排化验，结果证明是有人用蒸馏水之类的液体将原药换走了。他立即向医院上司报告，答复却是："这早已不是秘密。上下串通，层层剥皮，国际援华的药品有相当一部分转到黑市上去了。武汉还算好呢，你到重庆看看，多的是。"

半个多月内，碰到的各种无法无天的怪事令柯棣十分愤慨，他对巴苏说："假如我们要和这些人一起工作，那我们失败是肯定的。"巴苏安抚他说："别着急，事情马上就会好起来。"

巴苏如此乐观是有根据的。宋庆龄在广州就告诉巴苏，到武汉以后就可以同共产党取得联系。

这一天终于到来了。9月30日晚上，董必武、叶剑英在四川饭店举行宴会，欢迎印度援华医疗队。

柯棣想亲眼看看共产党人是否同《西行漫记》中描述的一样。宴会开始，摆在他们面前的菜肴就像家常便饭，宴会期间没有舞会，当然也没有小姐作陪，音乐是有的，那就是大家合唱中外革命歌曲，更重要的是，主人的情操和风格迥然不同。当他们离开饭店时，五人都为这次会见所感动。巴苏在当天的日记中写道:"……啊!我怎能描写出我们所有参加晚餐的人的兴奋心情呢?……我们渴望与朱德总司令和毛泽东同志指挥下的在陕西前线与日本人英勇斗争的八路军在一起。"

10月7日下午,他们终于有机会见到周恩来副主席。周副主席的智慧、人格和风采深深地打动了他们。队长爱德直接表达了要到八路军去工作的愿望。周副主席亲切地说:"谢谢你们,八路军、新四军确实很困难,很需要你们的帮助。前不久,加拿大的白求恩大夫率领的医疗队已经到那里去了,在前线做出了出色的成绩。我们欢迎你们到八路军、新四军里去工作。不过我们研究了一下,你们是不是先在国民党统治区工作一段时间?"

这出乎队员们的意料,他们禁不住反问:"为什么?"

周副主席说:"考虑到统一战线政策,这样做可能对你们更合适一些。"

可是,到10月底,国民党政府就先后放弃了广州和武汉,印度医疗队也被撤到宜昌。日军近在咫尺,国民党军队望风而逃,没有战斗就没有伤员。医疗队员们不仅要忍受日

1938年10月,中共和八路军代表与印度援华医疗队在八路军武汉办事处屋顶花园合影。后排左起:李克农、叶剑英、罗瑞卿、凯丰;前排左2为柯棣华,左3为爱德华。(供图:FOTOE)

军空袭的骚扰，无所事事的烦恼也折磨着他们。最终，他们决定正式向国民党提出去延安的请求，可是等了八天也没有下文。巴苏在日记中这样写道："我们在这个乏味的城市和庸俗的官员中的地位已经有些微妙了。"

事实确实如此。这时，医疗队又撤到国民政府的"陪都"重庆。除了卫生总署的一名官员例行性地拜访过他们一次，其他官员见了他们都是躲躲闪闪的。这是一种警告。过了17天，他们忍无可忍，全体队员到卫生总署再次提出去延安的要求。卫生署长满口答应安排他们的延安之行，但又不同八路军办事处联系。最后，医疗队要求卫生总署必须派人同医疗队一起去八路军办事处。

在八路军办事处，董必武同志接待他们时说，已经了解他们目前的处境，他们已经在国民党统治区工作了一段时间，现在完全有理由到八路军去工作。最后，董必武同志还提醒他们，一定要卫生署长给办理一张军事安全通行证。

就在这天晚上，一份请柬送来了，国民党核心人物戴季陶请他们第二天共进早餐。戴季陶企图用佛学的"真谛"规劝这些来自佛教之国的青年人。这招无效，他又谈社会制度问题，对此，队长爱德直言不讳地说出自己的看法。双方你来我往好几个回合，戴季陶没想到这几个年轻人敢于顶撞他。他狠狠地瞪了他们一眼，悻悻然地说："苦海无边，回头是岸，诸君自己冷静地想想吧！"

这次见面就是这样不欢而散。

这一切反而坚定了这些年轻人去延安的决心。就在当天下午，为了表达他们援华的决心，队员们决定在各自的姓氏后面加上一个"华"字，这样一来他们的称呼就是：爱德华、卓克华、柯棣华、巴苏华和木克华。

奔赴革命圣地

1939 年 1 月 22 日，印度援华医疗队终于踏上了奔赴延安的道路。坐在救护车上，五位年轻人激动不已，放声朗诵泰戈尔的诗句：

一声欢呼拉断了奴隶脚下的铁锁、绳缰，

腰间的宝剑，也仿佛在欢乐里跳荡。

就在从重庆出发的头天晚上，柯棣华接到一封家信，告诉他父亲去世了。母亲难以承受这一打击，全家人都希望柯棣能回家一趟，安慰母亲和料理父亲的后事。

柯棣华的父亲是在负债过多而无力偿还的压力下突然离开人世的。当孩子们一个个从大学、中专毕业后，积累的债务

1939 年 2 月，印度援华医疗队到达延安时，巴苏华、木克华、柯棣华在急救车旁合影。（供图：FOTOE）。

已令他不堪承受。他曾指望行医的柯棣帮他一把。可是当柯棣决定援华时，他没有犹豫，支持儿子的选择。

柯棣华手中的家信被泪水浸透了，他正面临两个问题：一是不能影响同事们的情绪，二是要说服家人理解他为何不能回家尽孝。因此，在登上去延安的车时，他同伙伴们都放声欢呼。当大家获知这条不幸的消息时，都劝他回印度一趟。他的回答是："父亲是如此尊重我所从事的事业，甚至为之作出了最后的牺牲。我除了为这个事业献身之外，没有其他的道路可走。"

他给兄妹们写了一封信。在信中他说："忍受这个噩耗对我并不困难。"为了说明他不忍心置身于中国人民遭受的苦难之外，他举例说："这座城市昨天遭到第一次轰炸，死亡 50 余人。我目睹男人、女人以及无辜婴儿的尸体被从瓦砾堆中拉出来。他们有何过错竟要遭到惨死呢？"他表示："在我未能履行我向国大党提出的至少要在中国工作一年的承诺之前，我不能回国。"最后他嘱咐兄妹们："请你们尽力安慰受打击最惨的妈妈。"这封信发走以后，他就再也没提起父亲去世的事。

经过 20 天的长途跋涉，医疗队到达陕甘宁边区。在这里，他们完全被人民的热情包围起来了。中国人民对印度人民的友爱之情充分地表达出来。

再过两天，他们终于来到向往已久的延安。2 月 14 日，八路军总卫生部为印度援华医疗队举行欢迎会。会场一阵掌声刚过，又一阵掌声响起，翻译告诉他们：毛泽东主席来了！柯棣华伸长脖子向门口望去，想看到毛主席。可是门口那一堆人穿的都是土布衣服，也没有人脸上挂着权威者特有的神情，都在很随便地互相握手、打招呼……

柯棣华没能分辨出哪一位是毛主席。直到一些人走到他们面前，经介绍，他才知道，面前这位一副慈祥面容的高个子就是毛主席。尽管毛主席平易近人，可柯棣华还是有点紧张。毛主席同他握手时，一句打招呼的话他也说得结结巴巴的。

毛主席在会上致辞之后，就和大家一起观看抗大学生自编自演的文艺节目。柯棣华被安排在毛主席身边就座。毛主席似乎看出柯棣华有点局促，就向他笑笑，又指指面前的火炉，让他烤火。在演出的过程中，毛主席还一直风趣地同他们议论节目的情节。毛主席待人随和，谈笑风生，让柯棣华的拘谨渐渐消失了。

接下来，医疗队参观延安的部队、机关、医院、学校……几天之后，他们就走上了工作岗位：爱德华、柯棣华和巴苏华在八路军军医院，卓克华到卫生学校，木克华留在卫生部的门诊部工作。卓克华于1939年5月底经西安返回印度。木克华因患有肾结石，于8月初回印度治疗。

1939年夏天，中共中央主席毛泽东从延安写信给尼赫鲁主席："我们希望通知您：印度医疗队已在这里开始工作，他们受到八路军全体指战员的热烈欢迎，他们与我们同甘苦、共患难的精神，给每一位与他们接触的人留下了深刻的印象。我们特借此机会感谢伟大的印度人民和印度国大党向我们提供医疗和物资援助。……请接受我们的感谢、良好祝愿和衷心的敬意。"

柯棣华被任命为外科军医。八路军军医院虽说是部队的医院，可是看病的人来自四面八方，有附近的老乡，也有边区以外的人。

在这里，柯棣华有机会接触普通百姓。柯棣华有两个女同事，其实只是两个孩子，一个16岁，一个17岁。她们从外省穿过日本侵略军设下的重重封锁线，来到延安。在交谈中，当柯棣华提到她们冒风险的勇气时，两个姑娘嫣然一笑，说：

"怎么能不害怕呢？走了好几个月，又累又怕，可是想一想自己的父母和乡亲惨遭杀害，想到在延安能找到共产党、毛主席，就能呼吸到自由的空气，苦和累就不怕了。"

柯棣华有一位病人是来自平津地区的老农民。老大爷的两个儿子都被日本侵略者杀害了。儿子牺牲之后，他接下儿子战斗过的岗位，成了一名党的地下交通员。不久，他也被捕了。地下党把他营救出来时，他已是奄奄一息。同志们问他有什么话要说，他只提了一个要求：到延安去看看毛主席。同志们想方设法满足了他的愿望，把他送来延安。在一次治疗之后，柯棣华问老人："在生命的最后时刻，你为什么只想见毛主席呢？"老汉只是说："像我这样的人，不见见我们的大救星，死也闭不上眼啊！"

从这些事例中，柯棣华看到了信仰力量之巨大。在黑暗中生活过漫长岁月的中国人，终于从毛泽东那里看到了光明。人民爱毛泽东，是因为他也是个普通的人，不同的是他集中了人民的智慧和代表了人民的利益。

请求到前线去

9月23日，毛主席又在杨家岭窑洞里请柯棣华共进晚餐。在毛主席家里做客，对柯棣华是一种特殊的荣誉，他深深为毛主席的热情所打动，更使他印象深刻的是毛主席简朴的生活方式。毛主席的居住条件比他过去听到的传说还简单，窑洞里除了一张没有抽屉的办公桌和几把木椅子之外，再没有什么家具。如果说有什么特殊的地方，那就是书多一些，有两个书架，上面摆满了书。毛主席亲切和蔼地问话，柯棣华也无拘无束地回答。他说："对工作和生活上的困难我们思想上有准备，在重庆时，孔祥熙还特别提到这些困难来阻止我们到延安来。比起重庆和印度来，这里的确艰苦，但是我们得到了很好的照顾，和大家比我们好多了。"

毛主席高兴地笑着说：要做好吃苦的准备，最近德国又占领了半个波兰，战争会长期打下去。当然，最终是苦尽甜来，反法西斯斗争是一定会胜利的。

毛主席还同他拉家常，谈到他们改名的事，毛主席说：每个人都在自己的姓氏后面加了个"华"字，你们是真心实意来援华的呀。柯棣华还介绍了他的家庭状况，毛主席印象极深。后来，在柯棣华逝世后，毛主席托巴苏华给柯棣华家带去一封亲笔信。

晚餐结束后，又回到毛主席的办公室，柯棣华提出了到前线去的要求。这事早就在筹划之中，只是因为敌人加紧了对陕甘宁边区的封锁，考虑到医疗队的安全，卫生部决定不定期推迟出发时间。听到柯棣华的话，毛主席爽朗地笑起来，高兴地答应了。

柯棣华高兴极了，像八路军战士一样站起来，立正，说："请毛主席对我们今后工作给以指示。"

毛主席笑笑说：你们出发时我们还要见面，现在我只提三点希望：一是要学习好，二是要工作好，三是要宣传好。希望你们做出新的成绩。

柯棣华郑重地回答："一定不辜负毛主席的期望。"

奔向抗日第一线

1939 年 11 月 4 日，柯棣华、爱德华、巴苏华和一位德国青年医生一起坐上一辆卡车，开往晋东南前线。

沿途山高路险，不久这辆车就抛锚了。柯棣华是第一个跳下车来拉车的，但是这车却不配合，不拉就不动。这几位医生和八路军官兵只得步行。在大雪中翻山越岭，真的是身处险境。有一次，巴苏华差点摔进深渊里，幸亏他抓住一棵小树，才免于粉身碎骨。

28日晚上，柯棣华在日记中记下了这段感受："今天又走了17里路，我们不得不翻越一座很高的大山，这使我们有点儿累。此外，强烈的北风也使人难以忍受，手指、脚趾、鼻子和耳朵都麻木了。如果步行，就必须爬山，这会使你精疲力竭；如果骑马，手脚都会冻得发痛。多么难啊！"

更难办的是如何避开敌人的封锁线。越接近前线，敌人的封锁线越严实，想方设法绕道而行，同敌人周旋，也难免遭遇战。一路上，他们多次遭遇敌人的袭击。当柯棣华一行从渑池那里过了黄河之后，在河北岸他们路过的那些地方没有一个村子是完整的。他们在阳城县一个小村子里住了一宿。从立秋到下雪，日本侵略军对这个村子进行过三次扫荡，村子里没有一间房子是完好的。就是在这种情况下，村民们还集合起来欢迎医疗队，拿出经敌人洗劫之后所剩下的一点食物慰问客人。他们还道歉说："实在是一点像样的东西也没有了，只能说说心里话，感谢印度朋友的帮助。"

以白求恩为榜样

柯棣华像个掘宝的人，在不断地探索中国人民勇于武装抗日的秘密。他经常问自己："为什么印中两个命运相同的国家目前所采取的斗争方式是如此的不同？"

1939年12月21日，在山西武乡县八路军总部，朱德总司令给他们讲述了中国人民是如何走上这条抗战之路的。朱总司令和毛主席、周副主席一样，一谈起自己的人民，就掩饰不住心头的喜悦。

过了一会儿，朱总司令的笑容消失了，语气沉重地问："有个白求恩同志，你们知道不？"

他们说知道，在报纸上看到，他前些天在前线牺牲了。

朱德总司令说了一大段赞扬白求恩大夫的话之后，告诉他们："24日，我们准备开大会纪念他，如果你们愿意，请你们也参加。"

24日上午，队员们参加了纪念白求恩大夫大会。朱德总司令在讲话时高度赞扬白求恩同志的国际主义精神和高超的医疗技术，号召大家学习他的献身精神。柯棣华走到白求恩大夫的像前默哀时，低声地宣誓说："你就是我的榜样。"

前线的环境和生活都比延安更艰苦。爱德华队长的湿疹又发作了，痛痒折磨着他，他不得不于1940年2月返回印度。现在，医疗队只剩下柯棣华和巴苏华了。根据计划，他们被派往晋察冀边区。这里与陕甘宁边区不同，处在敌人的分割和包围之中，医疗条件更差，伤员更多。他们的临时医疗站就设在前沿阵地，道理很简单，医疗队离前线越近，救治的效果就越明显。同时，部队领导也要求警卫战士们加倍注意医疗队的安全。有一次，在枪林弹雨之中，疲劳饥饿的柯棣华连续工作46小时。当战斗进行到短兵相接的时候，同志们劝他同伤病员们一起撤下去，他反而发火了，气冲冲地嚷道："为什么叫我下去？不行，假使我不能和你们同生共死，我就不配在八路军里工作！"

在艰苦的边区工作，柯棣华领悟了不少中国人民革命的道理。一次巴苏华高兴地对他说："德瓦卡，你进步了，你已经

不只是一位传递友谊的使者了！"柯棣华很认真地回答："我
想，我是应该成为一个人民革命的使者。"

　　不久，柯棣华被任命为白求恩国际和平医院第一任院长。
至此，印度医疗队在中国已经工作一年零四个月了。印度援
华委员会给医疗队发来信和电报说：政府已经提醒他们，医
疗队原定在中国工作一年的期限已经超过了，如果柯棣华和
巴苏华继续留下去，那么他们的护照和回国后的工作都会有
麻烦。

　　1940 年 10 月 13 日，毛主席给他们发来电报，劝他们考
虑立即返回印度。印度援华委员会的提醒是善意的，可是他
俩决定留下来，因为他们已经亲眼看到，中国是多么需要他
们。柯棣华在一封信中解释说："我们的工作并没有违背他们

1940 年，在河北唐县
军城，柯棣华大夫向白
求恩墓敬献花圈。（供
图：FOTOE）

当初派我们出来的宗旨。"

白求恩国际和平医院是晋察冀军区唯一的一所医院，任务很重，可是条件太差，连外科手术也只能在老农的土房子里进行，器械不全，很多都是代用品，药品稀缺，棉花和纱布也是洗了再用、用了再洗。

那么，柯棣华院长是怎么工作的？请看下面几个小故事：

有一次柯棣华去军分区医院检查工作，100多里的山路，他们走了一整天。一到驻地，分区的同志就要领大家去休息，柯棣华却提出要先去看伤员。分区的同志们关照说："走了一天路，明天再说吧。"柯棣华说："你忘了白求恩大夫不吃饭先看伤员的故事了吧？一个医生怎能有了病人不看一看就去休息呢？"军分区的同志没办法，只得陪他去。他察看了病房，又给几个伤员作了临时处理后才回去。这时天空已布满星辰。他吃过饭，刚要躺下，又听说七八里以外的村庄里住的一位伤员病情危急，他又急忙赶去作了急救处理。当他返回驻地时，天已蒙蒙亮了。

一次柯棣华中午出诊返回，路上遇见一位老乡披着棉袄晒太阳。他觉得不正常，走近一看，老人气色不对，就询问老汉的病情。老汉只说"没有病"。柯棣华继续询问，老汉有点不耐烦了，不说话，也不抬头。柯棣华却笑着伸手摸摸老人的前额，吃惊地说："你身上这样热，怎么还说没有病呢？"老汉不以为然地说："庄稼人免不了头痛脑热，晒晒太阳兴许就好了。"柯棣华认真地说："你的病很厉害，我是医生，让我检查检查吧？"老汉感动了，叹口气说："打摆子了。"柯棣华知道所谓"打摆子"就是疟疾。他扶着老人回屋里躺下，把湿毛巾敷在他头上降温，又看护了一会儿，见老汉病情不是十分严重，便留下一些药物离开了。

过了一个星期，柯棣华特意回来看望这位老汉。老汉已经能下地干活了，见了柯棣华大夫，拿出一篮子鸡蛋作礼物。柯棣华把鸡蛋放回桌上，对老汉说："八路军不能接受老乡的礼物。"老汉两眼泪汪汪的，喃喃细语着说："幸亏你治好了我的病，这才没误了收庄稼。"柯棣华高兴地说："只要你能参加生产，多打粮食支援抗日，那就是对八路军最好的感谢啦。"

有一次急行军，柯棣华的皮鞋破了，把脚磨起好几个泡。管理员坚持要给他换一双鞋，他拒绝了，说："这鞋来之不易，留给用得着的人吧。我这双鞋还能对付，而且即使换了鞋，脚也不一定不打泡，我缺少的是锻炼。"他用一块破布把脚包扎了一下，一瘸一拐地继续前进。

柯棣华的行动验证了他不辜负边区人民期望的决心。他在医疗工作中成绩出色，他对工作的责任感及与边区人民同甘共苦的精神，博得了中国人民的好评，被誉为"第二个白求恩"。

加入中国共产党

柯棣华羡慕中国共产党的革命精神，他矢志做一名共产党员，生活、工作、学习上都同共产党员一样严格要求自己，连那些有多年党龄的老党员都为之感动。1942 年 7 月 7 日，他在鲜红的党旗下举起右手，庄严地宣誓："我志愿加入中国共产党，我宣誓为反对法西斯斗争的胜利，为实现共产主义而奋斗，我要将一切包括我的生命献给这壮丽的事业。"

加入中国共产党，是柯棣华新生命的开始，这新的生命力是巨大无比的。

为解决教学的急需，柯棣华以战斗的姿态投入《外科总论》讲义的编写。当时天气炎热，雨水多，蚊虫缠扰，他头上罩着一块纱布，在微弱的灯光下奋笔疾书。

可就在这时，病魔缠上了他。1940 年 5 月，他路过晋南，因条件艰苦，饮食不当，感染了绦虫。6 月中旬，他被分配到白求恩卫生学校和医院工作。当时校领导就发现他气色不好，在一次手术过后，他突然弯下腰蹲在地下。得知他感染了绦虫，聂荣臻司令员和校长都很关心他的健康，尽可能照顾他，给他配备了一匹马；冬天，在他的房间里烧煤生火，还发给他一件厚厚的皮大衣。在当时的条件下，这些都是"奢侈品"。

1941 年 8 月，柯棣华第一次病倒了。由于战斗紧张，工作劳累，到 1942 年，他的癫痫病屡屡发作。有一次大发作，经过两个小时才恢复了意识。这时，聂荣臻司令员托人带信给柯棣华，要他在星期三那天去军区，趁几位有经验的医生齐聚军区的机会，为他会诊，确诊后便可有的放矢，对症下药。在战争年代，这种机会可谓千载难逢。柯棣华感激司令员的盛情和爱护，决定要去。可后来由于忙于手术，他还是忘了这件事。

1942 年 6 月，柯棣华的病再次发作。聂司令员焦虑不安，指示卫生部考虑多种方案，如去延安治疗等。聂司令员还写信给柯棣华，提出三点建议：一是去延安休息一段时间；二是通过地下党的关系到附近的城市去住院；三是到香港或者回印度去治疗。

军区首长这样关怀，让柯棣华感动得哭了，但他还是婉言拒绝了领导和同志们的建议。他事后是这样说的："病当然要治，能治愈就更好了。可是这种病都还没有找到治疗的办法。依我看，既然哪里都不能治，还不如留在这里吧。而且目前的形势非常严峻，也不允许我离开。"

柯棣华英年早逝

可是，癫痫症开始反复折磨柯棣华，9月复发一次，11月又复发一次。他感到，必须和生命争时间。《外科总论》完成之后，他又投入《外科各论》的编写。

1942 年 12 月 8 日下半夜，他口渴，要喝开水。妻子郭庆兰冒着寒风，从一公里以外的卫生学校校长办公室打回半壶开水。他喝了开水，感觉好了一些。可是过了半个多小时，他的病又发作了，四肢剧烈地抽搐，脸色黑而焦黄，不省人事，过了十几分钟也没醒过来。小郭又跑到校部，校长和大夫急匆匆地赶来救治。这时，柯棣华的病情似有好转。看到校长、政委、医生、护士都在面前，他想说两句感谢的话，可就是没有力气，坐不起来。他颓然地垂下头，可是苍白的脸上还是浮起一丝苦笑，气喘吁吁地说道："谢谢大家，请休

息吧，这算不了什么！"

校长和战友们都是见过很多战友牺牲的老红军，听到"这算不了什么"这句话，也情不自禁地热泪滚滚。

柯棣华说了这几句话之后，全身更加剧烈地痉挛起来，医生给他注射了吗啡、樟脑液等都不管用，最后不得不实行脊椎穿刺，但还是无济于事。9 日凌晨 6 时 15 分，柯棣华大夫的心脏停止了跳动。

那时，柯棣华同志才 32 岁，年富力强。不久前，他还写信请巴苏华帮他补办护照手续，以便留在中国再工作两年。现在，他怀着无限的思念离去了。

"哇——"的一声婴儿啼哭，打断了人们的哀思。柯棣华的儿子才出生 107 天，从母亲的襁褓里伸出小手，"哇哇"地哭起来了。这个可爱的孩子名字叫印华。聂荣臻司令员给他起的这个名字将永远提醒人们，不要忘记他的父亲柯棣华同志为了中印两大民族反法西斯战争的胜利献出了年轻的生命。

中共领袖怀念"最亲密的战友"

柯棣华这位印度青年，在中国人民抗日战争的艰苦岁月里，离乡背井来到中国，在战争的烽火中救死扶伤，积劳成疾，病逝在抗日战争的前线。

毛泽东主席在悼词中写道：柯棣华大夫"积劳病逝，全军失一臂助，民族失一友人。柯棣华大夫的国际主义精神，是我们永远不应该忘记的"。

朱德总司令为柯棣华大夫的墓碑题词："生长在恒河之滨，斗争在晋察冀，国际主义医士之光，照耀着中印两大民族。"

毛泽东主席和周恩来副主席都亲笔写信，慰问柯棣华大夫的母亲及兄弟姊妹。

毛主席在信中写道："……我亲眼看到，您的兄弟怀着自愿的人道主义和国际主义精神，克服重重困难，从死亡中拯救了我们不少的伤病员……我认为我完全有权称您的兄弟为我最亲密的战友……他那种克服艰难困苦的勇气，将永远留在我的脑海里。您的兄弟将永远活在中国革命人民的心中。"

周副主席写道："柯棣华大夫曾是中印两大民族友爱的象征，是印度人民积极参加反对日本黩武主义和世界法西斯主义的共同战斗的模范。他的名字将永远存于他所服务终生的两大民族之间。"

1943 年 5 月，毛泽东主席和朱德总司令联名致函印度国大党，再度对柯棣华大夫逝世表示哀悼，并希望"印华两大民族团结得更加坚固"，"借以解放印华两大民族，获得两大民族的独立"。

在印度，人们称赞柯棣华大夫是"印中两国人民友好的桥梁"。当时的印度驻华大使馆武官朱拉马尼先生有一段精彩的评语，他说："柯棣华大夫的事迹是印中两国人民友谊的见证。两国人民团结起来占世界人口的四分之一，将对东方和世界和平带来巨大的影响。我们要继承和发扬柯棣华大夫的精神，愿我们的友谊像喜马拉雅山、恒河、长江水一样长青。"

印度援华医疗队五位大夫无愧于"人民大使"的称号

柯棣华病逝后，安葬于河北唐县军城南关。新中国成立后，中国人民正在战争的废墟上建设自己美好的家园，也没忘记柯棣华大夫，将其陵墓迁移到河北省石家庄市华北军区烈士陵园。

印度援华医疗队五位队员中，爱德华和卓克华两位大夫年龄最大。由于健康原因，卓克华和木克华于 1939 年先后返印。1940 年，爱德华大夫由于体力不支，也返回印度。巴苏华大夫在华工作时间最长，达五年之久，曾被选为陕甘宁边区参议会议员，直到 1943 年 7 月才离开延安返回印度。

爱德华于 1957 年 12 月 1 日来中国进行友好访问，不幸病故于北京协和医院。他在临终遗嘱中特地嘱咐：他骨灰的一半要撒在黄河的潼关渡口，另一半撒到他的祖国印度。黄河是中华民族的象征，潼关则是他从延安去前线所经过的地方。中印两国政府都遵照他的遗言予以安葬，中方将其骨灰厚葬于华北军区烈士陵园，并在其坟墓前头树立了"爱德华博士纪念碑"。

另外的三位朋友——巴苏华、卓克华、木克华，以后就成了中印人民友好往来的使者。

2013 年 5 月 21 日，李克强总理访问印度期间，在孟买会见柯棣华亲属。（供图：中新社）

巴苏华于 1943 年夏天回印度后，即发起组织了"全印柯棣华纪念委员会"，他亲自担任主席，以后多次访华，终生为加强中印两大民族之间的友好关系持续努力。令人悲痛的是，他在 1986 年访华后回国不久，病逝于印度的加尔各答市。巴苏华的骨灰一半留在印度，一半送来中国。在华北军区烈士陵园里，他的纪念碑就树立在柯棣华大夫陵墓的右侧。

木克华大夫于 1939 年 8 月返回印度做肾脏切除手术。病愈后，他积极募集医药用品，并取道缅甸再次来华，不幸在仰光被英国殖民政府逮捕。1942 年，他因参加反殖斗争被监禁，后来曾申请再次来华，但被英国殖民当局拒绝。印度独立后，他曾于 1957 年和 1979 年两次来中国访问。

中国人民永远不会忘记印度援华医疗队五位大夫的国际主义精神，永远珍惜中印两国在反法西斯共同战斗中结下的友谊。新中国成立后，中国人民更加怀念柯棣华及其他援华医疗队的朋友们。

1957 年，医疗队的卓克华、巴苏华、木克华三位和柯棣华的长兄孟凯什来华访问。朱德副主席在北京亲自会见了他们，表示"印度人民的情谊和柯棣华同志的崇高的国际主义精神，永远留在我们的记忆里"。

1958 年，叶剑英元帅率领中国军事友好代表团访问印度，专程探望了柯棣华的母亲和兄弟姐妹。他拉着柯棣华年近七十的老妈妈的手说："您的儿子是为中印两国人民的友谊和解放献出了宝贵的生命，中印人民都不会忘记他。"这位老妈妈激动得连连用印地语表示：印中是兄弟！

1976 年 12 月，印度援华医疗队纪念馆开馆。纪念馆位于河北省石家庄市华北军区烈士陵园内，其中用文字、图片、实物和雕像等忠实地记录了印度援华医疗队五位大夫对中国抗日战争的贡献和同中国人民结下的不解之缘。每年清明节，都有成百上千的学生、教师和普通市民前来祭奠，表达对援华医疗队队员们的敬意和思念。援华医疗队队长爱德华大夫纪念碑前矗立着两棵罕见的千头柏，这是时任全印柯棣尼斯大夫纪

2013 年 10 月 17 日，92 岁高龄的柯棣华三妹马诺拉玛带着孙女等家属来到华北军区烈士陵园，参观印度援华医疗队纪念馆。（供图：中新社）

念委员会主席丹尼尔·拉蒂菲 1974 年访华时，印度总理英迪拉·甘地夫人特意从自己花园里挖出来委托他带到中国，移植在舅舅的纪念碑前的。当人们观看这两棵奇树的时候，总会联想到尼赫鲁家族对中国人民抗日战争伸出的援助之手。

20 世纪前期，中印两大民族分别处于半殖民地和殖民地状态，争取民族独立是这两大民族的共同目标。当前，中印都处于社会和经济大发展时期，大步流星，前程似锦，被誉为带动世界经济发展的火车头。然而，国际上有的强权主义者则担心 21 世纪转变成"亚洲世纪"，他们的世界霸权地位相应沦落，于是想方设法挑动中印这两个蒸蒸日上的新兴大国互相打斗，自相牵制。在这种形势之下，排除来自域外别有用心的干扰，同舟共济，互利合作，继续昂首阔步朝前行，才符合中印这两大民族共同的根本利益。

柯棣华精神：连接 中印医生交流的纽带

薛 媛 周 欣

（中国国际广播电台印地语、泰米尔语部记者）

德瓦卡纳思·桑塔拉姆·柯棣尼斯（Kwarkanath S. Kotnis），说起这个名字，不知道有多少印度人知道他的故事。但是在中国，提起柯棣华，很多人都知道这位抗战期间援华的印度医生。

柯棣华医生，1910年10月出生在印度马哈拉施特拉邦。1936年从孟买助学医学院毕业并考取英国皇家医学院。1938年，28岁的柯棣华报名参加了印度援华医疗队。此后他来到中国，在抗战一线治病救人，为中国培训医务人员，和中国女性郭庆兰女士结缘，在这里结婚生子，直到因病去世。在抗日硝烟弥漫的中国，他度过了人生中最传奇、最艰苦也是最不朽的五年时光。

晋察冀边区的"黑大夫"

1940年6月，柯棣华到达晋察冀边区，不久就参加了百团大战（1940年8月至1941年1月）。然后，他被派往河北唐县葛公村，先是在白求恩卫生学校担任教学工作，后来被委派担任白求恩国际和平医院的院长，主要负责临床教学、医院管理、手术实施等工作。柯棣华医生的工作受到大家的一致好评，聂荣臻司令员称赞他为"可以解决实际问题的边区科学家"，医务工作者称赞他为"第二个白求恩"，伤病员则亲切地称他为"黑妈妈"，因为他对待同事、伤病员都非常和蔼可亲。

据柯棣华纪念馆的资料显示，柯棣华在华工作的 5 年时间里，进行手术 900 余例。他曾三天三夜不休息，救治 500 多名伤员。抗战期间，中国的医疗条件落后，为避免感染，柯棣华和老乡一起动手把北方传统的土炕分成单铺。他谢绝了组织上的特殊照顾，日寇扫荡期间和中国军民一起同甘共苦。他和大家一起到很远的地方去背粮食，参加大生产运动，以苦为乐，还是一名非常活跃的篮球队员。他还自己动手缝补军装，曾退回发给他的新军装。

伤病员由于长期卧床，经常容易患褥疮，柯棣华就和大家在被子上掏一个洞，为患褥疮的伤病员缝制特殊的被褥。在转移的途中，他担心伤病员有可能淋雨，还会给他们准备雨具。柯棣华就从这样的细节上关心和爱护着伤病员。

对于柯棣华的认真负责，柯棣华曾经教导过的学员陈治印象深刻。他说，当时人们称柯棣华为"黑大夫"，而晋察冀边区还曾有一个"白大夫"——白求恩，大家说"白大夫"和"黑大夫"医术都很高明。

"黑大夫"柯棣华的医术高明，几乎是晋察冀边区尽人皆知的事情。曾经有许多被诊断为无法治愈的病症，却在柯棣华的妙手下"回春"。81 岁的齐林会老人是柯棣华医生当时在葛公村住所的房东的弟弟，曾经得到过柯棣华医生的医治。他回忆说，柯棣华给谁看病都热情，当时，齐林会老人的腿上开始出了个疙瘩，几乎要坏死了，看西医不行，看中医吃草药也不行，柯棣华医生给他上了三回药就好了。老人至今都对柯棣华医生心存感激。

当时，柯棣华已经被发现患有癫痫病，并因劳累过度而不时发作，身体十分虚弱。聂荣臻司令员也一再劝他易地治疗。然而，此时的柯棣华早已将自己和中国抗日军民的命运紧密联系在一起。他曾表示"我一分钟也不愿意离开自己的战斗岗位"。

柯棣华癫痫发作时，妻子郭庆兰按照当时的白求恩卫生学校校长江一真所教办法，把毛巾塞到柯棣华的两排牙齿之间，以防他咬到舌头。郭庆兰女士生前曾经回忆说："最后一次的癫痫病发作时，他是在睡觉，他已经抽得非常厉害，抽了半夜，谁也没办法。临死以前，还救护伤员，还（给伤员）做手术。去世那天上午做完手术，下午就不行了。"

1942年12月9日，柯棣华不幸病逝于葛公村，年仅32岁。这位尽职敬业的国际主义战士，病逝前仍在编写外科讲义。柯棣华在葛公村的邻居、今年89岁的王辛成老人清晰地记得，柯棣华追悼会上，这个小村子里挤满了送别他的中国人。他说，抗战胜利后，大家一直没有忘记柯棣华医生，直到现在还会经常提起。

弘扬柯棣华精神的中印联合医疗队

为纪念印度派遣援华医疗队70周年和发扬柯棣华精神，2008年1月，在中国人民对外友好协会的发起和组织下，中印两国各派出10名优秀医生代表组成了中印联合医疗队。该医疗队7年来进行了互访、义诊、学术讨论等多项交流活动，成为两国医疗界互相了解和促进合作的重要平台。

河北医科大学第二附属医院于1996年被命名为"柯棣华中印友好医院"，该院耳鼻喉科医生单春光作为第二批中印联合医疗队队员于2010年访问了印度。除了医学交流，他和另外 9 名中国医生还一起来到印度南部安得拉邦的农村，为农民进行义诊。虽然那次印度之行已经过去 5 年了，但是印度人民的友好让他难以忘怀。他说，村民举行的隆重的欢迎仪式让他感受到了两国民间深深的友好情谊。他记得一进村，村民就像中国农村人一样敲锣打鼓的，打着横幅，还喊着 "Long Live China-India Friendship"（中印友谊万岁），感觉非常热情。随后，医疗队员们就在村里的卫生所现场进行义诊。

中国医疗队队员在访问印度期间，还去医学院举行了讲座，与当地医生交流。单医生说，双方都非常珍惜难得的交流机会，交流会经常持续到晚上 11 点。两国医生相处得非常好，分别时，双方队员眼中都闪着泪光。许多队员一直保持着邮件往来。

"大家都在讲柯棣华，我们也讲，他们也讲，柯棣华医生就像一个纽带把我们连接起来。一共去了 8 天，我们感觉印中之间普通百姓的感情确实非常好，非常真挚。"正如单医生所说，柯棣华医生就像一个纽带，在抗日战争时期带来了印度人民的友好情谊。而现在，中印联合医疗队正在传承和发扬他的精神。

2008 年 1 月，温家宝总理与辛格总理共同出席首届中印联合医疗队启动仪式。（供图：涂莉丽）

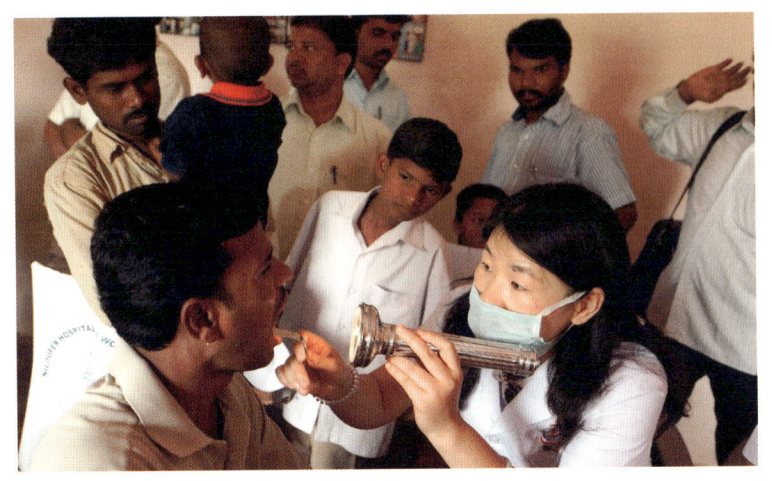

　　莫汉·热迪是印度的一名耳鼻喉科医生，从医 20 余年的他现在在海德拉巴经营一家私人诊所。他从学生时代就了解了柯棣华的事迹。1985 年，还是学生的他加入了印中友好协会。2006 年起，他担任该协会的秘书长。虽然曾多次访问中国，但是作为第二届中印联合医疗队的印方队长，2010 年的中国行对他来说具有特殊的意义。

　　莫汉说："我一生都不会忘记那些回忆。从学生时代起，我就听说了很多中国人民抗战的伟大事迹。当我作为印方医疗队队长被邀请到中国时，我非常激动。在中国，不论到哪里，我们都被当作家人对待。我永远不会忘记中国人民的热情。"

　　莫汉说自己被柯棣华大夫的精神深深鼓舞着，每个医生都应该继承这种精神。他表示会尽自己最大的努力在印度组织好交流活动，以此来发扬柯棣华的精神，传承中印友好。

　　柯棣华是一位伟大的国际主义战士，为了中华民族的解放，他鞠躬尽瘁，死而后已。柯棣华的精神像一座不朽的丰碑，将永远矗立在中国人民心中。

二进印度：亲历中印关系的沧桑巨变，感受印度人民的友好情谊

郑瑞祥

（中国国际问题研究院研究员，前驻孟买总领事）

1957 年 10 月 4 日，朱德副主席接见印度援华医疗队队员及其家属等。（供图：涂莉丽）

我与印度有缘。1958 年我考入上海复旦大学英文系，没想到刚读到二年级时，即 1960 年春天，接系领导通知，我被外交部选调到北京广播学院（现中国传媒大学）学习泰米尔语（印度南方的语言）。通过学习印度的语言和文化，我对这个历史悠久的文明古国产生了浓厚的兴趣。1964 年春，我大学毕业后被分配到外交部，不久即被派往新德里中国驻印度大使馆工作。1995 年 5 月，我又被派往印度，任中国驻孟买总领事，直到 1998 年末。我在驻外机构的工作从印度开始，又在印度结束。当中相隔的 30 年里，我不管在哪里工作，几乎都与印度有关。退休以后，我仍在关注印度、研究印度，

并且多次访问印度。所以说，我与印度结下了不解之缘。作为一名曾经两度在印度工作的外交官和长期研究印度的学者，我亲身经历和看到了中印关系的冷暖变化，同时也深刻感受到印度人民的友好情谊。

我第一次到印度工作的时候，正是中印关系僵冷的时期。使馆同志们戏称为"坐冷板凳"。实际上，中印建交后，两国关系的第一阶段不是"冷"而是"热"。1954年，中印两国总理实现了互访，周恩来和尼赫鲁共同倡导了举世闻名的和平共处五项原则。那一时期，"印地秦尼帕伊帕伊"（印中人民是兄弟）和"潘查希拉"（五项原则）家喻户晓，中印关系处于热烈友好的黄金时期。我参加工作后，曾听前辈们讲过对中印关系"蜜月"时期的美好回忆。但我要面对的现实是从"冷"开始。1962年中印边界发生武装冲突，虽然没有导致两国断交，但双方在边界冲突前就各自撤回了大使，两国外交关系降为临时代办级。边界冲突之后，印度又关闭了在上海和拉萨的总领事馆，并且要求中国也关闭在加尔各答和孟买的总领事馆。两国之间的经济和贸易关系包括边境贸易基本中断，大使馆的商务处因无商可务而关门，其他部门也减少了工作人员。文化、体育及其他民间团体的往来和交流都无法进行。中国大使馆的外交官和工作人员的活动受到种种限制和监视。中国使馆无法正常开展对外活动，除了和几个友好国家的大使馆进行一些联谊活动外，和印度各界友好人士的来往基本中断。

我到印度工作后的第二年（1965年）9月，第二次印巴战争爆发，中印关系又遇到了新的复杂因素。在冷战时期，巴基斯坦因素对中印关系有着重大的影响。印度把中国和巴基斯坦都视为敌人，中巴友好合作关系就成了中印关系正常化的巨大障碍。1966年底，我从印度回到北京。那时，国内的"文化大革命"正进入高潮，国内形势对外交工作有消极影响，对中印关系来说无疑是雪上加霜。

按照辩证法的观点，事情坏到了极点，就有可能向好的方面转化。在1970年五一节庆祝大会上，毛主席在天安门城楼上接见各国驻华使节时同印度临时代办米什拉握手，并对他说："印度是一个伟大的国家，你们是伟大的人民。""我们总要友好的，不能老是这么吵下去嘛。"这个重要信息很快传到新德里，印度方面逐步作出了积极的反应，表示愿意讨论关系正常化，愿意派出新的驻华大使等。中印关系出现了转机。但是，两国关系正常化的进程十分缓慢。直到1976年7月，印方派出了驻华大使K·R·纳拉亚南；9月，中方派出了驻印大使，他就是在两国关系紧张时长期担任临时代办的陈肇源，也是我的老领导。这样，双方终于恢复了中断14年之久的大使级外交关系。

中印关系真正有突破性进展，是1988年12月印度总理拉吉夫·甘地对中国的访问。这是时隔34年印度总理首次访华（上一次是拉·甘地的外祖父尼赫鲁总理1954年访华），因此具有里程碑意义。邓小平会见了他，与他进行了亲切友好的谈话，双方达成了中印关系要"向前看"的共识，同意以"互谅互让、相互调整"作为解决边界问题的原则，并且同意边界问题不应成为发展两国友好合作关系的障碍。1991年12月，中国总理李鹏访问印度，这是时隔31年之后中国总理首次访印（上一次是周恩来总理1960年访印）。由此，两国恢复了中断数十年的高层互访。

中印关系的恢复和发展与国际大气候有密切的关系。1991—1992年，我在伦敦国际战略研究所（IISS）作客座研

郑瑞祥总领事拜会马哈拉施特拉邦邦长亚历山大。

究，研究的课题便是新的国际形势下的中印关系。我认为：随着苏联解体，冷战结束，印度失去了一个强大的盟友和靠山，需要调整自己的外交政策。对中国而言，印苏结盟曾经是中印交恶的一个重要原因，现在也不复存在了。再说，唯一的超级大国美国企图建立单极世界独霸天下的局面对中国和印度都是不利的。发展中国家需要团结合作。新的国际形势为中印关系的恢复和改善提供了良好的机遇。

1995 年 5 月，我出任中国驻孟买总领事。中印关系在新的形势下得到了迅速的发展。我又亲眼目睹了这一发展进程，并且有幸为中印友好合作关系的发展尽一点绵薄之力。根据 1991 年李鹏总理访印时两国达成的协议，中国驻孟买总领事馆于 1993 年初恢复。我是复馆以后第二任总领事。印度驻上海总领事馆也于 1992 年末恢复。这次我到印度工作时所面临的两国关系的形势与上世纪 60 年代第一次到印度工作时相比，简直有天壤之别。寒冷的冬天已经过去，温暖的春天已经到来。两国关系冷暖的一个重要的标志是高层互访，从

1991 年恢复两国高层互访后，1992 年印度总统文卡塔拉曼访华，1993 年印总理拉奥访华。在我任期内，每年都有一位中国领导人访问印度：1995 年全国人大常委会委员长乔石访印，1996 年国家主席江泽民访印，1997 年中共中央政治局常委、中央纪委书记尉健行访印。

这些高层互访，对增进相互了解、推动双边关系全面发展起了关键作用。特别是 1996 年江泽民主席访印时，两国领导人达成重要共识，两国将在和平共处五项原则基础上建设面向 21 世纪的建设性合作伙伴关系。这是对中印关系的首次正式定位。双方签订了四项合作协定，其中最重要的是《关于在中印边境实际控制线地区军事领域建立信任措施的协定》。除了高层互访外，两国政府各部门的官员、非政府友好团体的互访也逐年增加。我领馆每年要接待国内来访的团组达七八十个，其中大部分为经贸团组。印度访华人数也逐步增加，我馆发放签证数量逐年递增，我们工作虽忙，心里却很愉快。

两国政治关系逐步理顺之后，经贸关系也走上了快速发展的道路。1991 年两国贸易额仅为 2.64 亿美元，别看这个数字很小，却已经是 1977 年两国恢复直接贸易后当年贸易额（2500 万美元）的 10 倍以上了。1995 年两国贸易额增至 11.62 亿美元，1998 年接近 20 亿美元。印度成为中国在南亚的最大贸易伙伴。

没有想到的是，就在我离任前半年，中印关系又一次遭受挫折。1998 年 5 月印度进行核试验前后，印度国防部长费尔南德斯多次发表反华言论，称中国是印度的"潜在的头号威胁"。5 月 11 日核试当天，印度总理写信给美国总统等西方领导人，以"中国威胁"作为核试的"理由"。中国人民的感情受到伤害，自然要作出强烈的反应。中印双边重要往来暂时中断。经过双方十年努力获得改善的两国关系遭受严重挫折，我感到十分痛心。11月底，我带着一丝遗憾离开了印度。回国后，我在国际问题研究所继续研究印度，尤其关注中印关系的发展。令人欣慰的是，中印关系遭受挫折一年之后，1999年6月，印度外长访华，两国外长达成两点重要共识，即中印关系发展的前提是互不视对方为威胁；中印关系发展的基础是两国共同倡导的和平共处五项原则。这样，中印关系又回到了正确的轨道。

进入新世纪以来，中印关系进入了一个全面和快速发展的新时期。2005年温家宝总理访印时，两国领导人达成共识，中印建设"面向和平与繁荣的战略合作伙伴关系"，中印关系又上了一个新台阶。2014年9月习近平主席访问印度，双方发表了关于构建更加紧密的发展伙伴关系的联合声明，确定发展伙伴关系应成为两国战略合作伙伴关系的核心内容。两国经贸合作迅猛发展，2014年中印双边贸易额超过700亿美元，与我在印度时的1998年相比，增长了30倍以上。其他领域的友好合作关系也得到了长足的发展。经过65年的磨砺，中印关系逐渐走向成熟。

我在印度工作期间，接触过许多与中印关系有关的人和事，结交了许多印度朋友。他们是中印友好的推动者，也是中印关系发展的见证人。在与印度各界友好人士的交往中，我深切地感受到印中人民之间的友好情谊。

友谊植根于人民中间

说到中印友好，自然首先要想到数十年如一日地推动印中友好的民间团体"印中友好协会"。1950 年 4 月 1 日，中印两国正式建立外交关系。"印中友好协会"的建立几乎与中印建交同步。潘迪特·森德拉尔是印中友好的先驱、"印中友协"的创始人。1951 年，印度派出的第一个友好代表团访华，团长就是森德拉尔。50 年代，中印关系正处在蜜月期，中印友好成为一股强大的潮流。在印度，很多城市都成立了印中友协，几年时间里，印度各地印中友协发展到 200 多个。孟买成立印中友协时，我国宋庆龄副主席专门发去了贺信，由中国驻印度大使馆派人去宣读。

　　1962 年中印边界武装冲突后，两国关系恶化，印中友协等对华友好团体的活动被迫停顿。有些对华友好人士受到迫害，甚至被监禁。即使在那样极为困难的条件下，有些友好人士仍毫不畏惧地坚持与中国友好。在我的记忆中，当时许多印度友人因受到阻挠和威胁，暂时中断了与中国使馆的联系，只有森德拉尔等少数人例外。中国使馆文化处有两位印籍雇员——普拉萨德和巴拉伯，帮助翻译出版介绍中国情况的刊物，赠送给印度读者。他们都是森德拉尔的弟子，而且也和他们的老师一样坚持对华友好。

　　卡纳塔克邦的印中友协是全印度成立最早的一个印中友好团体。早在 1950 年，卡邦印中友协首任会长、印度人民院议员雷迪就应中国政府之邀率领代表团访华。1957 年初，周恩来总理访问印度期间曾到班加罗尔（卡邦首府），卡邦友协的会员们和广大市民一起热烈欢迎周恩来总理。他们还自发地组织起来，在周总理所到之处协助做好安全保卫工作。1962 年中印关系恶化后，卡邦印中友协的一些积极分子受到迫害甚至被监禁，但这些都没有动摇他们为印中友好事业奋斗的决心。上世纪 70 年代初，卡邦一些友好人士就开始为恢复印中友协的活动而努力。1976 年，英迪拉·甘地政府对华政策有所松动，中印恢复大使级外交关系。第二年，卡邦印中友协就恢复了活动。

中国驻孟买总领馆的领区包括卡纳塔克邦。因工作关系，我与当地印中友协的朋友们交往比较多，卡邦友协秘书长巴斯卡伦先生成为我最熟悉的朋友之一。按照惯例，新总领事到任后要巡视领区，熟悉情况。我于 1995 年 8 月首次到卡邦访问，巴斯卡伦和其他一些友好人士到机场迎接。他们协助领馆把我在班加罗尔和迈索尔的活动日程安排得井井有条，包括拜会当地政府官员、会见工商企业界人士、会见华人华侨等。卡邦印中友协还举办了一个欢迎会，我在会上介绍了中国改革开放和经济建设的形势以及中印关系的发展，大家畅叙中印友谊。90 年代，中印关系已逐步得到了恢复和改善。在这样的气候下，印中友协的工作有了一个比较宽松的环境，友协成员的构成也起了很大变化：最初成立时以左翼政党为主，加上少量社会进步人士。现在不分政党背景，只讲中印友好。他们当中有工人、农民、商人、教师、学生、法官、律师、记者、编辑等各行各业的人，为了"印中友好"这个共同目标，走到一起来了。印中友协的活动还得到当地政府官员的支持和帮助。我会见了卡邦邦长、首席部长和农业土地部长等多名当地高级官员，他们对中国态度友好，对我的工作给予热情支持，并表示希望有机会能到中国访问，亲眼看一看那里的变化。第二年，卡邦农业土地部长贝里·高达实现了自己的愿望，率领卡邦印中友协代表团访问了中国。卡邦首席部长德维·高达后来担任过印度总理，对中国也很友好。在他任总理期间，1996 年 12 月中国国家主席江泽民访问印度，受到热情友好的接待。

中国人民对外友好协会及所属中印友协与卡邦印中友协有着良好的关系，我国对外友协多次派团访问印度，都受到当地友好人士的热情接待。卡邦印中友协的朋友们也应邀访问过中国。值得一提的是，印中友协的经费全部靠自筹。虽然有些活动能得到一些工商界人士的赞助，但十分有限。在经费十分困难的条件下，他们经常举办各种富有意义的活动，例如庆祝中国国庆，纪念中印建交、毛泽东主席诞辰等。他们以报告会、讨论会、图片展览、放映电影等方式来进行庆祝。友协的领导成员和积极分子为推动印中友好而东奔西走，交通费、伙食费、住宿费都要自己掏腰包。巴斯卡伦原为银行职员，早已退休，夫人没有工作，两个孩子在上学，家庭负担颇重，但他几十年如一日，自觉自愿为印中友协工作。他的身上体现出印度基层人民对中国人民的友好情谊。所以说，中印友谊植根于人民群众中间。

郑瑞祥与卡纳塔克邦印中友协秘书长巴斯卡伦合影。

印中友好世代相传

在孟买，印中友好团体和友好人士很多。我与柯棣华大夫的亲属的交往值得记上一笔。

1956年周恩来总理访问印度时，曾经称柯棣华为"孟买人民的伟大儿子"，"他为中国人民献出了自己的生命。这件事使中国人民在心里铭记着柯棣华的名字和伟大的孟买"。1938年，柯棣华随印度国大党派遣的一支医疗队来到中国，支援中国人民的抗日战争。他冲破国民党的重重障碍，奔赴中国共产党领导的解放区，后辗转到前线，救治伤员。他兢兢业业，呕心沥血，终因积劳成疾，于1942年12月9日去世，年仅32岁。谭中教授在为《理解CHINDIA》一书中文版所作的前言中写道，他的事迹"使中国抗战史上增加了印度人'柯棣华'的佳话"。

我与柯棣华亲属的交往始于1990年。那年年初，我作为中国人民对外友好协会代表团的成员访问印度，曾专程到孟买南部地区一座居民楼里拜访了柯棣华的亲属。1995年我到孟买工作后不久，就去拜访柯棣华亲属。柯家的情况与5年前基本一样。一进门，首先映入眼帘的是一座柯棣华大夫的半身石膏像，放在大约只有十多平方米的客厅里的柜子上，用玻璃罩罩着。这是河北省石家庄市赠送的。河北是抗日战争时期柯棣华大夫曾经工作和战斗过的地方。柯棣华的墓原在河北军城，1952年迁至石家庄，修在白求恩墓的南侧。1982年，叶剑英委员长为新修的墓题词："中印人民都不会忘记柯棣华大夫。"1958年叶剑英元帅访问印度孟买时，就曾到柯棣华家看望柯的母亲和兄弟姐妹。叶帅和柯棣华亲属的合影，柯家一直珍贵地保存着。当时，与柯棣华同辈的亲属还有：大嫂、弟弟、二妹、三妹、四妹、五妹。在这个家里常住的是三妹、五妹和大嫂。听了他们的口头讲述，看了他们保存的一些珍贵的老照片和文字资料，我不仅知道了一些过去闻所未闻的故事，更重要的是强烈地感受到中印人民之间的友谊有多么深厚的基础。

柯棣华去世后，中国共产党的领导人毛泽东和朱德题写了挽词，周恩来给柯棣华在印度的亲属发了唁电。朱德总司令还专门写了纪念文章。我在柯家见到了毛主席手书的挽词，更增添了对柯棣华大夫的崇敬之情。同时，也感到这幅字是中印人民兄弟情谊的又一历史见证。我曾不止一次站在这幅字前拍照留念。

我在孟买任职期间，与柯棣华亲属的交往很多。柯棣华的弟弟妹妹们已经有了第二代和第三代，大部分居住在孟买，三妹家是"联络站"。逢年过节，我都要登门拜访问候，或者请他们出来聚一聚，凡是能来的都来参加。每年国庆节，我都邀请他们参加我领馆举办的国庆招待会。我还经常陪同国内来的友好团组专程去拜访他们，其中有全国政协副主席、中印友协会长钱正英率领的中印友协代表团。我国党和国家领导人乔石、尉健行等访问印度时，我都陪同他们会见柯棣华亲属。1996 年国家主席江泽民访问印度，因日程太紧，没有到孟买，但仍不忘柯棣华亲属。我受江泽民主席的委托，专门前往柯家转达问候，并赠送了礼品。我对在场的柯棣华亲属说，柯棣华大夫为中国人民的解放事业作出了重大贡献，为此献出了宝贵的生命，中国人民将永远铭记他的光辉事迹。柯棣华的三妹代表亲属表示，希望江主席的访问能进一步促进印中两国友好关系的发展。（有关报道见 1996 年 11 月 30日《人民日报》）

郑瑞祥总领事看望柯棣
华亲属并赠送礼品。

　　在与柯棣华亲属的接触中，我了解到柯棣华的哥哥、弟
弟和妹妹都已访问过中国，参加过纪念柯棣华的活动。他们
的第二代和第三代也希望到中国看一看，但迄无机会。我向
国内有关部门反映了他们的愿望，得到积极响应。2002年，
我国对外友协邀请柯家第二代和第三代组团访华，圆了他们
的中国梦。那时我已在国内工作，也应邀参加了对外友协领
导为他们举行的晚宴，我们相聚在北京，大家都非常高兴。
2006年11月，我国国家主席胡锦涛访问印度时，在孟买下
榻的泰姬饭店会见柯棣华的三个妹妹以及柯棣华兄妹的子女
等9人，胡主席高兴地说："柯棣华大夫播下的中印友谊的种
子已经传到后代，相信还会一代代传下去。"柯棣华的三妹
激动地对胡主席说："过去60多年间，中国政府和人民仍然
长久保存着对他的记忆，我们非常感激。我们唯一的希望是，
让柯棣华的名字永远作为印中友好的桥梁。"此话发自肺腑，
感人至深。2014年习近平主席访印期间，会见印度友好人士
和友好团体代表，并颁发和平共处五项原则友谊奖。93岁高

龄的柯棣华三妹坐着轮椅参加颁奖仪式，习主席俯身同她说话，表示中印友谊一定会代代相传。

中印友好是大势所趋、人心所向

孟买是印度最大的城市，是工商业特别是金融业和进出口贸易的中心。那里有印度著名的工商界组织"印度工业联合会"（CII）、"印度工商联合会"（FICCI）、"印度商人商会"（IMC）等。我在孟买工作期间，自然少不了与工商界人士打交道、交朋友。我深切地体会到中印关系中政治与经济相辅相成的辩证关系：中印恢复高层政治互访后，印工商界人士很快抓住机遇，纷纷与中国开展经济贸易合作。反过来，印度工商企业界为推动印度政府调整对华政策，从而促进印中友好关系向前发展，也作出了很大贡献。因此，我国领导人访问印度时，往往会到孟买会见工商界人士并发表讲话。我国许多省市级代表团到孟买，当地的工商企业界组织都积极协助我领馆做好接待工作，踊跃开展经贸合作洽谈。这里我要特别提一下"印中工商会"（ICCCI），它于1990年3月20日在孟买成立，当时正在印度访问的我国外交部长钱其琛参加了成立仪式。这是一个兼促进印中经贸关系和友好合作于一体的群众团体。他们经常参与接待来访的中国友好团组和经贸团组，为中国企业牵线搭桥，提供各种咨询服务，介绍中国企业到印参加展览会等。他们对我领馆工作的支持和帮助，特别是印中工商会负责人苏瑞西·德瓦拉一家人对中国的友谊，我至今记忆犹新。2015年夏天，苏瑞西和夫人来中国旅游，我们在北京又见了面，叙了旧。

1998年，在中印关系出现挫折的时候，印度工商界人士对中国的态度并没有发生逆转。大多数人对两国关系的前景抱相对乐观的态度，给我留下深刻的印象。当时，印度国防部长费尔南德斯称中国为印度"潜在的头号威胁"的讲话发表后，印度有识之士包括工商界人士对他的不负责任的言论表示了不满和反对。在一个招待会上，工商界的朋友对我表示，他们相信，中印友好关系会继续下去的。有一位朋友开玩笑说："如果今天费尔南德斯在这里，我们就把他扔到海里去。"（招待会在孟买南端海边的一家酒店举行，打开窗户，楼下就是大海）这个小故事说明，中印友好是大势所趋、人心所向。个别政界人物鼓吹"中国威胁论"，不过是一个与"大势"、与"人心"不协调的小插曲。耐人寻味的是，费尔南德斯部长在 2003 年 4 月"非典"流行期间访问中国，并发表了有利于印中友好的讲话。这说明他立场有所转变，顺应了大势。

印度著名企业家 S·P·戈德里奇是我在孟买的老朋友，他80 多岁高龄还经常出席我领馆举行的各种招待会和友好活动。他有着不同寻常的中国情结。他告诉我，早在 1934 年他就随

郑瑞祥夫妇与印中工商会秘书长苏瑞西夫妇合影。

父亲到过上海，亲眼见到受西方列强欺负的中国人民的惨状。我说，那时上海外滩公园挂有"华人与狗不得入内"的牌子。他说，伦敦也有"印度人与狗不得入内"的牌子。印度和中国有着相同的历史遭遇，获得独立和解放的两个亚洲大国应当团结合作、友好相处。他认为中印两国虽然社会制度不同，但可以互相学习。例如，中国的计划生育做得对、做得好。印度人口膨胀是个严重问题，他曾对印度总理说："你应该专门管计划生育。"他在自己的企业内部提倡计划生育，并实行奖励措施：如果一个职工家庭只生一个孩子，那么他的公司就为这个孩子提供各种福利，从幼儿园到中学，只要交一点象征性的费用（每月约45卢比，约合10元人民币），保证孩子健康成长。我曾参观过戈氏家族企业在孟买郊外的工厂区，那里环境优美，规模很大，包括生产车间、职工宿舍、幼儿园和中学等。我感到他的企业文化也值得我们学习。

戈老先生热心于社会公益事业，还支持学术研究。他的办公楼有一个会议室，平时用来召开公司内部的会议，但有需

郑瑞祥总领事在孟买大学举办的中印关系研讨会上致辞。

要时，也用作学术交流的场地。戈老担任印度世界事务理事会（ICWA）孟买分会的主席，所以也出面接待国外来访的学者。我在孟买工作期间，他就接待过来自中国社会科学院和北京大学等单位的访印学者。戈老先生喜欢收集中国艺术品，他家里有一间屋子叫"中国房间"（Chinese Room），专门摆放中国的艺术品和物品。我得知他也爱听中国音乐，便送给他两盘中国音乐光碟，包括《春江花月夜》《二泉映月》和《梁祝》等不同时代的经典乐曲，他很高兴。他说，他出门坐车时，在车上常放中国音乐。他多次向我表示要到中国观光，特别要看看三峡风光。可惜的是，2000 年他不幸因病去世。

最后，我再用一个小故事来结束本文。1998 年 11 月的一天，孟买南区的一个非政府组织"扶轮社"邀请我去作报告，讲一讲中国的经济改革和中印关系。听众中不少人是老朋友。会议组织者别出心裁，做了一个大蛋糕，上面用红色奶油写着"印中友谊万岁"。讲话前，有人向我献花，然后请我切蛋糕，让大家分享。这时有人提醒我，不要把"印中"两个字切开，一语双关，引起一阵会心的欢笑。报告会在欢声笑语中进行，气氛友好热烈，直至结束。

2015 年 5 月，印度总理莫迪成功访华。中印关系总体上呈上升趋势，两国友好合作继续发展，不断迈上新的台阶。展望未来，中印两个正在崛起的亚洲大国将携手合作，达到互利共赢、共同繁荣的目标。

与印度总统卡拉姆的忘年之交

季 平

（中国和平发展基金会副秘书长）

2000 年我首次去印度使馆工作时，中印关系形如爬坡，正在努力走出低谷。平时工作虽忙，但我还是经常抽空逛逛书店。

2001 年雨季来临前一个周末，我在新德里的一家书店里发现了一本叫《火之翼》（Wings of Fire）的畅销书。那是一位名叫阿卜杜勒·卡拉姆（APJ Abdul Kalam）的印度科学家的自传。打开扉页，我便被书中动人的故事所吸引。它讲述的是卡拉姆博士如何从南方小镇走出来，走进科学的殿堂，最后成功研制"烈火"导弹，成为印度"导弹之父"的故事。

卡拉姆博士，1931 年 10 月 15 日出生于印度南部泰米尔纳德邦一个叫拉梅斯瓦兰的海边小镇上，他的父亲是当地的船夫，主要靠为当地人摆渡为生。由于生活在这样一个穆斯林家庭，卡拉姆学习十分刻苦，成绩优异。他在马德拉斯技术学院获得航空技术博士学位后，开始在班加罗尔的印度斯坦航空有限公司工作。1963 年起，在印度空间研究组织从事航天技术研究工作。1982 年起，担任印度国防研究与发展研究组织负责人，为印度的导弹研制作出了杰出贡献，被誉为"印度导弹之父"。之后，出任瓦杰帕伊总理的首席科学顾问，并被授予国家最高荣誉——印度钻石勋章。他是个素食主义者，不饮酒。他还喜欢文学和印度古典音乐，是个诗人。

我当时就在想，是不是应该把这本书译成中文，让国人也了解一下印度近年来军事科技发展的心路历程呢？1998 年印度核试验之后，我们开始全方位地关注这个沉寂了多年的邻邦。

我把书托人捎回了国内，请几个年轻人先开始译着，同时，我抓紧时间与两边的出版社联系出版和版权转让等事宜，但进展缓慢。几个月后，我离任回国，版权问题悬而未决，而卡拉姆博士已经在我离任前十天正式就任印度总统了。就在一筹莫展之际，我得到一个消息，说有一位海德拉巴的友人希望访华，而他正巧就是该书的执笔人阿隆·狄瓦里先生。

在陪同狄瓦里先生访华的时候，我了解到了更多有关此书的写作背景，狄瓦里先生还十分爽快地表示由他出面与印度的大学出版社联系转让版权事宜。临行前，他握着我的手动情地说，下次你来印度，请一定告诉我，我赶去德里，与你一同去拜会卡拉姆总统。

卡拉姆是 2002 年 7 月 25 日当选印度总统的。此时，我们的翻译出版工作已经基本就绪。万事俱备，只欠东风——版权转让协议。11 月 7 日，狄瓦里回到印度后第二天，我们便收到了印度大学出版社的免费转让版权的认证函。于是，出版工作便加快了步伐。

30 天后，我正好有机会随中联部前部长李淑铮同志率领的中国国际交流协会代表团访问印度。12 月 8 日，我得到印度总统府的通知，说卡拉姆总统初步定在 9 号下午与我见面。当时，华君铎大使还没有递交国书，我们还没有官方人士与卡拉姆总统见过面，所以我反倒犹豫起来。淑铮部长和华大使反过来劝我说：机会难得，你已经离开使馆的工作岗位，而且是随民间组织代表团来访，你就去吧。

12 月的德里气候宜人，柔和的阳光洒落在雨季过后绿油油的草地上，苦楝树下聊天的人们三五成群，格外悠闲，但我此时居然有些紧张起来。总统府派来的白色"风神"轿车把我接进总统府南门，过了一道又一道的哨卡之后，我终于站到了一队总统内卫的前面。他们个个人高马大，英俊挺拔，不苟言笑，但和蔼可亲。老朋友狄瓦里先生在门口迎接，他热情地迎上来说："总统已经在办公室等你了。"然后把我引到一个不算大的房间里。房间的右侧靠着一排书架，书架的前面摆放着一张普通的办公桌，桌上堆满了书籍和报刊。这时，一位慈祥的老人从桌后站了起来，精神抖擞地绕过书桌微笑着健步向我走来。看到他那奇特的发型，我意识到一个历史性的时刻到来了。

卡拉姆总统是位典型的、有民族主义气质的科学家，他力主打破西方垄断，自行研发导弹。他的信条是："只有强大才能得到尊重。"他在自传中说："本书不仅记录了我个人的悲欢，同时也记录下现代印度科学机构为跻身科技最前沿所经历的成功与挫折。它记录了民族的希望和为之而作的拼搏。在我看来，这段关于印度独立自主地发展科学技术的故事就是我们这个时代的史诗。"他还说："有些国家经过几百年的历程发展成为技术强国，他们为了自己的利益而肆意操控世界。这些大国自封为新世界秩序的领导者。在这种形势下，像印度这样一个拥有十亿人口的大国应该怎么办？除了成为科技强国，我们别无选择。"同为发展中国家，我们有着相似的命运和相同的感受。尽管此时中印关系尚未完全转圜，我觉得这是我们的共同语言。

当卡拉姆总统迎面走到我的跟前时，我才注意到自己正停在一圈沙发的中央。我们并没有马上坐下。他也站在那里握着我的手，半仰着脸，微笑着说，"你叫季平，对吗？""是的，阁下。"于是他一个字母一个字母地把我的姓和名拼了出来，像是在自言自语，又像是展示他的记忆力。我知道，他的名字可是由 5 个部分、31 个字母组成！可我那时完全被他那传奇式的发型吸引住了。头发没我想象得那么密，而且显得湿漉漉的。银灰色的长发像丝一般光滑，自然地从中间分开，驯服地贴在耳朵两侧，发梢处自然地向内打了个卷。记得他当上总统后，印度媒体还专门讨论过他这种中分抠边的发型，有人甚至用电脑画像的办法为他设计了几种流行发式。尽管任何一种新发型看起来都会使他年轻许多，但是总无法把改变了发型的卡拉姆博士与现在的总统联系在一起。曾有一个女学生问他为什么要留这么一个古怪的发型，他说："我剪过，但是它还就这么长。"

现在，他那独特的发型已经成为他的标志，充分地展示了他的个性。也许正是他这种独特的个性使他更富有魅力，成为国家的象征。

他的发型分散了我的注意力，我已经记不清是怎么跟他寒暄的了。我们坐的沙发形成一个直角，拐角处夹着一个茶几，茶几上放着一部白色的电话和一盆鲜花。

卡拉姆总统说，他最近对佛教产生了浓厚的兴趣，认为佛教中的某些教义，譬如众生平等的思想，四圣谛、八正道的主张，直指人心，让人产生放弃暴力的念头，让人心如止水。他说："印度和中国有共同的文化背景和思想渊源，一个信奉甘地主义，一个是对佛教有亲近感的国家，所以两个民族都是渴望自由和热爱和平的。印度人喜欢中国，中国人也喜欢印度。但印中关系发展时有曲折，其中的主要原因就是因为缺乏相互了解。我们两国人民应该加强交流和接触，进一步增进两国人民之间的友谊。让中国人了解印度，让印度人了解中国。"

我说，中国人的确很喜欢印度。印度的宗教、文化和艺术极大地丰富了我们的生活。我们从《西游记》聊到了宝莱坞电影《地租》，又从泰戈尔聊到了鲁迅。卡拉姆总统还带着我看他收藏的一幅油画，展示圣雄甘地领导人民从事非暴力不合作运动的情景。画中甘地那深邃的目光至今萦绕在我的脑海里。它让我想起卡拉姆总统的书中的一句话："在这个美丽的星球上，神创造出的每一个生命都有着其特定的使命。圣火和我们与生俱来。我们所作的努力就是要为火添翼，让这个世界充满圣火的光明。"

时间不知不觉地在这场毫无外交辞令的会见中过去了。我主动向总统告辞，感谢他拨冗会见。我们握手告别。当我转身走到门口时，只听得卡拉姆总统在轻声召唤我："请等一下，平先生。"

我转过身去的时候，他正在书桌上寻找着什么。他拉开左边的一溜抽屉，又拉开右边的一溜抽屉，接着又在桌面上翻找着。"噢"，他从书堆中抽出一本精装的小书，冲我灿烂地一笑，"我送你一本书作为纪念。"在我走近他的书桌时，他喃喃地说，这本题为《点燃的心灵》（Ignited Minds）的书是他的新作，希望我喜欢。他翻开那本书，潇洒地在扉页上写下了他的赠言：

"致以最良好的祝愿。

——阿卜杜勒·卡拉姆。"

这本书我至今都珍藏在我的书柜里。

卡拉姆总统是一位传奇人物，是一位执着于事业的人，但也有很多凡人的一面。他平日生活俭朴，衣着随意，一头银色的卷发在印度可算是风格鲜明。卡拉姆还是个素食者，而且滴酒不沾。据卡拉姆自己说，最初素食是因为当时拮据的生活状态，到后来经济宽裕了，但素食的习惯却保留下来。除了渊博的知识，所有接触过卡拉姆的人还被他的直爽和平易近人的为人所折服，对此我早有耳闻，如今见了面，我便深信不疑了。

之后三年多时间里，我们没再见面，除了逢年过节发个贺卡之外，我们几乎没有联系。这三年多时间里，卡拉姆总统十分忙碌，至日本、至欧洲、至美国……这三年里中印关系也有大的发展，2003 年 6 月，瓦杰帕伊总理对中国进行正式访问。双方签署了《中印关系原则和全面合作宣言》，确认发展长期建设性合作伙伴关系。印度在《宣言》中明确承认，西藏自治区是中华人民共和国领土的一部分。2005 年 1 月，中印举行首次战略对话。4 月，温家宝总理成功访印，两国签署《中印联合声明》，宣布建立面向和平与繁荣的战略合作伙伴关系。中印关系迈上了健康发展的轨道，双方各个层面的交流越来越多。当时，我已经开始着手卡拉姆总统第二本书《人生对话录》的翻译出版工作。

2006 年 5 月 3 日，我利用陪同中国国际交流协会理事艾平同志（现任全国政协外委会副主任委员）访印的机会，一起拜会了卡拉姆总统。没有多余的寒暄，没有繁琐的礼节。像老朋友一样，当得知我们正在翻译他的新著《人生对话录》时，他高兴地说："与我的前一本自传《火之翼》不同，这本书讲的是我的心灵之旅，所以更为重要。"

卡拉姆总统在会见我们的时候说："增进印度人民与中国人民之间的相互了解，也就等于在增进全球人民之间的相互了解，因为印中两国人口加在一起已经超过了全球人口的三分之一。"他认为，历史上佛教东传和儒学西进都是印中两国

人民之间文化交流的重要里程碑。对于中国人来说，佛教的影响是深远的，"而对于我本人来说，修、齐、治、平思想也给我留下了深刻的印象"。

2002 年 7 月担任总统以来，卡拉姆对中国传统文化的兴趣与日俱增。据卡拉姆身边的人介绍，卡拉姆接见的中国人并不多，但是他对中国的兴趣很浓，他的案头摆放着许多有关中国的书籍，他还迫切希望能在这一任期内访问中国。

在《人生对话录》中，他对孟子的"心之官则思"的思想大加赞赏，他说："头脑的作用就是思考：当你思考的时候，你拥有头脑；如果不思考，你就失去了头脑。这是上帝赋予我们的。"谈到中国传统文化，他的眼睛闪烁着光芒，对我们说："孔子教导我们，要把一个个体的人与社会的人以及一个有国家意识的人结合起来。这就是一种和谐与和平的思想。"

说话间，我们向卡拉姆赠送了雕刻在竹简上的《论语》，卡拉姆饶有兴趣地询问了其中的主要内容，并对我们能用传统的方式保护古典文献啧啧称羡。卡拉姆总统显然也在寻找如何让印中两国人民走到一起的捷径，他说："印度和中国都是伟大文明的发源地，都是伟大的人民、创造力、精神世界与哲学的统一体。印中两国以及两国人民之间的合作会给这个星球带来和平、繁荣与安全。"

他认真地表示，他正期待着胡锦涛主席对印度的访问。

卡拉姆总统问我们在组织翻译《人生对话录》过程中有什么困难，我们便说起了书中提到的1800多年前印度南部那位名叫悌儒维鲁瓦的圣人，及其所写的《古腊箴言》。我们知道，悌氏的思想对卡拉姆总统的影响是巨大的。在他的接待室的正中央就矗立着一尊约有一米高的悌儒维鲁瓦铜像，佛祖释迦牟尼和印度教智慧女神萨拉斯瓦蒂的塑像分立两侧。从中我们不难看出，卡拉姆总统的精神世界是丰富多彩的，而悌氏在他心目中的地位却又是无与伦比的。

当我们提到悌儒维鲁瓦的名字时，卡拉姆总统精神为之一振，他从宽大的椅子里挺起身来，顺手从办公桌上拿过一本夹满了书签和花花绿绿小纸条的袖珍书。他像洗牌一样熟练地用大拇指快速地翻阅着那本精致的小书，微笑着说道："《古腊箴言》与《论语》一样，里面充满了智慧。"

卡拉姆认同悌氏的思想，不仅仅是因为悌氏是印度南部的泰米尔人，是卡拉姆总统的同乡，更是因为悌氏的思想更注重个人的内在修行。"悌儒维鲁瓦"原意是文雅之士，他生于公元2世纪。他的作品《古腊箴言》共133章，每章一题，各有10偈，言简意赅，精警透辟，一语破的，万众无辞。

卡拉姆总统所崇尚的悌氏伦理学与中国的程朱理学有异曲同工之妙。我们可以从《古腊箴言》中找到许多共同语言。例如，悌氏说："不爱人者为一己而生存，爱人者尽其生命以为他人。"悌氏还说："择人之长而用于所事，使其展其所长。"这些话，对我们来说是那么熟悉，仿佛就是我们自己的信条。

卡拉姆博士之所以能当上印度总统，绝不仅仅因为他是印度的"导弹之父"，还因为他有用科学与理性来取代宗教的世俗主义理想。卡拉姆出身穆斯林家庭，却不做礼拜；生活在印度教的国度里，却不祭大神。他既反对伊斯兰的原教旨主义，也反对印度教的原教旨主义，他的温和形象已为社会各界所接受。

人类社会进入21世纪，面临着许多需要共同解决的问题。卡拉姆总统对世风日下、道德滑坡、信仰危机和理想破灭的社会有诸多不满，他认为"政府的法律无法造就一个好的、诚实的公民"。他主张向圣人学习，用道德的力量来约束个人的行为，而且这种力量也不完全是宗教性的。这就是他为什么竭力推崇悌氏伦理的主要原因了。

卡拉姆总统曾说过："我一生中最重要的决定是去发现印度儿童身上的真我（true self）。"

曾经有一个孩子问卡拉姆："先生，您造的'烈火'导弹能打到美国吗？"他对这一问题颇感吃惊，说："'烈火'导弹是我们国力的象征。现在还没有哪个国家与我们敌对如此，以至于我们要用'烈火'导弹去打它。"他认为，孩子们的心灵是纯真的，问题是社会舆论和媒体的宣传对他们造成了影响。他希望在孩子们幼小的心灵中植入一种超越政治与宗教的爱国主义思想。

2002年7月卡拉姆宣誓就任印度总统以来，把主要精力放在对印度崛起问题的思考上。他说："印度有着使自己成为发达国家的使命。我们有一个理想，有一个路线图。"他认为，规划印度的远景目标需要"重新发现印度丰富的文化和

Dear Chinese Children.
Learning gives creativity
Creativity leads to thinking,
Thinking provides knowledge
Knowledge makes you great.

With best wishes from:

3/5/06
Dr. APJ Abdul Kalam
www.presidentofindia.nic.in

卡拉姆总统亲笔签名的"六一"儿童节寄语卡片

精神价值",为此他连续撰写了《印度2020：新千年的远景》《火之翼》《点燃的心灵》《人生对话录》等书。

卡拉姆总统曾表示："青年人要点燃他们的心灵，要有远大的目标。"他期望着能有那么一天，让印度生产的汽车行驶在法兰克福和首尔的街头，印度的运载火箭能把别国的通信、气象和遥感卫星送上地球轨道，印度的工程师能为美国、日本和中国设计电站。他认为"鼠目寸光是一种罪恶"。他曾对印度的青年人说："梦，梦，梦。梦会变成思想，思想会产生行动。"

在谈了许多有关青年一代的话题之后，卡拉姆总统对我们说："'六一'国际儿童节快到了，请你们给中国的孩子们带一个口信，告诉他们：

学习是创造的源泉，

创造是思想的源泉，

思想产生知识，

知识使你们变得伟大。"

他边说边在一张打印有他头像和寄语的卡片上签上了他的名字。

会见的时间是短暂的，但留给我们的印象是深刻的。卡拉姆总统用慈祥而充满期待的目光把我们送出了他的办公室。当我们带着这位年已古稀的老人的祝福踏上了归国旅程的时候，我们对他有了新的认识。当时，卡拉姆正致力于一个名叫"印度千年任务2020"的计划，其目标是将印度带入发达国家的行列。

半年之后，胡锦涛主席应卡拉姆总统之邀访问印度，这是中国国家主席十年来首次访印。11月22日，当胡主席与卡拉姆总统在总统府会见时，卡拉姆总统拿出了四本他写的书赠予胡主席。其中《火之翼》和《人生对话录》是中文版的。

2006年10月我去山东潍坊挂职锻炼，分管旅游局和风筝办。次年是"中印旅游友好年"。2007年1月中旬，应印度古吉拉特邦政府旅游局的邀请，我率领潍坊风筝队参加艾哈迈达巴德市的国际风筝节，这是世界著名的风筝赛事和节会。潍坊作为国际风筝联合会的总部所在地，在某种程度上也代表了中国的风筝队。

卡拉姆总统听说我率风筝队前往印度，于是又欣然表示愿与我见面。1月12日下午，我带着两位同事来到总统府。

卡拉姆总统开门见山地说，这是我们第三次见面，听说你当市长了。我说："不是，是市长的助理。"卡拉姆总统说："对我来说都是一样的。你们这个城市有多少人口？"我恭敬地回答说："860万，总统先生。""那可是一个不小的城市，恭喜你！"

我说：同艾哈迈达巴德一样，我们潍坊是中国的风筝发源地。今年4月我们也要举行一年一度的风筝会，我们欢迎总

2007 年 1 月 12 日，卡拉姆总统接见季平（左 2）一行，获赠一只精致的潍坊风筝。

统阁下或您的代表来潍坊参加风筝会。

卡拉姆总统说：我的确很想去，我一旦有机会去中国，一定去你们的城市，但我今年暂时没有访华计划。我们印中两国是两大文明古国，目前两国人口总数已占全球人口总数的三分之一。印度与中国还是近邻，所以我们很有必要加强两国之间的经贸、文化交流和人员往来。亚洲将是 21 世纪世界经济的中心，从目前来看，印度和中国的发展已经引起了国际社会的广泛关注。不久前，贵国胡锦涛主席应我的邀请访问了印度，我跟他在这一问题上达成了共识，我们还共同表达了一个心愿，那就是我们寄希望于两国年轻人加倍努力，因为年轻人是我们的未来。

我告诉他：去年 4 月来访时，您曾委托我转达对中国少年儿童的"六一节"祝贺。我把您的祝愿转达给了中国有关部门，您的寄语已经在《中国少年报》和相关网站上刊登了。还告诉他：《人生对话录》不久前已经在中国出版发行，目前，中国各地新华书店甚至有些购物网站上都能买到您的新著。

他兴奋地说：我很高兴这本书能在中国出版发行，这也是我们两国文化交流中的一件实事。这本关于人生心路历程的书是献给青年朋友的，希望这本书对中国青年了解印度文化也有所帮助。同时，感谢你为这本书在中国的出版发行所作出的努力。另外，上周我又出了一本书叫《坚强不屈的精神》（Indomitable Spirit），我愿意把此书赠给你，你是第一个中国读者。

我回赠了他一只精致的潍坊风筝。

2007 年 7 月，卡拉姆总统如期退休了。他从总统府搬出来时，携带的物品只有一只小皮箱，一如他清贫的人生，当时被传为佳话。之后，他住到了离我们使馆不远的三塑像（Tinmurthi）附近的一个宁静的小院里。

2009 年 4 月，我第二次到使馆工作，任党务参赞。虽然离得很近，却也不能经常去拜会，除了卡拉姆总统外出讲学的时间比较多的原因外，另外一个很重要的原因是由于我的身份发生了变化，以前那种相对民间的交往反而不太可能了。

直到 2010 年底，我才又有机会去拜会他，邀请他到中国去参加"北京论坛"的会议。直到此时，他仍没有实现访华的夙愿。那次见面时间很短，有点像例行公事，所以没有留下太深刻的印象，我只是感到他的身体还很好。他问起了中医的保健作用问题，我对印医（Ayuvedic）也深表赞赏。

2011 年底我离任回国，到中国和平发展基金会任职。次年底，卡拉姆总统终于实现了他访华的愿望。我在 10 月下旬收到他秘书的来函，告知卡拉姆总统来京参加"北京论坛"之事，并约我在京见面。

2012 年 11 月 2 日，我去香格里拉饭店拜会他。虽然时间匆忙，但卡拉姆总统还是兴致勃勃地跟我聊起过去那几年来我们交往中的印象。11 月的北京已经很冷了，他在房间里只穿了一件蓝色的衬衣。我问他到北京来生活是否习惯，他说他在北京这几天很自在，"没感到有什么寒意"。我觉得他是一语双关，既说天气，也说中印关系的大气候。他感叹说，在当总统的时候就很想来中国访问，但是五年时间里未能实现这一夙愿，如今从总统府搬了出来，反而有机会来了，看来这也是一种天意的安排。

我也感叹道：当我第二次在使馆常驻时，我们离得很近，直线距离不过一两公里，但我们没能经常见面。如今，您已退休，我则到了一个民间组织工作，反倒没有那么多的繁文缛节和礼仪上的讲究了，希望以后能多多见面。

卡拉姆博士说：我老了，以后印中两国关系的事还要靠你们这年轻的一代人。

当年，卡拉姆已经是 81 岁高龄。与我第一次与他见面时整整相隔十年，他的气色依然，甚至比当年更好些。

2014 年 11 月，他应北京大学"大学堂顶尖学者讲学计划"的邀请再次来访，并接受了我的母校北京大学授予的名誉教授称号。由于当时我正巧不在北京，所以未能谋面。但是他写的诗经常回响在我的耳边：

我不是房屋的主人

我也许是园丁

我希望繁荣的蓓蕾能够盛开

保卫怜悯的果实，直至成熟

梦想见到我的国家兴旺发达

没有贫困，没有纷争

一个热爱毛泽东的
印度小姑娘

卫德娴

（中国前驻印度使馆外交官）

　　1978 年至 1980 年，我曾在中国驻印度使馆工作。我丈夫高锷是使馆政务参赞。在此期间，我们认识了印中友协副主席雷伊教授夫妇，并与他们全家成了好朋友。

　　起初，我发现每当使馆举办友好活动请到雷伊教授夫妇时，他们的女儿希玲总是相随而来。希玲当时只有 16 岁，正在读中学三年级。她文静端庄，很懂礼貌，一双大眼睛炯炯有神，身高已超过母亲。她总是不声不响地依偎在父母身边，认真地倾听着大人之间的交谈。我曾对此好奇，根据自己的体会，孩子到了这个年龄，一般不愿意跟着父母活动了，她怎么还那么温顺呢？

　　随着更多的接近和了解，我们得知她读过《毛泽东选集》中的不少文章，对《毛主席语录》也特别有兴趣。有一次，她拉着母亲腼腆地问我："有时对语录中的某些段落理解不好，你能帮助我吗？"当时，我虽内心有些为难，因为自己英文水平有限，担心担当不起，但又觉得，我是一个中国外交官，对这样一个请求，应该义不容辞。于是，我灵活地表了一个态："我很愿意与你一起学习，如果我自己解释不好，我还可以找别的同事帮忙，好不好？"她点头表示满意。

　　由此开始，在以后相见的许多机会，我和这位姑娘之间就有了这方面的话题。她总是抓紧时间与我谈一点学习心得或提一些问题。一般情况下，我尽量根据自己的理解，简要地点一点这段语录的主要精神，并得到她的点头认可。有时候我受语言表达能力的限制说不清楚，就请英文好的同志帮助我表达，直到她点头认可。就这样，我们之间渐渐积累了一种特殊的感情。有一次，她妈妈悄悄地告诉我："希玲觉得你待人真诚热情，她非常喜欢你。她觉得你用提示主要精神的办法启发她，对她理解《毛主席语录》很有帮助……"还说："她在家提起你时，称你为'中国妈妈'……"当时，我认为这是出于友好和礼貌，深深地向他们表示了感谢。

有一天，雷伊教授夫妇邀请我们使馆陈肇源大使夫妇和好几对外交官夫妇到他们家作客，我们夫妇也在其中。当大家在客厅里热闹聊天的时候，希玲轻轻地牵着我的手，领我到了她的书房。一个幽雅小巧的房间，是希玲在家的独立小天地。墙上挂着一幅《毛主席去安源》画像，书架上夹有一套英文版《毛泽东选集》，书桌的一角有一个小小的毛主席半身石膏像和一本已经翻阅很旧的小红书——《毛主席语录》。玻璃板下面压着一张她用英文书写的座右铭——"要做一个高尚的人，纯粹的人，脱离了低级趣味的人"。顿时，我感到这个女孩生活在一个非常良好的教育环境中，这与她父母的文化层次有关。我发现她太可爱了，不由得紧握她的双手，好奇地问她："像你这样一名学业紧张的中学生，为什么对中国的毛泽东主席这么感兴趣？"她严肃地、一本正经地对我说："毛泽东是当代的东方伟人，他不仅仅属于中国！""他唤醒了被压迫民族和人民的觉悟，鼓励人们要为正义而斗争。""他引导青年追求真理，他把青年比作早上八九点钟的太阳，把无限希望寄托在青年身上。"她还说："毛泽东提倡'凡事都要问一个为什么'，启示人们要思索。""他的著作能使人变得聪明，所以我非常崇敬他……"我听着听着，不禁小声叫了起来："希玲，你真了不起！"真的，我确实从内心里非常佩服她、喜欢她。一个刚刚 16 岁的外国姑娘，还只是一个中学生，她的好学精神和追求真理的严肃态度，使我深为感动。我们俩就站在房间的中央，相互握着手，说着、听着、凝视着……突然间，希玲拥抱我了，并在耳边轻轻叫我："Madame，my Chinese mummy！"（夫人，我的中国妈妈）此时此刻，我非常激动，好像全身在通电。我紧紧地搂着她，拍着她的肩膀说："希玲，你太可爱了！我真喜欢你，就像我自己的女儿一样！"

吃饭期间，我把在希玲房间的所见所闻告诉了其他同志，也引起了他们的惊讶和赞扬。从此，希玲就成了我经常思念的小朋友。

1980 年 7 月，我们回国休假。休假期间，外交部又任命我丈夫高锷为驻斯里兰卡任大使，就此，我们别离了印度。我们与雷伊教授一家也就中断了联络。

1986 年，我们已从斯里兰卡回国，并回到外交部工作。有一天，突然接到一个电话，得知雷伊教授的女儿正在英国大学读书，为了准备毕业论文，她特地申请来中国考察访问，并通过有关方面打听寻找，特别希望能见到当时曾在印度使馆工作过的几位朋友。她结束对上海和浙江的考察后来到北京，离回去的时间已经非常短促，容不得我们进行任何筹备和款待，只能在一位同志的陪伴下，匆匆到我家见上一面。

别离 6 年后重逢，我们都非常激动。尽管就在我的寒舍陋室，但一点也不减我们内心的炽热。亭亭玉立的希玲，经过高中、大学的深造，显得更加持重沉着了。她说："来中国看看是自己很早的心愿，这次机会很好，收获很大。"她还侃侃而谈："一个突出的印象，中国到处都在忙碌，充满生机……""中国非常了不起，能自己总结经验，纠正错误，不断前进……""中国很幸运，毛泽东之后又有了一个邓小平……""你们的开放政策，将使中国从古老走向现代，中国将会发生更大变化……"——真像一个小小政治家！在这短短的相会中，我们也匆匆交流了双方家庭和个人的近况，以及相互的思念之情……我们就这样依依不舍地告别了。

据悉，希玲大学毕业后与一位英国人结婚，并已定居英国，从事研究工作。我们偶尔得到她的一点信息，得知她的父母和她本人还在继续关心中国的现状与发展。我想我与印度小姑娘这一家的友谊已跨世纪了，但在我的内心还是那么鲜活。"希玲，我爱你！希玲，我想你！""遥祝你们全家幸福安康！"

外交生涯中难以忘怀的二三事

刘谨凤

（中国前驻印度大使馆政务参赞）

　　我前后于1980—1985年和1997—2000年两度被派往中国驻印度大使馆工作，共计长达8年之久。刚到印度时我是一名管调研的青年外交官，离开时已经成长为一名政务参赞。在印期间工作紧张而忙碌，其中有一段时间，使馆参赞林尚麟因升迁而调走，但轮换人员未及时到位，我在8个月内同时承担了使馆二、三把手的活，既协助大使搞内部各部门协调，又主管对外交涉等，工作任务异常繁重。尽管如此，在这一过程中经历中印关系的跌宕起伏，既有唇枪舌剑、激烈交锋，也有知音相交、感人至深的场景，这一幕幕至今历历在目，令人终生难忘。

　　记得2000年上半年，我即将离任，时任驻印度大使周刚为我及接替我和林尚麟的宋涛、郑清典两位参赞举行"辞旧迎新"招待会。我记得印度尼赫鲁大学拉伊教授和几家报社主编风趣地对我们说："两位男士参赞来替换一位女参赞，足见刘参的分量。"这或许是印度朋友们不经意的触景而发，但朋友的认可是最大的鼓励，一直激励着我，使我充满自信，勇往直前。估计这句话在宋涛和郑清典两位参赞身上也起了"化学反应"，他们后来都当了几任驻外大使，宋涛更是升至正部级，现任中共中央对外联络部部长。

　　外交工作有时需要激烈斗争，但也不乏柔情似水。从印度离任之际，各界朋友的惜别之情令人难忘。《印度时报》专栏记者纳拉帕特教授夫妇是我的好朋友。我们经常就中印、中美、中印巴关系及西藏等问题交换意见和看法，曾经因观点不同而话不投机，甚至面红耳赤地争论，但随着相互了解的加深而建立了信任，能够坦诚、客观地讨论，求同存异，从相见、相争到相识、相交。这就是人们所说的诤友吧。我离开印度前，他们执意来使馆与我道别。令人意想不到的是，教授的夫人拉克什米公主竟然当场拿出她的结婚戒指送给我留作纪念。她要把爱情信物转化为友情象征，来表达对我的海枯石烂、永不变心的深情厚谊。我实在难以接受这么贵重的礼物，坚决不同意接受，但看着她真诚的表情，再也无法推却。就这样，我接受了这份沉甸甸的特殊礼物并一直珍藏在身边，也把与印度友人的这份珍贵的友谊深深地埋在了心底。

刘瑾凤 1997 年第二次派驻印度工作期间留影

在印度使馆工作期间，由于我负责对外交涉事务，所以同印度外交部等官方机构的官员接触较多。我曾在纽约中国驻联合国代表团、驻日内瓦联合国办事处代表团工作多年，对中印双方在多边领域的合作较为熟悉。得益于此，我同印方官员交流起来话题较多，有不少共同语言，建立了良好的工作关系。不管是做印度工作寻求支持，还是就敏感问题进行交涉，我们都能平静、愉快地交谈。但有一次交谈确实充满了"火药味"。1998年5月，印度执意搞了核试验，国际社会一致谴责，中国当然也不例外。但印度对中国立场不满，两国关系跌入低谷，各领域交往处于停顿状态。有一天，我去印度外交部同主管中国事务的齐湛司长谈问题，他出其不意地说，"中印关系僵持迟迟难以转圜、改善，这同你先生沙祖康（时任中国外交部军控司司长，主管核裁军事务）在印度核试验问题上的强硬立场不无关系，希望你利用这一特殊关系说服你先生缓和下来。"朋友归朋友，原则问题不容妥协。我随即反唇相讥："齐湛先生，你错了。中国对印度搞核试的态度和立场是一贯的、明确的。解铃还须系铃人，贵方坚持逆势而动，遭世人一致谴责，不仅不自我反思并作出改善双边关系的实际行动，反指责中方主管官员，这是病急乱投医，恕我难以帮这个忙。任何一国外交官，在执行政策、阐述立场时虽表达方式不尽相同，但丝毫不能偏离政府立场，这样的基本常识相信你是清楚的。我可以负责任地告诉你，我先生作为中国外交官，在就印度核试验问题阐述立场时，是代表中国政府立场，并不是表达个人观点。希望你客观、冷静地看待这一问题，一如既往，推动印方改变态度，使两国关系尽快恢复正常。"后来，齐湛司长被任命为印度驻上海总领事。2001年，他得知我陪同一个代表团访问上海，特地邀请我去总领馆作客并共进午餐。曾经工作上的争论并没有阻止两国外交官成为朋友。外交官是国家利益的捍卫者，各国外交官都服务于自己的国家，即俗话说的"各为其主"，但这并不妨碍外交官相互间建立信任、友谊，为两国间关系的改善发展添砖加瓦。

中国和印度是两个有着深厚文化积淀、历史悠久的大国，相互也是邻居。在印度虽工作了8年，但从未感到腻味。回想往事，我很庆幸能够有机会为中印关系发展和两国人民加深友谊做一些工作。在完成繁重工作任务的同时，我也从中收获了事业感和珍贵的友谊，留下了许许多多美好的记忆，这些都是我最宝贵的精神财富。在这一过程中，我也更加坚定了这样的信念：只有让自己的脉搏同国家富强和时代进步的脉搏同时跳动，才能实现个人价值的最大化。

点点滴滴说印度

詹得雄

（新华社世界问题研究中心研究员，曾任新华社新德里分社社长）

上世纪 80 年代和 90 年代，我两次到印度工作，共待了 8 年多。最近有友人希望我从点点滴滴、细枝末节上说说我对印度和印度人的观察和感受，于是就努力回忆起来。作为一名记者，这些东西都可能写入过我的采访本，但写不进成篇的报道，仅是一鳞半爪的小故事。不过，它们也引人思索和感叹，小故事里面也许包含着大道理。

印度电影的品位

我是 1979 年 9 月 13 日夜里到的新德里，对一个学习印地文的人来说，真的到了印度，踏上天竺之邦，心里很兴奋。坐在从机场开往城里的汽车里，我一路上四处张望，默念道："这就是印度，这就是玄奘到过的地方！"我首先看见了什么呢？至今我还记得很清楚，在夜幕灯光下，我看见电线杆上方两侧尽是电影招贴画，一路绵延不断。这种阵势，那时在我国还看不到。

到印度不久，看的第一部电影是《SHUO RAI》，那宏大的场面、热闹的歌舞、绚丽的色彩，还有震耳欲聋的音乐，把人看得兴奋异常。电影主题很鲜明：虽然恶势力逼凶一时，但最后善战胜恶。故事并非到此为止，最后还会有一条尾巴，那就是善还会原谅恶，神的力量会抚慰人间。这样的电影后来看多了，渐渐地觉得是老一套。但印度人百看不厌，每到新片上映，电影院前热闹非凡。电影票很便宜，比较穷的人也看得起。他们把现实的烦恼忘在电影院外，坐在里面享受歌舞的快乐，接受心灵的洗礼。

印度电影院里天天放外国电影，但爱看的人并不多，还常会受到批评。记得有一次一部外国电影里人物穿得过于暴露了一些，第二天印度的报纸上便有了这样的大标题："PLEASE, WE ARE INDIAN！"（对不起，我们是印度人！）别小看了这个标题，我觉得它集中体现了印度人的心态：在这五光十色、花花绿绿的大千世界上，我们是印度人！我们要做印度人！

圣雄甘地讲过一句富有哲理的话："我希望世界各地的文化之风能尽情吹到我的家园，但是我不能让它把我连根带走。"还有一种说法是："我把四面的窗户打开，八面来风，但不能吹走我的屋子。"印度有电影审查委员会，标准有20条之多，凡是鼓吹色情、暴力和民族、宗教仇恨的，不管是国产还是进口片，都不准上演。这从法律上保证了印度电影的品位。

绿色革命的威力

到印度后不久，我有机会陪同我国农业部的一位副部长访问旁遮普邦，那里是印度绿色革命的发源地，也是农业搞得最好的地方。记得那时麦子已经长高了，但还没结穗。车队在麦海中穿行，那位副部长看了一路，感慨地说："比我们的种得好。"

印度在上世纪60年代初曾闹过饥荒，紧张的时候，城里的粮食靠海外，来一船吃一船。美国等西方国家帮过它的忙，后来印度便掀起了绿色革命。所谓绿色革命，就是用先进的耕作技术、良种和水利来改造落后的生产方式。旁遮普邦主要是锡克人，他们历来重视农业，海外的锡克人还掀起过给故乡捐赠拖拉机的热潮。该邦还按照美国农业大学的模式建立了一所先进的农业大学。政府规定，农业大学必须承担推广先进技术的责任，所以，每年大学都要举办"农业庙会"，大门敞开，随便出入。各系在校园搭起帐篷，展览良种，举办讲座，讲解先进技术。我们代表团饶有兴趣地参加了一次庙会，熙熙攘攘，觉得很新鲜，也实地见证了绿色革命的影响。

当时中印交往还不多，中国来了一位副部长，当地都很重视。车到宾馆时，有几个士兵还举行仪仗礼，颇为隆重。我们参加了旁遮普大学在一位农场主家里举办的酒会，官员、专家、教授、农场主等说说笑笑，气氛十分融洽。记得在酒会前，我们在校园宾馆外的藤椅上休息时，走过来几个青年学生，十分健谈和随便，其中一个小声说："当心，他们在骗你们。"我们只能笑而不答。在印度，你什么话都能听到，不足为怪，我们自己有眼睛。

印度的土地是私有的，土改很不彻底，无地农民的比例相当高。在旁遮普邦的地里干活的，大多是北方邦、比哈尔邦来的雇工，他们的生活可想而知。现在，印度粮食已经自给，还略有出口，但遇到灾年，农民自杀的消息还是不少，大量农民的生活还在贫困线以下。我常常想一个问题：是来一次荡涤一切污泥浊水的暴力革命好呢，还是慢悠悠地搞改良好呢？这是一个没有标准答案的永恒的问题，各国有各国的回答。

应该由谁来扫地？

我第一次到印度是在使馆文化处工作，一次陪同由夏菊花率领的武汉杂技团到各地演出，颇受欢迎。最后的压轴戏是舞龙灯，灯光一暗，翻舞起来，不管多大的体育场，都欢声雷动，掌声一片。

每到一地，先要忙着搭台，我们的演员，不管是名角还是龙套，都一样卷起袖子干体力活，谁也没什么架子，更没有人耍大牌。一天，遇到了一个难题。在铺地毯前先要扫一下地，陪同的印度官员出于好意，不让中国演员扫，认为这不应该由客人干。周围站了几个印度人，但他们也不肯扫，因为他们所属的种姓不允许他们扫地。那位陪同官员看看没办法，临时到体育场门外去叫了几个苦力来，他们一人拿一把扫帚默默地扫起来。那位官员摇着头悄悄地对我说："我们需要革命。"

我从中国来，知道什么叫革命，听了有点吃惊。我理解那位官员说的"革命"同我理解的是不大一样的，它意味着要来一次彻底的变革，否则，连扫地这样的事都会成为一个问题。印度宪法早就规定种姓平等，问题是实行。

我随我国农业部副部长访问，一路上这位打过仗的老革命说说笑笑，玩笑开了一个又一个，常常引得团员们哈哈大笑。团员讲话也有点"没大没小"，十分随便。陪同我们的印度农业部官员有点惊讶，对我说："我还是第一次看见上下级之间这么随便，我们这里不可能。"

心平气和的印度人

在印度街头，很少看见有人吵架，大家似乎都在默默做自己的事，有了矛盾，也就说一句："喔来（嗨），帕伊（兄弟）！"然后把双手一摊，微微摇头，对方咕哝几句，也就过去了。在拥堵的马路上，三轮车与三轮车、三轮车与汽车、汽车与汽车如果有小的碰擦，大家默默地看一看，一摇头，也就过去了。大家的心态都那么平和，能忍则忍，得过且过。

有一次，我长途开车，路上轮子内胎破了，找到一个修车摊，摊主很快卸轮补胎，忙了一阵。完事之后我问多少钱，他开的价比我预料的低到有点令人吃惊的地步。我想多给一点，他不要。他们真的相信头上三尺有神灵，这辈子积德，下辈子享福。他们不仇富，相信富人是上辈子做了好事了。一次在南方一个城市，早上坐三轮摩托，车主是个年轻人，开着开着忽然停下来，到一棵大树底下的一块石头前双手合十祈祷了片刻，然后赶快回来开车。他对我说："每天早上我都要拜一下，很灵。"

还有一次。我的一位同事晚上开车出去，路上抛锚了，一位锡克人开车经过，主动停下来帮忙。解决不了，他又拦了一辆车，借了一种工具，终于修好了。第二天同事告诉我此事，我问记了电话号码没有，应该感谢一下。可惜他在匆忙之中忘了，我总觉得是件憾事。但这种事在印度还是很多的。比如到了外地问路，有的司机会一路引你到路口，指指方向就走了。

有一个情景现在还记忆犹新。在老德里街边一个小摊上，摊主正打开饭盒吃饭，一个年轻人过来了，摊主笑着把饭盒递过去劝他吃。那位年轻人看看饭盒，里面只有两块薄饼和一点豆羹，实在难以分享，但眼睛里流露出饥饿的目光，犹豫着，没伸手。我看到了，不忍心看下去，走了。也许他们都是外地乡下来的同乡，也许是亲戚，都到城市里来挣口饭吃，断顿了，怎么办？一个要帮，一个不忍心受，这是社会的现实，奈之何？

先进与落后共存

印度常常给人贫穷、落后、迷信的印象，这个不假。一位在欧洲工作了多年的老记者到印度后感叹道："印度真是赤裸裸的贫穷，它倒也不想掩盖，让外国人随便看。"是这样的。每个大城市都有惊人的庞大贫民窟，政府也不想铲除它，随它自然生长。其实这里面还有政治上的原因，那就是多党议会民主。

穷人在乡下生活不下去，流浪到城里来谋生，白天在工地上或主人家里干活，晚上就在郊区搭的篷子里过夜，人越聚越多，便成了贫民窟。政府开始也想驱逐，但人多了便不好办，因为他们一人手里有一张选票，政客们需要他们，甚至为他们呼吁，给他们通电、通水，修整道路。所以，大的贫民窟谁也不敢动，但也无法从根本上去解救他们。

我曾经到新德里的一个贫民窟里去看过，简陋的棚子里真是家徒四壁，其实也很难称得上壁。但我注意到，里面还是做到了相应条件下的清洁，并不是乱窝一堆。他们觉得有这么一个窝也可以知足了，因为还有不如他们的人。来到城里的都得讨生活，包括妇女和小孩。新德里街口常有一些孩子卖报，我订的报纸很多，但有时我也买一张。有一次我开车办事，买了东西后记得口袋里还有三枚大、中、小的硬币，买一张报给一枚大的或中的就够。我在等红灯的时候看见一个还没车窗高的小女孩在卖报，便摸了一枚硬币给她，拿了一张报。这时绿灯亮了，车子启动，我忽然看见那女孩用一种异常的目光看我，但车很快开走了。到家后我一摸口袋，天哪！我给了一枚小的硬币，不够报钱。我心里十分内疚，记得第二天是星期天，我又到那个路口，想找到那个小女孩，但没看见。后来我又去了几次，都没找到。虽然我给了像她那么大的孩子几次钱，但心里至今仍觉得不忍。

印度确是一个不可思议的国家，千万不要以为它只有落后的一面，其实这个国家蕴藏着无穷的活力，在条件合适的时候便会迸发出来。我曾经去参观过孟买的塔塔原子能反应堆。他们让我进入反应堆的内壳里面参观，进去之前给我胸前别上一个小装置，说只要不闪亮，就没有辐射，不必害怕。我到了中空的核心部分，抬头看有几层楼高。我是个科盲，但对这个巨人十分敬畏。我参观的时候，我国还没有一个核电装置，而印度民族资本家塔塔家族，在印度独立之前就资助了原子能研究。

印度的计算机软件闻名世界。我1991年陪同新华社代表团访问时，会见过他们的顶尖软件专家。我曾问其中一位："印度软件在世界上可以排第几位？"他有点不屑地说："没人能同我们比！"20多年过去了，事实证明他的话不是狂妄。

我离开印度有20多年了，今天的印度已有很大改观。我忘不了善良的印度人民，对他们怀着衷心的祝福。最后，我还想记下一个小插曲。80年代初，我曾到旁遮普邦的首府昌迪加尔参观，那里有一个废品公园很有名。那次，我与一行人还参观了昌迪加尔的市政厅。那天是休息日，但一个锡克中年人热情地陪同我们参观，详细讲解，参观完毕还送我们到汽车旁。我们正要上车时，他举起左手，露出一个断指，笑着对我们说："这是1962年与你们打仗时打断的。"语气很平和，好像在讲一件很普通的事。我们听了笑而无言，与他握手告别。我在印度8年多，仅此一次，有人主动向我提起1962年那段往事。往事已矣，来日方长。中印有几千年的友好往来史，今后一定会继续写下去。现在印度在"东向"，中国在"西进"，都要发展经济，两国正好"接龙"。"一带一路"把两国联系在一起，可以造福两国、造福世界。

文明的印度，诚挚的朋友

潘正秀

（中国驻印度使馆前外交官）

    1954 年我读中学时，印度首任总理尼赫鲁携爱女英迪拉·甘地夫人首次访华。此后，"印地秦尼帕伊帕伊（印中人民是兄弟）"的口号声响彻中华大地。《流浪者》《两亩地》《大篷车》等印度电影到处播放，引起我浓厚的兴趣。1958 年我在北京外国语学院英语系学习期间，被外交部选中调到北京大学东语系学习印地语。1978 年 7 月，我和丈夫前往中国驻印度使馆任职，这是我第一次走出国门。从此，我与世界文明古国印度结缘。

"潘查希拉"是美誉

    回顾我的人生轨迹，多次面临选择和被选择，而且每次选择和被选择的结果都引领我走向新的征程，更加接近我的心灵召唤。特别是学了英语和印度的语言，让我有机会徜徉于亚洲大国，游览欧美国家，结识了一些外交官与上层人士。因为我的名字"潘正秀"与和平共处五项原则的印地语发音近似，我被班上一个同学起了个诨名，叫"潘查希拉"。我一般不喜欢别人给我起诨名，但对"潘查希拉"并不反感。当时我已知道"潘查希拉"就是"和平共处五项原则"，是 1953 年底由周恩来总理在接见印度代表团时第一次提出，也是建立各国间正常关系及进行交流合作时应遵循的基本原则。印度是我外交生涯中任职时间最长的国家。除英语外，印地语是我在北大专修时间最长的语种。在我的外交生涯中，几次在急需时，它救了我的"急"。我还以这种语言参与了《毛泽东选集》某些章节的翻译与审核，这是很有政治意义的工作。我学习印地语毕业不久，中印边境武装冲突爆发了，两国关系转入冷淡状态，我坐上了"冷板凳"。但从整个外交生涯来说，这是短暂的。

中外师长恩如山

我刚到北大时，中印两国关系还算良好。当时有普拉沙德夫妇和沙兰夫妇等印度籍专家在东语系执教。他们教我们印地语字母、发音和语法，向我们介绍印度的著名诗人、诺贝尔文学奖获得者泰戈尔及其名著，讲授《罗摩衍那》《摩诃婆罗多》两大史诗及由北大东语系主任季羡林教授根据梵文原著翻译出版的《沙恭达罗》七幕诗剧。我的印度语言文学恩师金鼎汉教授最近将杜勒西达斯的《罗摩功行录》翻译成中文，这也是中国学者把印度文化引入中国的一个例证。

那时周末和节假日，专家们还常把我们请到他们在北大的住所吃顿印度饭。他们夫妇忙得满头大汗，我们一群学生抢着帮老师干活。这里透着满满的异国师生情怀。刚开始时，觉得印度饭菜色不养眼、形不成体、怪味飘溢，难以引起我们中国人的食欲。但吃着吃着，我们开始琢磨出个中浓郁与香辣的味道。特别是敦杜里（炉子）鸡，选材是小仔鸡，肉很细嫩，用酸奶与印度香料腌后，以炭火烤制，很入味。一次我从国外返回北京后，朋友知道我是属"印度帮"的，特意在北京兆龙饭店的敦杜尔印度餐厅请我们吃了一顿正宗的印度餐。一进门，我用印地语打了个招呼，餐厅印度员工表示惊奇。接着我点了几个我在印度阿育王饭店常点的印度菜肴及小吃。此时，我好像又回到了我外交生涯的发源地新德里。

中国有句俗语："一日为师，终身为父。"中国还有个成语叫"师恩如山"。印度专家既是我的"慈父"，也是我面前耸立的一座"高山"。我愿终身储蓄友谊，播种善良，收获希望，珍藏对师长的一颗感恩的心。

专家回国了，他们走时，我依依不舍。不知何年何月何日，才能与我爱戴的师长再相逢。幸运的是，随着两国关系逐步出现转机，不久我就被派到中国驻印度使馆任职。自从学了印地语，印度就是我心驰神往的地方。我敬爱的师长对爱徒被派到印度工作笑逐颜开。我到达新德里时，两位女专家与我紧紧拥抱，我们的泪水流满面颊。专家们说："从中国回到印度后，以为再也见不到你们了，没想到能这么快在新德里相见。"他们对我当外交官感到十分荣耀，说在印度能当外交官的学生一般都属于精英之列。我谈不上精英，但倒是幸运者。我是家中独生女，当我踏上"玄奘之路"前往印度时，眼看女儿要到万里之外，视我为掌上明珠的父母好舍不得，我又何尝不难过呢？！但祖国的外交事业选择了我，我不能怠慢。在人生旅途中，我一直憧憬出发，执意前行。时间是我的竞技场，惜时如金是我的常态。

"和平大道"建使馆

1949 年中华人民共和国成立后，印度是第一个承认我国的非社会主义国家，1950 年 4 月 1 日与中国建交。随后，印度政府划了一块 33 公顷的硕大的空地给中国建使馆。这个地方印地语地名叫"香迪伯特"，意译为"和平大道"，这倒是

名副其实，它离印度总统府不远。围着中国驻印度使馆外墙走一圈要个把小时。因考虑安全因素，我很少独自一人走出使馆大院，即使偶尔出院，也是夫妇二人结伴同行。中国使馆一边是美国使馆，一边是斯里兰卡使馆。中国使馆在新德里使团中是占地面积最大的。现在，中国驻外使领馆有驻印度使馆这样规模的很少。这是中印友好关系的标志。

中国使馆大院内有办公楼及馆员生活区、大使官邸、参赞楼、领事部办公处、外籍雇员生活区等。文化处、商务处、新华社现在另有办公地与住所。使馆本部篮球场、排球场、网球场等运动设施应有尽有。

印度地处热带，长年高温。驻印度使馆游泳池是馆员一天忙碌之余降温的好去处。我的宿舍离游泳池最近，穿上泳衣，几步就可窜到池旁。我是在驻印度使馆学会游泳的，那时一口气能游上千米，还能跳水。

"北大荒"里种菜忙

使馆还有一片很大的空地，因为尚未开发，馆员们叫它"北大荒"，有孔雀、麻雀、松鼠、猴子等鸟类和动物出没。我们在使馆期间开垦了"北大荒"。那时每个单位分一块土地，一下班我们就忙着去侍弄那份"责任田"，锄草、松土、浇水、施肥样样都干。这里既是一块品牌颇丰的苗圃，又是我的心灵花园。在整天紧张的脑力劳动后，穿插体力劳动，是一种调剂。下班后，我们把水灵灵的蔬菜送到食堂，厨师大加褒奖。从北京带去的种子种出的心里美萝卜不仅"心里美"，外表也美。挂在菜架上带刺的北京黄瓜顶着一朵小黄花，活脱脱像个窈窕淑女，倍儿美！地上长的胡萝卜，拔出一根抹抹泥巴就可以吃，那真叫"原生态"。果菜长得油亮茁壮，菜架上垂挂着丝瓜、黄瓜、豆角、西红柿等瓜果，可谓琳琅满目。南瓜与冬瓜个大，成熟时摘下来，搬到阴凉地儿堆着留待慢慢享用。紧张的外交业务之余，在异国的土地上辛勤耕作，让我体会到热爱劳动的人最光荣、最快乐。

我们在使馆期间，"北大荒"中间开出了一条大路，馆员在此散步遛弯。晚饭后，馆员们走出办公室，三三两两涌到那条大路上，有的就内外形势交换意见，聊天下大事海阔天空。节假日与周末，我喜欢找几位麻将牌友麻坛博弈一番，除夕之夜往往通宵达旦，大三元、小三元争得面红耳赤。这是我在印度享受的多彩生活。

重返异乡多感慨

大路两旁种了枝叶下垂的阿育王树。印度专家向我们讲授过阿育王的故事。阿育王是印度孔雀王朝第三代国王，他对历史的影响居印度帝王之首。这种树以他的名字命名，想来必有奥妙。几年前，我先生和我分别出差回到印度，都特意先后到使馆去了一趟。看到那些阿育王树已长成参天大树，不免想起我先生当时作为使馆办公室主任主管行政和礼宾事务，植树造林也是他的分内工作。这些大树留下了他的脚印和手印，也彰显了他的业绩。

这个大院里树树争秀，叶叶披翠。现在，国内很难找到这么好的庭院，好就好在占地宽大，终年碧绿。有一年我先生出差到印度时，我建议他到我们亲自参与开垦的"北大荒"去看看阿育王树。回来后他告诉我，当时他触摸了大树，好像看到自己的儿子长大了一样。

蜜蜂大战扰使馆

大院到处花草树木，招致蜂来燕往，蝶飞蚓爬。在使馆楼沿下，蜜蜂筑起数个大桶似的蜂窝，里面装着满满的原生态蜂蜜，色泽鲜明，甜中透香。如果能采集起来，至少有几十斤。但我们不知如何消毒，不敢享用。院子里蜜蜂不时蜇人，使馆办公室曾组织"马力"（园工）捅蜜蜂窝，招来蜜蜂反抗。一天，蜜蜂千军万马同时飞过来蜇那些在院子里干活的"马力"。我当时很奇怪，它们似乎有最高统帅在发号施令，要不然怎么知道齐向"马力"冲锋陷阵呢？！好几个"马力"脸被蜇得像面包。看来，像蜜蜂这样的飞虫凝聚力也挺强，知道保护自己，对"外来侵犯者"奋力反抗。这是我们在使馆亲眼目睹的一场昆虫与人类搏斗的大战。回想起来，发动歼击蜜蜂之战也有违犯自然规律之处，蜜蜂毕竟是益虫。因为歼灭蜜蜂，"马力"上班时被蜜蜂蜇了，这也算因公负伤。我先生对"马力"很同情，亲自带他们到医院去看。印度医学有独到之处，费用不高，特别是政府医院，拿点药粉涂抹一下，很快就好了。这是使馆发生的一次奇特的事故。

"白菜外交"美名扬

我们那个时代，院子里蔬菜瓜果成熟了，就摘下送到使馆食堂由炊事员加工，馆员集体享用。前几年出差到新德里，我特意去看了看当时的食堂，不免回想起当时大家吃饭时的情景：大厅里熙熙攘攘，有大声喧哗的，有闷头吃饭的。现在，已没有人在那里吃饭了，大厅里堆满了杂物，找不到昔日的影子。目前各家自己开伙，因此菜地分割成小小的畦垄。有的夫人在自己的"自留地"上劳作，有的手拿着散发泥土芬芳的蔬菜，准备回家为丈夫做可口的饭菜，多么温馨！此情此景让我羡慕。现在中国驻外使领馆的条件比我们那个年代好多了，真是今非昔比。

那时留下的一些精彩故事让人难以忘怀。有一年，使馆大白菜丰收，不知出于哪位领导还是馆员的建议，我们摘了几棵大白菜加以包装美化，然后送到英·甘地总理家里，居然很受青睐。中国大使馆的"白菜外交"成了新德里的一大奇闻。那一阵使团的活动中，总有人问起"中国大白菜"（Chinese Cabbage）是什么样子、什么味道，这促使我先生萌生了一个想法——搞一次邀请秘书级外交官的活动。活动中，大家说的是大白菜，吃的也是大白菜，用大白菜包的饺子更是诱人味蕾，应邀客人均感"过了把瘾"。

饭后，外交官们参加了一场乒乓球赛，结果当然是中国外交官摘冠胜出。一些西方国家外交官幽默地说，今天是"中国特色"的外交活动日，吃的是"中国大白菜"，玩的是风靡中国大江南北的乒乓球。这启发我们，在国外开展外事活动，要动动脑筋，发挥中国优势，少花钱、多办事、办好事。

外籍雇员是朋友

中国大使馆地方很大，仅靠馆员打理是不行的，所以雇佣印籍雇员十分必要。在我们到来之前，使馆已开始雇佣雇员。我们夫妇在使馆期间，使馆已有十几名当地雇员。中国驻外使馆有这样多的外籍雇员，我想这种情况也不多。中国驻印度使馆有两名司机，其余多数是"马力"，负责打理花园和院子。

来访领导都指示，对外籍雇员要平等对待、尊重和照顾，他们既是使馆的雇员，也是我们的朋友。他们的辛勤劳作是对我们外交工作的支持。每年在中国和印度重大节日时，使馆都给他们发一些食品和生活用品，表示慰问。后来我们调到别的使馆，也按这个精神对待外籍雇员，在当地美名传扬。

司机伊斯哈尔和贾格迪斯在使馆任期最长。他们已是使馆雇员的第二代。我重返印度时，他们还在使馆，伊斯哈尔被提升为司机调度。一天晚上周刚大使请代表团吃饭，我路过车库，他正在值班。他一眼认出我是 Madam Pan（潘女士），我们站在那里聊了片刻。他说他妈妈很喜欢 Mister Liu（刘先生，我的丈夫），说他对雇员很好。我记得他妈妈那时是位能干的穆斯林中年妇女，家里收拾得窗明几净，井井有条。

我每次到她家去，她都要拿出自制的甜食招待我。中国使馆给雇员提供住房，一户挨着一户住着，基本上是一室一厅，门前种着花草蔬菜，后面有一个小院，内设简朴的卫生与沐浴设施。

贾格迪斯是一位忠厚的司机。他的媳妇不生孩子，他并不嫌弃，两口子一直过着平静的小日子。因为我对新德里轻车熟路，使馆没再派陪同。贾格迪斯为我们开车，引领代表团一行游览和购物，带我们到老德里的几个廉价市场，买了一些印度工艺品和藏红花等药品。一路上，我坐在驾驶座旁，贾格迪斯好容易遇到个老熟人，哇哇说个不停。他对在使馆的生活和工作表示满意。

潘正秀、刘新生夫妇在新德里地标性建筑——印度门前合影留念。

恒河岸边圣水情

我喜爱印度这个国家，更爱恒河。1980 年 10 月，我们夫妇在出席了印度北方邦印中友协有关活动后，在印度友人凯坦先生的盛情邀请下，留访了恒河岸边城市瓦腊纳西。

热情的主人为我们准备了瓦腊纳西有名的甜食。我亲眼看到这些甜食在大街上制作时，多少苍蝇光顾，但印度人对苍蝇似乎司空见惯。印度人认为恒河水是清甜的，他们甚至直饮恒河水。可是我对印度甜食与恒河水的清洁程度都有保留。更何况河上到处漂浮着垃圾，甚至有人与动物的遗骸。

中国一位作家访印回国后提到恒河，曾激动地说："我拒绝说它美丽。"我认为这位名人的话语过于情绪化。我与印度打交道的年代多了，感情上不一样。恒河水尽管很肮脏，但我认为它与长江一样是神圣的。我在恒河岸边买了一罐水带回国内，放在阳台上。后来搬了几次家，水渐干枯，但没变质，晚上通上电还能闪闪发光。我怀疑其中有些神奇元素。我购买的工艺品有动物造型、人物造型，有木制的、石制的，个个栩栩如生。我一直完好地珍藏到现在，它们诉说着我这个"老印度"对文明古国的深深眷念。印度新任总理莫迪已发出治理恒河的豪言，我相信古老的恒河会展现新姿。

印度婆媳皆善良

凯坦先生在经营自己的家庭商务之余，积极参与一些印中友好活动。我们在瓦腊纳西市访问期间，一直是凯坦先生陪同。他在该市算得上是个中小企业家，家里有一栋不甚豪华但还宽敞的房子，所在社区看样子只能属中低档。他把我们夫妇多次带到他家中。凯坦家三口人，在印度人中算是个袖珍家庭。他是独生子，而他到了而立之年尚未得子，家中除了老母只有夫人。我们在瓦腊纳西的几天，凯坦全家把我们当贵宾对待。凯坦的母亲抓着我的手促膝谈心，当时，老人最大的心病就是凯坦夫妇尚无子嗣，说着说着还不时抹抹眼泪。我看天下的老人都一样，总是希望子孙满堂，后继有人。凯坦的那个小媳妇叫茜达，特别喜欢与我聊天，口口声声叫我"姐姐"，我也叫她"妹妹"。她问我家里孩子的情况，我告诉她有一男一女。

茜达对我说，"你有两个孩子，我很羡慕，你是世界上最幸福的人。"是的，我们夫妇把儿孙看作最大财富。她说她朝思暮想有个孩子，但自己生不了孩子。这是她内心最大的纠结，我很同情她。她说她想让凯坦再娶个媳妇，为他生儿育女。她提出要到恒河岸边的寺庙去修行，用圣水去洗涤罪过。到那里生活肯定是痛苦的，为了凯坦的传宗接代，她在所不惜。但凯坦母子心地善良，不愿放弃这个乖乖女。听了茜达

在印中友协一次会议上，凯坦先生（右1）致辞欢迎潘正秀、刘新生夫妇（左1和左2）专程前来出席会议。

的话，我心里特别难受。我安慰她，生育问题是门科学，对症下药进行治疗，也有成功受孕的可能。

十年前，我再次访问印度，我好想与凯坦及我的印度妹妹见一面，曾向使馆人员打听，可是已没有人知道凯坦这个人的踪影了。我那个印度妹妹如果真到恒河岸边的寺庙去修行，就不能再回家了，这简直太残忍。如果他们夫妇还继续生活在一起，那就是我企盼的最佳结局。

离开印度已 20 个春秋，对凯坦先生全家我深深怀念。这是我交往时间最长的一个印度家庭。我在内心多次呼唤："凯坦兄弟，你在哪里？""我的妹妹，你好吗？"

无怨无悔学印地

2010 年上海世博会期间，我们夫妇到印度馆参观，那个队伍长得没个一天半天是进不去的。门口站了一帮印度士兵，有的头上还包着锡克族大包头。我先生对我说："你不是会说印地语吗？就对他们说印地语吧！"我想也是，于是一个箭步上前，大声地喊了一嗓子："哈罗，帕依（兄弟）！"印度保安立马调头，他不解这个中国女士怎么会说印地语？！我赶忙解释，我在北京大学学习了印地语，后来又到印度工作过。那个保安很机灵，断定我是中国的外交官，表示要茶水招待。我们考虑已夕阳西下，婉拒了茶点，告诉他我们希望早点看展览。保安放了我们进去。看了这个馆，我感到印度馆展品最丰富，毕竟是多民族、多种姓、多文化的国家。我们对这个馆看得最仔细，也让我重温了印度这个国家的方方面面。

潘正秀、刘新生夫妇与身着纱丽的凯坦夫人（右1）合影留念。

龙象共舞谱新篇

2015 年是中印建交 65 周年。应李克强总理邀请，印度总理莫迪于 5 月 14 日至 16 日对中国进行了正式访问，这是莫迪作为印度政府首脑首次访华，也是习近平主席 2014 年 9 月访印以来两国间又一次高层互动。纵观这次访问的全过程以及联合公报，可谓硕果累累。其一，两国领导人亲自过问，顺应时代潮流，相互"顶层设计"，站得高，看得远。其二，签署了 24 项合作文件，全面深入推进了务实合作，体现了共同和相互的诉求。其中，高铁和医药等重点合作项目分外亮眼，鼓励地方政府合作意义深远。其三，军事安全合作面广、路宽，预计两国高层军事往来将更加密切，边境安全形势将更加可控。

对莫迪总理 2015 年访华，中国驻印度大使乐玉成用三个"超级"进行了点赞：一是超高规格接待；二是超多合作成果；三是超级友好氛围。他认为，三天时间很短，但莫迪总理成功访华无疑将是中印关系史上浓墨重彩的一章。这次访问影响广泛，巩固了两国关系提速升级的新态势，就像中印高铁合作一样，中印关系这趟列车也正在进入加速发展的高铁时代。

当前，中印两国都处于民族振兴的关键时期。中国正在全面深化改革，打造"中国经济升级版"，实现中华民族伟大复兴的"中国梦"。印度正在加快变革与发展进程，推进技能（Skill）、规模（Scale）和速度（Speed）的"3S"战略，以推动印度经济社会回到快速发展轨道。中国和印度携手合作，共同发展，让超过世界 1/3 的人口受益，这是中印两国最大的共同战略目标，也是新时期中印关系发展的动力和机遇所在。

不可否认，由于多种原因，中印关系也存在一些问题。两国人民间的了解、理解和相互认同还不能满足两国关系发展的需要，双方对彼此的了解和认识已滞后于时代变化。一提到印度，很多中国人的反应还停留在"脏、乱、差"；而对于中国，一部分印度人仍把中国视为其"安全威胁"。西方殖民者和帝国主义制造的中印边界问题遗毒至今，成为困扰两国关系发展的一大障碍。中印还有许多认识上的"欠账"需要弥补。中印作为迅速崛起的发展中大国，如何正确地看待自己和客观地看待对方，如何防止或减少因战略误判带来的干扰，增进彼此信任和了解，都需要双方创新方法，加强交流，依托两国文化纽带，求同存异，不断充实面向繁荣和稳定的战略合作伙伴关系内涵，推动中印关系长期、稳定、健康发展。

　　未来五到十年正是中印两国携手发展、共创亚洲世纪的关键时期。中印已成为亚洲一体化和世界多极化进程中的两支重要力量，两国经济总量占亚洲的近50%和世界的15%。中印关系内涵远远超出了双边范畴，越来越具有全球性战略意义。正如习近平主席所说，"中印用一个声音说话，全世界都会倾听。中印携手合作，全世界都会关注"。毫无疑问，"中国能量"和"印度智慧"的结合定将释放出巨大潜能。"中国龙"和"印度象"强强联合，联袂共舞，不仅将造福中印，也定将惠及亚洲和世界。

在加尔各答的日子

毛四维

（中国前驻加尔各答总领事）

2006年，中国和印度决定相互在加尔各答和广州对开新的总领事馆。而后，我被任命为首任驻加尔各答总领事。

华人华侨

我是2007年秋天去加尔各答赴任的。现在还清楚地记得，抵达那天，当地华人华侨一行十多人到机场来迎接我，颇有一见如故的感觉。过后没几天，正逢中秋佳节，当地华人举办盛大的联欢会，隆重欢迎我抵加履新，有数百人出席，其情其景令人感动。

加尔各答是印度唯一有较多华人华侨聚居的城市。200多年来，主要来自广东梅县和湖北天门的中国移民陆续来这里谋生。到上世纪50年代末，加尔各答的华人人口曾高达5万。1962年中印爆发边界冲突后，在印华人受到巨大冲击，有的被驱逐出境，有的财产被冻结，有的被抓进集中营，华人社会从此一蹶不振。到我去加尔各答赴任时，华人仅剩5000人左右。

我尝试理解印度华人对祖籍国的感情。他们虽身居异国他乡，但仍生活在一个紧密的华人圈子中，坚持对子女进行中文教育，中国的细微变化和发展都会牵动他们的情思；他们大多加入了印度国籍，中印关系的良好发展是他们的福祉之所在，尤其中印关系近年来获得长足进展使他们深感欣慰。

2008 年真可谓是"中国年"。从汶川地震到北京奥运，再到"神舟七号"飞船胜利归来，当地华人连续举办各种活动，或慷慨解囊赈灾，或聚首举杯庆祝。

　　记得那是 2008 年的 1 月 26 日，我作为中国驻加尔各答总领事应邀出席在西孟加拉邦邦长府举办的印度共和国日招待会。各界嘉宾济济一堂。我端着酒杯在人群中徜徉，与人招呼应酬。我很快发现，为体现民族团结，应邀参加招待会的有许多是当地少数族裔的代表，却没有华人。我心想，在加尔各答的华人大多已加入印籍，按理说，他们也是印度的少数民族啊。过后，我向华人领袖问起此事，回答是，华人从未被邀请过，华人自己也不觉得这是个事。其实，这正反映出华人在当地社会政治上不受重视。我感到，我或许有能力帮助华人改变这种状态。

　　恰逢春节将至，为举行春节招待会，我们要邀请一位印度官员作为主宾出席活动。我们决定邀请西孟邦政府的少数民

在加尔各答举办的中华美食节

族部长。我亲自前往邀请，并向那位部长提起共和国日招待会华人没被邀请的问题。我强调说，在加尔各答的华人遵纪守法，努力促进经济发展，是优秀公民，理应受到重视。部长承诺过问此事。

半年过后，在8月15日印度独立节时，有两名华人代表收到了来自邦长府的请柬，邀请他们出席庆祝招待会。这在历史上是第一次。华人非常看重这件事，一个华人社团还把请柬照片放到了他们的网站上。

在加尔各答的华人传统上从事制革业，但这个行业污染严重，发展受限制，华人经济逐渐出现萎缩趋势。近年来，华人改行开餐馆的多了起来，其聚居的"塔坝"地区变成中餐馆一条街。每到夜晚，红灯笼明亮，印度人纷纷前来品尝，生意相当红火。为了支持华人的经济发展，也为弘扬中华文化，总领馆提议与中餐馆一起在加尔各答举办大型的"中华美食节"。结果，不仅是华人开的餐馆积极响应，连印度人经营的中餐馆也火热参与。美食节一连搞了两年，成为加尔各答颇有口碑的国际文化活动。

印共（马）朋友

我在加尔各答任期三年，工作顺利，心情愉快，其中一个重要原因是，当时西孟邦和加尔各答市都是由印度共产党（马克思主义者）执政，使我们不时感受到朋友的关照。

印共（马）在西孟邦连续执政30多年，是左翼政党利用议会选举获得并巩固执政地位的经典案例。印共（马）是中国共产党的老朋友，在上世纪60年代中印关系低潮时，两党仍然保持友好交往关系。中国实行改革开放后，印共（马）

对中国式的发展道路逐渐增加认同感，在我任期内，西孟邦政府也正在大力招商引资，我们之间共同语言很多。

我刚一上任，就接到驻印度使馆交派的一个任务，要求在加尔各答举办一次北京奥运图片展。首先是选址问题。我们想，北京奥运是件大事，这个图片展一定要办得庄严大气。比较了若干选择后，我们大胆提出要在加尔各答著名的维多利亚纪念堂举办。

维多利亚纪念堂是英国殖民时代留下的代表性建筑，是加尔各答的地标，又是旅游胜地，如果能在这里举办，当之无愧为最佳选择，不仅有气派，而且观众也多。

但要获得在维多利亚纪念堂举办展览的批准不是一件容易事，有很多官僚程序要走。依靠西孟邦政府对中国的友好态度，我们终于办成了一般认为是难以办成的事。而且，邦首席部长布达德布·巴塔查吉还亲自出席图片展开幕式，活动取得圆满成功。

印共（马）政府对中印友好事业的支持是十分坚定的。2008年拉萨发生"3·14"打砸抢烧事件后，在达赖集团操纵下，在印流亡藏民也纷纷举行抗议集会和示威游行，反对在北京举行奥运会。4月初的一天，我接到一位印度记者朋友的电话，告诉我一批藏人将于近期在加尔各答市中心举行大型的绝食抗议活动。我立即感到这是件大事，便马上提出面见首席部长巴塔查吉的请求，希望邦政府控制事态。

我向首席部长通报了情况，并表示，印度中央政府早就明确承诺，不允许藏人在印度领土上开展任何反华政治活动，现在流亡藏人要举行反对北京奥运的绝食活动，这显然就是反华政治活动。首席部长表示赞同，当场拿起电话，指示警察局长取消对藏人活动的许可。结果，从印度东部和东北部若干地方汇集到加尔各答的数百名藏人未能如愿，一场反华集会就这样流产了。

中文学校

记得是刚到加尔各答不久的一天，我受邀去参加一所外语学校的结业典礼。这所外语学校是由一家宗教慈善机构经办的业余学校，规模不小，有很多语种。典礼的主要内容是由每一语种的一名优秀学生作一段演讲。作中文演讲的是一位长得蛮标致的女青年，她声情并茂地讲了大约有五分钟。但令我深感吃惊的是，她在讲什么我一句也没听懂！

我知道，这个问题就出在学校没有母语教师。印度有一些年龄较大的中文教师，由于长期受到交流的局限，他们自己也讲不好中文，教出来的学生水平更是可想而知了。但当时中印关系在某些领域还不顺畅，中国的汉语教师很难获得印度签证。

毛四维总领事为参加加尔各答图书节的中文学校展台揭幕。

我在心里为那位女青年感到难过，更为印度的汉语教育现状感到焦急。正在这时，一位叫萨拉夫的印度商人愿意开办中文学校，寻求总领馆的支持。这位商人多年与中国做生意，赚了一些钱，知道培养汉语人才的重要性，也深知中文教育必须要有母语教师的道理。我们一拍即合。

　　于是，总领馆想方设法为这家新成立的加尔各答中文学校联系中文教师，帮助他们与中国国内相关教育机构进行沟通，还提供中文教材，参加他们举办的各种活动。为了促进加尔各答更广泛的中文热，我们还和中文学校联合举办"中文角"活动，每月一次，邀请更多的学过中文的人士来参加。

　　萨拉夫先生以其商人的务实精神，把学校越办越好。一晃好几年过去了，中文学校每年都有新的进步。前几天，我还接到萨拉夫先生的电邮，告知加尔各答中文学校将举办中文演讲比赛，并将开办印度的第一家"孔子课堂"。我衷心祝愿他们的事业兴旺发达。

我与印度领导人的
零距离接触

马加力

（中国现代国际关系研究院研究员、中国改革开放论坛战略
研究中心常务副主任）

作为专门研究印度问题的学者，我曾到访这个国家 30 余
次。在这个过程中，我曾与许多印度的学者和官员有过接触，
也曾多次同印度领导人零距离接触。由于与官员和学者的接
触十分频繁，难以一一记述，这里只是把我与印度领导人的
若干接触记录下来。

做客宰尔·辛格府邸

1991 年 1 月，我作为访问学者在印度开始进行为期一年
的研究工作。8 月的一天，我和几位朋友一同去已经卸任的前
总统宰尔·辛格的府邸做客。他的府邸位于离中国驻印度大
使馆不远处的一个广场旁，那是一座拥有花园的建筑。到达
府邸以后，我们在他秘书的带领下进入会客厅。宾主互致问
候以后，我恭敬地向辛格递上名片。他接过名片仔细地端详
了一会儿，问我名片是在哪里印的，我告诉他说是在北京印
的。他马上拿出一支钢笔，在我的名片上写了几个字。席间，
我和他谈论起发展中印关系的前景，也谈到了如何克服两国
民间的心理障碍问题。宰尔·辛格邀请我们饮用蜚声世界的
阿萨姆红茶，同时让侍者端出了刚刚出炉的印度茶点。最后，
宰尔·辛格说，印度和中国曾有过 2000 年的良好关系，但是

不幸中断，我们应该团结起来，像一家人一样携起手来，共同发展，共同繁荣。

三次与纳拉亚南握手

1998年印度进行核试验后，中印关系遭遇挫折，两国官方的正式接触十分有限。为打破僵局，印度政府的智囊机构——政策研究中心积极推动双方的"二轨对话"，同时，中方也认为有必要通过非官方渠道促使双边关系重新走上正轨。在上述共识的推动下，双方先后进行了四轮"二轨对话"。1999年1月，我作为中印"二轨对话"的中方代表之一前往新德里。

第一轮"二轨对话"正值印度的共和国日。对话结束后，东道主送来了时任印度国防部长费尔南德斯的请柬，邀请我们参观阅兵式并参加国庆招待会。1月26日上午，中方代表观看了声势浩大的阅兵式和群众游行。下午，我们又应邀来到总统府。品味着印度佳肴的同时，我也享受着与印度决策

马加力（左1）拜会印度前总统宰尔·辛格。

圈内的一些老朋友重逢的喜悦。更令人兴奋的是，我们将有机会同印度领导人近距离接触。

　　根据惯例，印度国家和政府的领导人将会见参加招待会的部分嘉宾。当印度总统、总理及重要部门和主要政党的领袖出现的时候，人群变得十分激动。我也投身到人流当中，快步涌向会见区。

　　来到纳拉亚南总统面前，我双手合十向他表示节日的祝贺，然后作了自我介绍并告知此行的目的。总统非常高兴地同我握了手。他说，"我知道此事，二轨对话是一件好事。"我说："中国人民希望同印度发展建设性的伙伴关系，尽管两国关系还存在一些障碍，但中印作为邻国没有理由不和睦相处。中国人民记得总统阁下曾作为中印恢复大使级外交关系后的首任驻华大使，为改善中印关系作出了重要贡献，希望阁下继续为改善两国关系作出贡献，中国人民将非常欢迎阁下再次到中国访问。"纳拉亚南简要回顾了70年代中后期在中国度过的愉快时光，对热情友好的中国人民给予了高度评价，他还表示，"非常渴望再度访问你们伟大的国家"。我说："那将是一件大好事，

印度总统纳拉亚南会见马加力（右1）。

228

中国人民一定欢迎阁下的到来。"回到宾馆后，我马上将纳拉亚南渴望再度访问中国的意图汇报给中国代表团团长、前驻印大使程瑞声，并将有关信息转报给国内有关部门。

2000 年纳拉亚南访华前夕，印度驻华大使南威哲亲自给我打了一个电话，向我透露了总统先生访华的初步安排，并想了解中国学者的看法。我告诉他，中国人民高度重视此次访问，认为这是两国关系重新走上正轨的标志，对于改善和促进双边关系将产生积极的影响。我对南威哲大使说，计划中的日程很好，中国主要的领导人都将与纳拉亚南总统会见和会谈。同时我也提出，如果能够安排中国国家主席江泽民和印度总统一道参加文艺晚会，那将具有特殊的意义，即不仅意味着两国领导人之间建立起个人友谊，而且意味着两个东方文明古国进一步改善关系的良好愿望。

后来的事实证明，大使先生通过紧张的努力，确实安排了两国最高领导人共同出席文艺演出的活动，赢得了舆论的广泛好评。在印度大使馆为纳拉亚南总统访华举行答谢招待会时，南威哲大使还特意为我安排了一个与总统及总统夫人单独会见的机会。几年后，南威哲因其资深外交家的卓越功绩进入联合国工作，担任联合国秘书长潘基文的秘书长（即联合国办公厅主任）。南威哲任职联合国期间，曾经到北京协调联合国系统在中国各机构的工作。百忙之中，他盛情邀请了几位中国朋友和在中国工作的外国朋友欢宴，席间他又与我谈起纳拉亚南访华时的临时安排，感谢我当时所提的建议。

2004 年 4 月，中国外交学会在钓鱼台举行了纪念和平共处五项原则 50 周年研讨会。会议邀请了印度前总统纳拉亚南、美国前国务卿基辛格、澳大利亚前总理霍克等世界著名政治家和学者参加。我本人作为本次会议的倡议者也在会上作了演讲。会议休息时，我走到纳拉亚南面前，向这位为中印关系的发展作出卓越贡献的印度领导人致敬。如今，这位出身于贱民种姓的伟大政治家虽已溘然长逝，但他关于"中印互不构成威胁"的战略判断，仍将对中印关系的长久发展具有重要意义。

四次与瓦杰帕伊会见

1993 年，瓦杰帕伊作为印度议会党团领袖代表团团长访问我所在的中国现代国际关系研究所。该团成员还包括后来成为印度总理的古杰拉尔、成为印度副总理的阿德瓦尼等人。席间，当主持座谈的所长向印度客人介绍我曾在印度进行为期一年的研究时，瓦杰帕伊带头鼓掌，并询问我在哪所大学进行访问研究。我回答说是在尼赫鲁大学。他马上告诉在场的中方人员，尼赫鲁大学是印度最好的大学之一，该校的国际关系学院拥有强大的教学和研究力量。

座谈过程中，瓦杰帕伊一行与中方学者就南亚局势、中印关系等问题进行了比较深入的交流。我本人则阐述了对中印关系的看法和解决边界争端的原则。座谈结束后，瓦杰帕伊特意走到我的身边，同我握手告别，并说希望中印两个世界上人口最多的发展中国家加快改善关系的进程，在各个领域建立增加信任的措施。

第二次见到瓦杰帕伊是在 1999 年 1 月的印度国庆招待会上。当时已任总理的瓦杰帕伊见我来到他的面前，便热情地同我握手。我对瓦杰帕伊说："我还记得阁下 1993 年访问我们研究所的情景，当时我们一起讨论了如何促进中印两国关系的问题。"他马上回答："我还记得那次访问，我知道贵所是中国重要的思想库，贵所的研究工作非常深入，我们对它给予高度的评价。"我接着说："中印关系中还存在一些需要解决的重要难题，我们希望两国共同努力，以便尽早解决这些难题。中印应该建立建设性的伙伴关系，这是两国的共同利益所在。"瓦杰帕伊回应："我也有同感。"

1999 年 7 月底，我应印度加尔各答亚洲研究所的邀请，前往新德里参加纪念世界著名东方学家加伏罗夫 90 周年诞辰暨中印俄三边关系研讨会。研讨会结束后，瓦杰帕伊总理在内阁会议厅接见与会的各国代表。当他神采奕奕地走到我面前的时候，我激动地迎上前去与他握手。陪同他的考希克教授介绍说："马先生是中国最知名的南亚问题专家，他比很多印度人还了解印度。"瓦杰帕伊则马上说道："我知道，我知道，我们见过，我们见过。"这时，早已站在一旁的记者们纷纷用照相机拍下了各种镜头。

2003 年 6 月，瓦杰帕伊总理对中国进行正式访问。在双方领导人会谈并签署了《中印关系原则和全面合作宣言》之后，印方举办了大型答谢招待会。在灯火辉煌的礼堂中，瓦杰帕伊一出现，印度使馆的许多官员和在华印侨及留学生等人便纷纷涌上前去。此时，我也走上前去。瓦杰帕伊在人群中发现了我，他马上快行几步，热情地向我打招呼，"你好，马先生！你好，马先生！"我也马上回敬了问候，并祝贺他此次访华圆满成功。

拜会古杰拉尔

2001 年 1 月，第三次中印二轨对话在印度举行。经过前两轮的对话，中印双方代表已经对不少重要的问题达成了共识，但是双方之间还有一些疑虑需要进行沟通。此次对话期间，双方又达成了不少新的共识。对话结束以后，中方代表团提出希望会见印度前总理古杰拉尔，印方非常爽快地答应并迅速作出安排。在印度东道主的引领下，我们乘车来到古杰拉尔的宅邸。我们一下车，就受到等在门口的主人的迎接。宾主寒暄以后，古杰拉尔请他的夫人与我们见面。古杰拉尔是一位博学谦和的政治家，客厅中有两面墙伫立着高大的书架，上面摆满了各种书籍。令人十分有感触的是，很多书籍都显得很旧，甚至露出毛边，说明主人肯定是经常翻阅和研读这些读物。在这些书籍中，还有几部中文的图书，那是中国使馆和其他中国朋友赠送的。我清楚地记得，1993年古杰拉尔曾经作为议会党团代表团的成员访华。该团曾经到我当时工作的中国现代国际关系研究院访问，宾主交谈时，古杰拉尔表达了对中国的良好感情和对中印关系的殷切希望。后来，他在执政期间创造性地提出了一个重要的外交主张，即

2003年，印度总理古杰拉尔（左6）在家中会见参加中印"二轨对话"的中国代表团。左7为马加力。

"多予少取"的"古杰拉尔主义"，赢得了南亚周边国家的一致赞同，印度与其宿敌巴基斯坦的关系也取得了明显的改善。席间，我们与古杰拉尔一同回顾了中印关系发展的历程，双方都表达了对改善两国关系的良好愿望。由于大家相谈甚欢，时间远远超过了预定时间，大家在依依不舍中合影留念。我们几位中国学者纷纷拿出自己的相机拍照。拍照中，古杰拉尔又特意把我叫到他的身边，说咱们认识已经有整整十年了，接着与我紧紧拉手，我的同事赶紧拍下了这一镜头。至今，我都保存着这一珍贵的照片。

见证曼莫汉·辛格访华

2008 年 1 月，印度总理曼莫汗·辛格访问北京。温家宝总理与他在诚挚友好的气氛中进行了会谈，并签署了一个重要的政治文件——《中印关于 21 世纪的共同展望》。会谈结束后，双方在人民大会堂举行纪念柯棣华医疗队出发的仪式，我和另外一些嘉宾出席了由两国总理共同主持的仪式。当晚，我应中央电视台的邀请对印度总理的中国之行进行评论，并对未来中印关系的发展发表看法，向全国和国际社会阐述中国对相关问题的态度。

第二天，辛格总理到中国社会科学院发表演讲。本来我也收到邀请去现场聆听辛格的宏论，但是不巧，中央电视台临时决定现场转播这场演讲，约请我和中国前驻印大使周刚在电视台的演播厅作评论。尽管错过了与辛格直接见面的机会，但是我在演播厅却能看到演讲现场的各个画面，可以全方位、大视野地观察现场的情况。以这种形式进行思想对思想的交汇，或许比面对面的接触更有意义吧。

聆听莫迪总理的演讲

2015年5月15日，莫迪总理在清华大学发表演讲。这是他在中国进行国事访问的一场重要安排。我十分荣幸地受邀出席，并被安排在第一排中间的座位上。在现场，大约300名清华大学的学子和教授与应邀出席的各国使节和部分中国学者认真聆听了这位杰出政治家的演讲。莫迪抵达会场之后，十分兴奋地向听众们招手问候。莫迪开始发表演讲时，首先用中文向大家问好，接着又用中文讲了大约一分钟的时间。听到外国领导人讲中文，现场的听众顿时感到惊喜和激动，会场响起了一阵又一阵的掌声和欢笑声。莫迪说，印中两国拥有相同的愿景，也面临着相似的挑战和机遇，希望中印携手并进，共同推动亚洲的崛起。他还郑重宣布，印度将向中国公民发放电子签证，以便促使更多中国公民更方便地前往印度。对于莫迪总理的这一友好表示，王毅外长在接下来的致辞中给予了高度评价，认为这是友好的印度给予中国人民的一份厚重的礼物。对此，我也感到十分高兴。因为我知道，中印关系面临的诸多困难中，签证难始终是影响人民交往的一个重要原因。莫迪总理对两国关系的期待和加强双边关系的举措，必将使中印两个山水相依的邻国进一步改善关系。

庆祝中国印度建交60周年招待会
eception to Mark the 60th Anniversary of the Establishment
of Diplomatic Relations between China and India

二〇一〇年五月二十八日
28 May 2010

文化篇

"好船夫"

——圣雄甘地扬帆来到中国

邓俊秉

（中国前驻印度使馆参赞，《我的祖父圣雄甘地》中文版译者）

2010 年是中印两国建交 60 周年，也是从未涉足我国的印度国父圣雄甘地诞辰 141 周年。作为一个退休 14 年的外交老兵，值得欣慰的是，我的译作——甘地嫡孙拉吉莫汉·甘地教授撰写的 The Good Boatman: A Portrait of Gandhi（中文译名为《我的祖父圣雄甘地》）中文版历经 7 年的时间，2009 年终于在北京面世。由此，我不仅完成了个人多年来的夙愿，而且为推动中印两国人民之间的了解和友谊尽了自己的一点微力。更令我惊喜的是，2010 年 3 月，国务院新闻办公室的中国网请我和丈夫周刚大使用双语（华语和英语）将这本译作有关的故事制作成一个精致的光盘，作为中印两国建交花甲之年的献礼。本文将如实地向读者介绍有关圣雄甘地这个好船夫是如何"驾船"来到中国的鲜为人知的故事。

与圣雄甘地三位晚辈的不解之缘

1998 年 4 月下旬，我随丈夫周刚（新任中国驻印度大使）抵达新德里履新。不久，我有幸结识了圣雄甘地的孙子戈帕尔克里什纳·甘地。6 月 1 日，在印度总统府为周刚举行的国书递交仪式时，我认识了他。他是印度总统纳拉亚南的首席秘书，英俊潇洒、彬彬有礼，对我们十分热情友好。此后，他为协助我们同纳拉亚南总统和夫人乌莎建立亲密的关系发挥了不可替代的重要作用。后来，他出任印度驻斯里兰卡高级专员（即大使）。几年后回国，出任西孟加拉邦邦长，成为一名重要地方大员。2009 年秋季，当他收到我的这本译作后，非常兴奋地回信说："欣接来信，愉快地回忆起在现已作古的纳拉亚南总统手下工作时有幸结识你们的时光。感谢将我兄长拉吉莫汉·甘地著作的中文译本赠送于我。我们在北京的使馆为你的译作举行了发行式，确是一大喜事。请接受我的衷心感谢和良好祝愿。对于加强我们两个伟大国家之间的关系，我充满信心。"

2000 年 12 月 19 日，圣雄甘地的孙女塔娜甘地·巴塔恰尔吉（"甘地宣传纪念委员会"副主席，一位知名的社会活动家）特地来到中国大使馆拜访我。我们一见如故，相聚甚欢。临别前，她将圣雄的另一个孙子、她的兄长拉吉莫汉·甘地撰写的这本书赠送给我。我非常感谢她为了增进中国朋友对印度国父的了解而送书的好意，并向她表示我一定仔细阅读此书，以增加对圣雄甘地伟大的一生和他领导的印度独立运动的认识。光阴似箭，当我们分别长达 9 年后，她收到我回赠给她的该书中文译作后，热情洋溢地回信说："非常非常感谢！我无法想象好船夫竟同你一起航行到中国。你们伟大的国家始终令我神往，希望有朝一日访问贵国。"

2001 年 6 月下旬，周刚和我从印度离任，回到北京。真正退休以来，我才有空闲时间仔细阅读此书。在阅读过程中，鉴于先前翻译了英国前首相爱德华·希斯撰写的《音乐，我终身的乐趣》和巴基斯坦政府新闻秘书阿尔塔夫·高哈撰写的《阿尤布·汗——巴基斯坦首位军人统治者》等书，我心中又燃起了新的夙愿：将它译成中文，介绍给中国读者，以便他们更好地了解圣雄甘地和他的祖国。我虽然了解此书作者拉吉莫汉·甘地教授是位知名学者、传记作家和媒体评论家，撰写了印度政要和南亚事务的知名著作，如《报复与妥协——了解南亚历史》和《帕特尔的一生》等书，却与他素昧平生，更不知他身在何处。若是得不到作者的首肯，我是无权翻译此书并请我国出版社出版其中文版本的。终于，这个难题在我丈夫周刚的朋友、印度驻华大使谢夫尚卡尔·梅农的热情帮助下顺利解决。我们结识梅农是在上世纪 80 年代中期他出任印度驻中国大使馆副馆长期间。2001 年 1 月，李鹏委员长和夫人朱琳访问印度时，周刚和我以及梅农大使夫妇陪同访问。在他的帮助下，我于 2003 年初同在美国伊利诺斯大学任客座教授的该书作者拉吉莫汉·甘地取得了联系。他非常乐意帮助我实现我的愿望，将其祖父和当时的印度介绍给中国人民，欣然同意我作为他的全权代表，负责翻译和推动出版等具体事宜。在翻译和出版的漫长过程中，我经常同他通信联络，告知有关的进展情况，他衷心感谢我为此书中文版的问世所付出的巨大努力和辛勤劳动。此后，他为该书的光盘写了以下的感言："对于我们世界的未来来说，没有多少事情比中印这两个人口大国之间真正的相互理解更为重要的了。邓俊秉教授将我的 The Good Boatman: A Portrait of Gandhi 译成中文版，为深化这一必要的理解迈出了有意义的一步。"

译作面世背后的故事

回顾此书中文版经历了长达 7 年的岁月才得以问世，虽很坎坷，却更有意义。我从 2003 年开始笔耕（当时还不懂如何用电脑打字），花了约三年的时间，完成了 800 页中文译稿。由于该书不仅仅是一本刻画圣雄甘地一生、他的思想和主张的著作，更是一本涉及印度社会和其现代历史的巨作，我请老伴周刚大使花了大半年的工夫，仔细核阅了我的中文手稿。他早年毕业于莫斯科国际关系学院南亚专业，大半辈子外交生涯与南亚事务有关。1988 年至 2001 年，他先后出任中国驻马来西亚、巴基斯坦、印度尼西亚和印度大使；退休后，作为资深南亚问题专家，一直从事民间外交。鉴于中国书市商业化的影响，该书出版社迟迟未能推出其中文版，我又花了三年时间尽力推动，最后在有关领导的帮助下，该书中文版《我的祖父圣雄甘地》终于在 2009 年 8 月初面世了。

在此书艰辛而漫长的翻译和出版过程中，梅农大使的两位后任更是给予了真诚而热情的帮助。2003—2006 年在任的苏里宁大使和夫人普娜不仅十分关心我的翻译进展，并且主动提出为此书中文版举行发行式，作为庆祝 2006 年印中友好年的一次活动。然而，苏里宁大使于当年 10 月初调回新德里就任印度外交部秘书（副部长）。回国后不久，他就在 10 月下旬专门为此书中文版写了感人的前言："……邓俊秉教授的译作将给中国读者提供一个难得的机会观察现代印度历史最为关键的阶段。这将有助于他们理解、领会、吸收并且希望他们应用圣雄推崇的和平、非暴力和社会友爱……"拉奥琪大使于 2006 年 10 月到北京就任后，始终关心此书中文版的出版。她热情提出作为开启使馆文化中心的首次活动，她将亲自为该书举行发行式。然而，直到她离任前，该书也未能出版。2009 年 6 月 29 日，应中国网的邀请，我、周刚和拉奥琪大使共同为此书作了一个专访。事后，该网站将此专访制成光盘特地赠送给中印双方。拉奥琪大使于 7 月中旬离京前，明确向其副馆长马宗达公使交代，一旦该书面世，由他来主持发行式。

2009年8月4日，作为印度驻华大使馆的临时代办，马宗达公使在位于建国门外双子座大厦的该馆文化中心隆重地主持了《我的祖父圣雄甘地》中文版的发行式。这是一次洋溢着中印友谊的难以忘怀的活动。宾主欢聚一堂，中方与会的有资深的前副外长、原国务院外办主任和外交学会前会长刘述卿，前副总理和前人大副委员长黄华的夫人何理良和外交部、外交学会、贸促会等部门的有关官员，媒体和学术界的朋友，还有我几十年前教的学生；印方出席的有使馆主要外交官，驻京的学术、媒体和工商界人士。临时代办发表了热情洋溢的讲话后，邀请我和周刚先后发言。在讲话中，我首先代表前全国人大常委会副委员长顾秀莲转达她的热情祝愿，然后讲述了翻译此书前后同圣雄甘地三位晚辈结下的不解之缘，以及得到三位印度驻华大使的鼎力相助，最后引用圣雄的话语表达了我的愿望，希望中印两国人民携起手来共创美好的明天。周刚一改惯有的严谨风格，满怀感情地既说英语又说印地语发表感想，赢得了阵阵掌声。没有料到仪式结束后，竟有许多中、印与会者热情邀请我俩同他们合影。接着，我不得不坐下来为排在我面前每人手中都拿着我的译作的长长队伍逐个签名。临时代办一直陪着我，等我签完名后天色已晚，他坚持请周刚和我品尝印度自助餐后，才将我们送走。

事后，令人惊喜的是，该书发行式引起了中印两国媒体的关注。当晚，《人民日报》资深记者吴迎春在该报网站上发表了图文并茂的报道，次日又在该报上刊登了简短报道。中国网不仅在网站上发表了文章，而且将在活动时拍摄的照片制作成光盘。《印度教徒报》驻京记者克里希纳为该报写了一篇动人的文章，他写道："坐在桌后，手握钢笔，一位年过花甲的中国女士正耐心地为等候她签字留念的与会者签名……"，这篇报道还刊登在该报的网站上。《印度斯坦时报》驻京女记者帕蒂尔特地来到我家对我进行采访。甚至在千里之外的印度《班加罗尔日报》，也通过印度使馆文化中心向我表达了采访的意愿。我译此书的初衷只是希望中国读者通过阅读圣雄甘地的一生，增进对印度的了解，从而加强两国人民的友谊。令我始料不及和欣慰的是，该书中文版发行仪式竟能使一些原本没有多少共同语言的中印媒体携起手来共同报道。因而，我期盼两国媒体今后以中印友好大局为重，多报道促进两国关系和民间交流的事件，为提升中印关系和增进两国人民友谊添砖加瓦。

意外之事接踵而至。发行式后一个多月，印度驻上海总领馆邀请我和周刚参加 9 月 25 日下午由该馆、上海国际问题研究院和上海市对外友协共同举办的纪念圣雄甘地的中印两国研讨会。与会者除来自上述三个单位之外，还有印度工商界和学术界人士。会上，首先放映了有关圣雄生平以及联合国宣布甘地生日 10 月 2 日为"非暴力国际日"决定的感人录像。然后，印度驻上海总领事达斯女士、上海友协副会长汪小澍、上海国际问题研究院院长杨洁勉和我作了主旨发言。接着，举行了有关中印在全球经济萧条期间的合作以及两国增加文化交流和促进相互了解的两个小型研讨会。周刚和我同印度工业联合会的商务论坛主席韩德和总领事达斯一道先后主持了这两个讨论会。这次活动虽只有半天，却内容丰富，发言精彩，组织有序。傍晚，上海友协汪副会长设宴招待所有与会者，席散后还赠送中秋月饼给中外宾客。当天上午，周刚和我忙里偷闲，由上海友协前副会长孙锡远陪同参观了上海世博会工地。我们有幸受到中国政府总代表华君铎大使（曾接替周刚任中国驻印度大使）的关照，有机会进入中国馆，登上馆顶，鸟瞰工地全景。华大使非常热情友好，百忙中抽空设午宴款待我们，还邀请我们在次年世博开幕后前来参观。为了感谢他对我们的款待以及对印度的友好情谊，我们将此书赠送给了华大使。

为了增进友谊和了解，我主动向中印外交界、学术界、媒体和有关部门的领导和朋友赠送了这本译作。他们之中有：前全国人大常委会副委员长、前国务院副总理黄华和夫人何理良，前全国人大常委会副委员长顾秀莲，前全国人大常委会副委员长、中印友协会长蒋正华，时任国务委员戴秉国，人大外委会主任、前外长李肇星和夫人秦晓梅，外长杨洁篪和夫人乐小妹，中国人民对外友好协会会长陈昊苏，中印名人论坛主席、前副外长、原国务院外办主任、前外交学会会长刘述卿等；印度朋友有印度前驻华三对大使夫妇——印度国家安全顾问梅农夫妇、外秘拉奥琪和丈夫、印度驻英国高专苏里宁夫妇，以及印中名人论坛主席任嘉德大使和印度驻华大使苏杰生夫妇，圣雄甘地的三位晚辈——本书作者拉吉莫汉·甘地、前西孟邦邦长戈帕尔克里什纳·甘地、塔娜甘地·巴塔恰尔吉等人。

为了将这本书背后的故事以更生动和形象的方式介绍给中印两国，中国网决定制作一张精致的双语光盘，由我和周刚来讲述这些故事。具体负责这一任务的是中国发展门户网的刘宇明副主任。他工作认真，多次向我征求意见，拟定出详细的计划，然后不辞辛劳地带着网站工作人员几次前来我家录像和录音，前后花了好几个月才完成了这一光荣的任务，制作出一张中文名叫"中国外交伉俪与印度圣雄甘地的不解之缘"、英文名叫"The Good Boatman Sails to China"的双语光盘。这个难得的作品共分四大部分：第一部分，我和周刚讲述在印度工作的经历，以及我怎样产生了翻译此书的想法，同时用视频介绍了甘地；第二部分，我介绍了翻译此书的过程；第三部分，介绍在印度驻华大使馆文化中心举行的该书中文版的发行仪式，以及中印双方政要和外交界领导为此书发表的感言。后者是我个人承担的光荣任务，有幸请到了中方黄华夫妇、李肇星、刘述卿等领导，印方拉奥琪、苏里宁夫妇、任嘉德及作者三兄妹。特别要提及的是，已作古的中印文化交流先驱者、中国著名的东方学家、印度"莲花奖"中国唯一获奖者季羡林教授病重期间曾为此书写了简短的寄语，也出现在光盘中。季老的题词是：学习圣雄甘地的爱国主义和国际主义精神。第四部分，介绍了中印媒体对此书发行的关注。最后，我十分感谢我的好友、黄华夫人何理良和前印度驻华大使苏里宁夫人普娜为此光盘亲自录了两对夫妇的感言，还要感谢我的年轻朋友、CCTV 9 的 James Chau 的热情相助，他为这个光盘作了精彩地道的英文配音。

2010 年 3 月 30 日，为庆祝中印建交 60 周年，中国外文局在中印名人论坛和印度驻华使馆的合作下，举办了中印发展论坛。有幸的是，周刚和我是此次活动的倡议者，并在主办方筹备过程中多次提出建议，给予具体帮助。论坛办得非常成功。中印双方与会者约 100 名，包括来自外交、媒体、学术和工商各界的代表。中方有国务院新闻办公室主任王晨、外文局局长周明伟、黄华夫人何理良、外交部亚洲司副司长孙卫东等人，印方有苏杰生大使和驻京大报记者、专家及留学生。周刚和我先后发言。值得一提的是，论坛开始前，在会场的两块大屏幕上放映了这张双语光盘，并将此光盘作为对中印建交 60 周年的献礼赠送给每一位与会者。

2010 年 4 月 6 日，专程来京的印度外交部长克里希纳参加中国对外友协和印度大使馆在北京饭店举行的庆祝活动时，我亲自将光盘分别赠给了他和戴秉国国务委员。5月28日，周刚和我应邀参加中国对外友协和印度大使馆在北京饭店举行的盛大招待会，见到了印度总统普拉蒂巴·帕蒂尔和中国国家副主席习近平，我们先将光盘送给了印度总统的首席秘书和其他官员，然后托印度大使苏杰生夫人代我们将光盘赠给总统本人（因为当时帕蒂尔总统和习近平副主席端坐在讲台上）。此外，借周刚受外交部派遣前往印度等国作政策宣讲的机会，捎去许多光盘请我们的好朋友、印度外秘拉奥琪代我们转送给国大党领导人索尼娅·甘地及印度外交、学术和工商界的不少朋友。凡是我已赠送了译作的上述中印人士，我也给他们赠送了这个光盘。此外，在参加当年有关中印关系的其他活动时，我们也将此光盘送给了中印各界朋友。作为

2010年5月28日，中国国家副主席习近平、印度总统帕蒂尔出席中印建交60周年招待会，与中印艺术家合影。（供图：涂莉丽）

一个年逾古稀的退休老人，花了好几年时间翻译并推动出版了这本书，但这本译作及其光盘在问世后竟能发挥如此作用，还是深可欣慰的！

2010年10月2日，是圣雄甘地141周年诞辰纪念日。应印度大使馆的邀请，周刚和我前往金台艺术馆参加庆祝活动。该馆馆长袁熙坤教授是全国政协常委，热心于公共外交。他亲自雕刻了一座栩栩如生的甘地雕像，印度大使馆已在该馆举行过上述活动。这次活动短小而精彩，印度驻华大使馆公使查腊祜主持讲话，袁教授也即兴发了言，还请印中两国儿童表演了歌颂圣雄的歌曲，朗诵了甘地写的诗歌。作为《我的祖父圣雄甘地》一书中文版的译者，我作了专题发言，在讲话结束时，我引用了圣雄甘地的原话："我渴望这一天终将到来，自由的印度和自由的中国为了两国的福祉、亚洲和世界的福祉，将开展友好和兄弟般的合作。"我相信，在今后的世界舞台上，中印两个伟大国家将携手共创和谐的龙象共舞新景象！

印度国际文化研究院对中印文化交流的贡献

李兆乾

（中国前驻印度使馆文化参赞）

印度国际文化研究院是由印度著名学者拉吉·维拉博士于1933年创建的。1956年，印度第一任总统拉金德·普拉沙德为其办公大楼奠基。它坐落在新德里南部林荫大道旁边，为三层建筑，面积约3500平方米。各层楼摆满书架，藏有印度及外国著名书籍，其中有季羡林翻译出版的中文版《罗摩衍那》及中国外文出版社出版的印地文《西游记》等中国著名作品。

维拉博士曾任印度独立后第一届议会的议员，参与了建设新印度的大政方针的制定工作。同时，他还积极从事印中友好活动，协助泰戈尔在加尔各答国际大学内建立了"中国学院"。

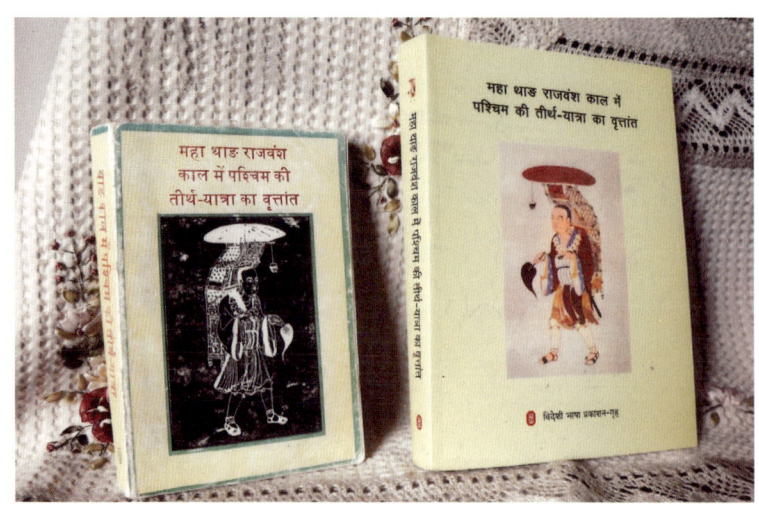

1991年初版和2014年重印的印地文《大唐西域记》

李兆乾（右 1）与印度友人合影。

　　印度国际文化研究院从 1937 年开始研究中国文化和印中关系史，并与我国进行学术交流。起初，维拉博士研究印度史诗在中国的翻译和普及情况，1938 年写成了《"罗摩衍那"在中国》一书。此后，他又探索了中国文学艺术，撰写了许多有关中国诗歌和绘画的书籍。

　　新中国成立后，印度国际文化研究院与我国交往更加密切。1954 年，宋庆龄副主席访印时参观了该院，对其在促进中印文化交流中取得的成就给予了高度评价。1955 年，维拉博士应邀访华，受到周恩来总理亲切接见，周总理称赞他是"印中文化使者"，对两国文化交流作出了卓越贡献。访华期间，他还会见了郭沫若等许多著名学者，参观了一些文化、学术机构和寺庙等，并考察了西安印中文化交流的遗迹大雁塔等。

　　维拉博士结束访华回国时，带回了我国有关单位和学者赠送的图书、敦煌微缩胶卷和石刻、木雕佛像及画卷玄奘像等约十吨重的物品。同年，他在新德里举办了"印中文化艺术交流展览"，展出了自己多年收藏的印中文化交流史料及访华赠品。这个展览向印度观众展现了印中两国源远流长的友好交往的历史画卷，讴歌了先驱们开创两国文化交流的丰功伟绩。该展览曾轰动新德里，参观者赞扬它是印中友好的生动教材，对推动印中友好事业起到了承前启后的作用。不幸的是，1963年，正当维拉博士热心研究印中友好交往史，并准备撰写更多这方面著作的时候，却遭遇车祸而逝世，时年61岁。

维拉博士去世后，由他的儿子罗凯希·钱德拉教授接任印度国际文化研究院院长。钱德拉教授于上世纪70和80年代曾两度担任议会议员，还担任印度文化关系委员会副主席（主席由总统兼任）、印度历史研究委员会主席和印中协会副主席等职务。

钱德拉教授继承父亲遗志，积极从事其父亲未竟的事业。钱德拉教授自幼就对中国怀有深厚的感情。11岁时，他从父亲的第一个学生那里听到了毛泽东的名字，知道了许多中国的社会情况。读书期间，他便开始学习中国文化和印中文化交流史。特别是在父亲指导下，经过自己多年刻苦钻研，他在这方面的研究工作取得了丰硕成果。他撰写了《北京故宫的梵文经句》《千手观音》和《中国木刻中的佛陀》等30多部著作。

1983年，钱德拉教授应邀访华。他沿着两国古代高僧的足迹，去西安、敦煌等地考察了印中交往的遗址，并与我国学者探讨了双方学术合作的途径。访华后，他认为印度的历史没有中国的史料是不完整的，倡议中印学者将两国高僧的游记译为印度文字，以补充印度的历史，使其更加完整。

近20年来，钱德拉教授积极开辟研究印中文化交流史的新领域，其中一项是关于我国唐朝一行法师（683—727）与印度高僧在长安共同发明机械手表的专题，还计划举办"一行法师国际座谈会"。他想以这些活动说明佛教与科学在古代对人类的贡献。他还积极协助我国有关研究单位，慷慨提供所需的研究资料，对我国学术研究工作给予了有力支持。

维拉博士和钱德拉教授不仅是蜚声印度的文化历史学者，还是著名的社会活动家。他们父子积极推动中印两国的友好来往和文化交流，对中印友好事业作出了可贵的贡献，受到印中两国人民的一致称赞。他们是名副其实的"印中文化使者"。

从泰戈尔到印度文化

——我的印度研究之路

刘 建

（中国社会科学院研究员）

1978年金秋十月，我考入设在北京大学六院的南亚研究所，开始正式踏上印度研究之途。我选择的切入点是泰戈尔研究。在"文革"结束、改革开放的全新局面下，学子们的求知热情高涨，赋闲多年的教授先生们则意气风发。季羡林先生除给研究生上课和指导外，自己也焕发了学术青春，不断有书籍出版，不时有文章发表，形成一种学术井喷现象，令人目不暇接。他的言传身教对我们这些学生产生了巨大的激励作用。除上专业课外，我还开始追随我国著名的孟加拉语专家李缘山先生学习孟加拉语。因为泰戈尔用孟加拉文和英文写作，不懂孟加拉语，泰戈尔研究就无从谈起。在那些宿师鸿儒面前，在印度研究的汪洋大海面前，我感到了自己的渺小和浅薄。谦卑成为我在未名湖畔学到的一门重要人生课程。

一

尽管我在印度研究领域几近白手起家，但在早年没有专业、自由读书的情况下，也接触过一些印度文学作品。除普列姆昌德的短篇小说外，泰戈尔的作品给我留下至为深刻的印象。算来，我从初次接触泰戈尔的作品至今，已有半个世纪。

1965年秋，我考入高中，心气甚高。在我的青少年时期，社会上弥漫着一股崇尚文史哲的风气。我的课余读书兴趣主要在中国古典文学和英语。我理想的大学和专业是北京大学中文系或北京外国语学院（今北京外国语大学）英语系，志在成为一名作家或翻译家。那时，高考并不像今天这样容易，甚至就连升入高中也很难。我初中同班近50个同学中，进入高中的仅有9名。我是从进入初中起就开始苦读的。我们那一代人，衷心相信读书可以改变命运，可以为国家作出更大贡献。

　　一天，我们几个在文科方面表现出优势的同学，在语文老师关鸿昌先生的安排下进入学校图书馆浏览学校藏书。一个大教室一般的书库，对于我来说就是书山。没走几个书架，我就看到了日本作家小林多喜二的《党生活者》，薄薄的一本书，但由于其中篇章曾入选初中语文教材，因而为我所熟悉。接着，我就看到了冰心翻译的泰戈尔的宗教抒情诗集《吉檀迦利》。"你已经使我永生，这样做是你的欢乐。这脆薄的杯儿，你不断地把它倒空，又不断地以新生命来充满。/ 这小小的苇笛，你携带着它逾山越谷，从笛管里吹出永新的音乐。……"这是我第一次读到泰戈尔的诗歌。第一首诗就紧紧攫住了我的心。那些清新隽永而又略带神秘色彩的诗句立刻深深地吸引了我。我当时已经读过中国新文化运动以来的几乎所有新诗，也读过俄国诗人普希金、莱蒙托夫，英国诗人雪莱、拜伦、济慈，德国诗人海涅乃至阿尔巴尼亚诗人弗拉舍里等人的诗歌。尽管如此，我还是觉得，泰戈尔的诗歌与我已经读过的任何中外诗歌都迥然不同，具有一种非常独特的韵味和魅力。可惜，"文化大革命"很快全面爆发，学校停课，图书馆被关闭。没有人读书了，也几乎无书可读。我少年的梦想猝然中断。

1966 年 6 月初，音乐老师王凌云先生将自己珍藏的一些中国古籍摆放到校门口的毛泽东大像前，表明他与"封资修"货色彻底决裂的决心。由于王先生的示范作用，由于形势所迫，不少老师将个人藏书交出，包括一些家传的线装书。我开始留意和搜集被散乱丢弃的可读书籍。我后来离校插队前意外获得郑振铎翻译的泰戈尔诗集《新月集》，封面是深蓝色的天空中的一弯新月。我爱不释手，如饥似渴，将那些奇特而优美的诗句铭记心中。在那荒诞的岁月中，阅读泰戈尔的诗歌使我荒芜的青春得到些许慰藉。我从未想到，多年后我会为人民文学出版社出版的教育部《普通高中语文课程标准》推荐书目编选《泰戈尔诗选》并为之撰写前言，为该社出版的郑振铎译《新月集·飞鸟集》撰写导读性文字。

1970 年秋季，我在太行山区插队时被选入"毛泽东思想宣传队"工作。我的主要任务是讲解文件和整理材料。不过，我却在到农户家吃派饭时"巧遇"泰戈尔。我看到一本 50 年代的文学教材，里面收录了我国第一位孟加拉语专家石真先生翻译的泰戈尔的长诗《两亩地》。我如获至宝，将此书借到手，将全诗抄录下来。那时没有复印机，所以读书必须抄录或记笔记。《两亩地》是一首叙事诗，却具有浓郁的抒情气息。诗人笔下的孟加拉乡村生活和自然风情深深地打动了我年轻而寂寞的心。

1974 年 10 月，在进入山西大学外语系英语专业学习后，我的兴趣转向集中到英语和英国文学。英语之外，读书很杂。1977 年夏季毕业留校任教后，我在岁暮出版的一期《参考消息》上看到中国将恢复研究生招生的消息。我敏锐地感觉到，一个新的时代即将来临。几经权衡，我报考了中国社会科学院语言研究所吕叔湘先生的英汉比较语法专业。来北京参加语言研究所复试时，获悉这一专业并非冷门，报考者竟达800人。12人复试，通过者6名，而吕先生仅招收两名学生。辞书专家闵家骥先生建议我投身语言所词典室《现代汉语词典》的编辑工作。此时，刚刚成立尚来不及单独招生的南亚研究所梵文学者赵国华先生找到了我，说南亚研究所系中国社会科学院与北京大学合办的一个新研究所，由季羡林先生出任所长，力劝我投身印度研究，攻读该所的印度文学专业。他告诉我，印度具有异常丰富的文学传统，我可以研究英语文学，也可以研究泰戈尔。于是，我在不经意之间进入南亚研究领域，获得在北京大学读书三年的宝贵机会。此举将我的学业与泰戈尔密切联系起来，决定了我后半生的命运。在有幸亲聆季羡林先生教诲之余，在学习与专业有关的课程之外，我还凭着兴趣选修了一些别的名师的课程。我那时的心志尚未完全转向南亚研究。然而，一旦确定专业方向，我就很快开始学习孟加拉语。李玉洁老师设法延请我国孟加拉语教学的开创者、中国国际广播电台孟加拉语部译审李缘山先生做我的老师。我在一两年内读完了北大图书馆、国家图书馆、中国科学院图书馆以及北京师范大学图书馆所藏泰戈尔的所有英文著作以及相关文献，并随李缘山先生学习和阅读了孟加拉文版的《泰戈尔短篇小说集》。我的硕士论文《试论泰戈尔的短篇小说创作》，可能是我国以泰戈尔研究为题的第一篇学位论文。

20世纪80年代后期至90年代初期，我在美国威斯康星大学南亚学系做访问学者数年。我不仅学习了诸多相关专业课程，如我的导师戴维·奈普教授的"世界宗教"、乔·艾尔德教授的"印度文明"、乌莎·尼尔森的"印度文学"及"印度电影"等十数门课程，学习了纳拉亚那·拉奥教授亲自参与授课的南印度语言泰卢固语，而且搜集了大量中文、英文和孟加拉文图书资料。我曾在该校南亚研究中心主办的南亚研究年会上发表《泰戈尔在中国》英文论文，并数次应邀发表关于中国文化的演讲。我发现，仅研究泰戈尔的文献目录就构成一本很厚的书。其间，我还曾到芝加哥大学、西雅图华盛顿大学以及国会图书馆查阅图书或学习。我逐渐打好了自己的研究基础，也拓宽了自己的学术视野。研究印度文学，离不开印度历史、宗教、哲学、文化等学科的支撑。此外，泰戈尔主要用自己的母语孟加拉文创作，但也用英文写过一些诗歌和大量演说词。因此，一个人只有具备丰厚的基础知识、专业知识和全面的理论素养，同时熟练掌握英文和孟加拉文，才有可能从事泰戈尔研究和泰戈尔作品翻译。我虽写过多篇与泰戈尔有关的中英文论文，翻译过他的《孟加拉掠影》《人的宗教》以及一些短篇小说（收在人民文学出版社"世界中短篇小说藏本"丛书《泰戈尔》卷中，2013）等，但在这位伟人面前，我觉得自己的学力还远远不够。

泰戈尔在 60 年的创作生涯中笔耕不辍，在诗歌、小说、戏剧和散文等领域都取得了卓著的成就，给后世留下数量惊人、种类繁多的艺术珍品。他的作品主要收在多卷本的《泰戈尔文集》之中。此外，他还创作了 2000 余首歌曲和大量绘画作品。随着岁月的流逝，他的作品愈益放射出璀璨的思想光芒，显示出永恒的艺术魅力。他的作品不但属于印度，也属于世界。他不但属于 20 世纪，也属于未来的所有时代。只要高山常在水常流，他的作品就会不断有人阅读和欣赏并从中受益。

2010 年 12 月，我应邀参加在加尔各答举行的纪念泰戈尔诞辰 150 周年国际学术研讨会。我在到达加城的当天即前往圣蒂尼克坦参观诗人创办的国际大学。这是倾注了他后半生心血的地方，是他为自己的教育理想树立的一座丰碑。我有一种来到圣地朝觐的感觉。我心中潜藏已久的想望终于实现。

　　我们一行首先前往 1998 年诺贝尔经济学奖得主阿马蒂亚·森教授家中拜访。他出生在这里，现在还不断抽时间返回自己的乡居。他的房子面临公路，却无车马的喧嚣。前面花园门口的水泥门柱上并不耀目的 "A. T. SEN" 字样，告诉我们这里生活着一位名震天下的非凡学者和思想家。他是泰戈尔之后印度向世界奉献的又一位思想巨子。

　　穿过门廊和花园，我们进入阿马蒂亚·森家的大厅。主人在这里等候客人。当时，他虽已年近八旬，却精神矍铄。他站着迎接客人，微笑着与大家一一握手。我们随主人穿堂而过，到后花园就座。椅子在浓荫覆盖的草坪上围成一圈。主人谈笑风生，兴致很高。我在 2007 年翻译了他的《惯于争鸣的印度人》，但我们作为作者和译者却是首次见面。由于客人不少，我不想过多占用他的时间，只是简略向他介绍了他的著作在中国的翻译情况，特别是《惯于争鸣的印度人》在中国的接受和影响。我告诉他，有位 30 多岁的青年，由于对生活失望已多年不再读书，但在偶然读过此书之后，又重新燃起了生活的希望。阿马蒂亚·森似乎为此感到欣慰。我还告诉他，台湾在 2008 年 7 月出了该书第二个中文译本。他说自己并不知道这个译本的存在。我还转达了上海三联书店希冀继续出版他的新著的愿望，他欣然表示同意。

阿马蒂亚·森的房子是一座二层的乳白色楼房，约有几十个房间。后花园大于前花园，后花园草坪尽处是一片茂密的树林。主人散步踏出的小径一直通到林子深处，看不到边缘。我不能造次，也不愿离开和蔼可亲的主人径自探寻林子的尽头。目测之下，他的宅邸占地至少有十余亩，是一处具有田园风情的清静的住地。一代大家就是在这样的环境里度过自己的童年和少年时代的。

泰戈尔在功成名就之后，在长期资金短缺的情况下，坚持创办和发展国际大学，体现了他伟大的实践精神和崇高的公益精神。他没有将自己关在象牙之塔，而是胸怀天下；他没有独善其身，而是力图为印度民族启蒙。他不断外出，为自己的学校募集经费。他将自己的诺贝尔奖奖金和在各国讲

2010 年 12 月，诺贝尔经济学奖得主阿马蒂亚·森教授在其位于圣蒂尼克坦的住宅后院草坪上与刘建交谈。

演所得的报酬全部投入学校的运营之中。印度大导演萨特亚吉特·拉伊和后来出任印度总理的英迪拉·甘地，都曾是国际大学的学生。阿马蒂亚·森幼年时亦曾在随家人与泰戈尔的往还过程中耳濡目染，亲沐诗人的教泽。他的名字就是泰戈尔亲自给他取的。我国的文化名人谭云山、徐悲鸿、吴晓铃、徐梵澄、常任侠等曾先后在国际大学执教。如今，诗哲虽迁，遗训尚存，遗迹犹在，令人缅怀。两天的会议结束后，我又择机造访了诗人在加城的故居。我认识到，无论在印度还是在世界范围内，泰戈尔都是一个罕见的全面的天才，很少有人像他那样同时精通那样多的艺术门类；泰戈尔所以能够成为一个非凡的诗人和作家，他的不断创新和娴熟技巧固然发挥了重要作用，但他博大的人道主义精神和深刻的哲学思想更是功不可没。一个无法洞悉历史走向同时缺乏真知灼见的诗人或作家，是不可能写出可以永远流传并不断影响世界的伟大作品的。泰戈尔是文学王国的一座高峰，是思想天空的一颗恒星。随着岁月的流逝，我对诗人的敬仰有增无已。

二

在威斯康星大学期间（1988—1991），我与系里的教授及来自印度的多名学者过从甚密，结下了深厚的友谊，以至彼此可以敞开心扉，无话不谈。秋天，我们一道前往校园林区漫步，欣赏那些美得令人心醉的各色树叶。来自印度海德拉巴大学泰卢固语系的罗摩克里希纳辛哈教授、来自安得拉大学宗教哲学系的克里希纳亚教授等不仅是我的泰卢固语教师，也是我终生的朋友。还有一位梵文学者普拉萨德教授，写了一部厚重的梵语文学史。我在帮他将打印好的书稿搬往系办公室时，发现这部书稿竟装满了整整一个纸箱。10月下旬，威斯康星初雪，他们当即穿上厚厚的羽绒服。我笑着对他们说，现在天还不算太冷，只是有点凉而已。普拉萨德教授回答说："我们印度人虽然怕冷，但不怕热。你在热季来我们南印度试试，恐怕你受不了，而我们却可安之若素。"虽然是家常聊天，我却从中悟出，中国人和印度人都有自己的长处，相互之间的学习和合作会使双方受益。1999年，我与薛克翘教授出访印度，分别在海德拉巴和维沙卡帕特南拜会了海德拉巴大学泰卢固语系主任罗摩克里希纳辛哈、安得拉大学宗教哲学系主任克里希纳亚等老师和朋友。他们为我们分别安排了讲座和座谈会等活动。我和薛克翘分别发表了"中国的传统文化与现代化"和"经济全球化与中国文化"的演讲。当地的报纸和电视报道了我们的学术交流活动。后来，两篇文章均发表在印度的《亚洲研究》学刊上，产生了一定的影响。我们应邀到这些教授家中做客，看到虽然这个国家从未实行计划生育政策，但他们大多只有一两个子女。安得拉大学社会学系教授塔塔吉只有一个儿子，而且身有残疾，但他们夫妇没再生育，全家却充溢着欢乐的生活氛围。印度教授地位崇高，收入不菲，所以他们都有自建的花园别墅和小轿车，生活分外舒适惬意。罗摩克里希纳辛哈教授的三层洋楼掩映在热带的扶疏花木之下。他告诉我们，他建这套房子花费了约6年的工资。他还让我们参观了他家开辟在一楼的神堂。印度教是多神教，他指认了他们夫妇和女儿分别敬奉的不同神明。不是出于相互的信任和友谊，印度人一般不会让外人参观自己家里的神堂。此外，这些朋友还陪同我们参观了当地的印度教神庙、穆斯林陵墓、古代军事要塞等文化古迹。我们在海德拉巴市的印度三大国家博物馆之一萨拉尔·忠格博物馆目睹了九头蛇铜雕等珍贵文物，也看到了大量中国宋元明清时期的瓷器。这些实物证明，在历史上，中印两国在佛教交流的主流之外，还长期存在频繁的民间贸易，只不过史乘对后者记载不多而已。

经克里希纳亚教授推荐，我随后成为安得拉大学博士学位论文的国际评审人。根据印度大学规定，为了防止学术腐败，博士论文不但要请校外专家把关，而且须有外国专家评审。我每年都评审中国和印度的若干博士论文，从而了解了印度博士生的一些研究课题和他们的学术水平。我感到，在这一领域，印度人重视田野工作，关注重大的历史和现实的理论问题，他们的博士论文参考文献众多，而英语水平则几乎无懈可击，完全达到了世界一流的水平。

随着个人学术视野的拓宽和中国社会科学院的学科调整，我从上世纪 90 年代归国以来，开始将主要精力集中于对印度文化和文明的研究，同时兼任中国南亚学会期刊《南

2010 年 12 月，刘建在印度著名汉学家沈纳兰家中做客。

亚研究》的常务副主编。我参加了所里和院里的若干重大课题研究，为"列国志"丛书之一《印度》（社科文献出版社，2003，2010）、《简明南亚中亚百科全书》（中国社会科学出版社，2004）、《二战后南亚国家对外关系研究》（方志出版社，2007）等著述撰稿。

新世纪伊始，我应中国社会科学院世界文明大系编委会邀请，主持该大系之一《印度文明》（中国社会科学出版社，2004；福建教育出版社，2008）的撰写。我的研究生同窗朱明忠和葛维钧两位研究员慨然加盟，戮力同心。我们在时间相对紧张的情况下如期写完全书，获得学术界的好评。2004年3月14日，全国哲学社会科学规划办公室、中国社会科学院科研局和中国社会科学出版社邀集院内外硕学之士，联合召开由汝信先生主持的国家社科基金重点项目成果"世界文明大系"出版座谈会，本书受到与会前辈师长的好评。此外，本书甫一问世，中印文化关系史专家薛克翘研究员即在当年的《南亚研究》第一期发表书评《开启神秘之门——读〈印度文明〉》，由衷称赞它为"我国在该领域到目前为止最好的书"。他认为，三位作者"以其一贯的严肃、认真、负责的态度，以其丰富的学识和对印度文化的总体认知锻造出该书的权威性"。他还认为，"这部书好，好就好在它新。将前人的成果拿来参考，加进自己的研究心得，重新编写，这是一新。整理旧的研究资料，进行综合和对比分析，提出新的观点，这是二新。介绍别人没有介绍过的内容，翻译别人没有翻译的作品，将它们运用于本书，这是三新。这个新不是花样翻新，而是创新，是进步。就凭这点进步，后人要想写一部赶上或者超过此书的书，恐怕也得付出几十年的努力"。后来，我将此书先后赠送印度驻华大使馆和印度社会科学理事会。印度驻华大使馆文化参赞罗国栋先生通晓汉语，他有一次在家中设宴招待我们时说："你们的《印度文明》写得很好，一些内容连我也不知道或不熟悉。"2007年，该书获得中国社会科学院优秀成果奖。目前，第三版已修订完毕，即将由中国大百科全书出版社付梓。全书近60万字，但我们依然觉得有遗珠之憾。如果再有时机，我们将继续增补一些重要内容。

我们在长期的研究过程中认识到，印度文明在世界上占有极其重要的地位。作为我们最重要的邻国，印度与我国文明的交流至少已有2000余年的历史。在所有外来文化中，只有印度文化对中国文化的影响最为久远和广泛。印度文明的许多成果，已在漫长的岁月中逐渐融入中华文明之中。因此，要厘清中国文化的来龙去脉，就必须学习和研究印度文化；要弘扬优秀的传统文化和建设现代文化，也应以印度文化为有益的借鉴。这是我国不止一代学者的共识。研究印度文明的意义，不仅在于认识历史上的印度，也在于悟往知来，从宏观上了解它的走向，以为我们自己的参照。我们在追赶西方发达国家的同时，也应不断了解我们的伟大邻邦在不声不响之中发生的变化，俾能取长补短，使我们的民族复兴大业从中受益。

2003年岁暮，在完成《印度文明》书稿后，我前往云南西双版纳傣族自治州考察。在景洪市的街头，我看到店铺门脸上的傣族文字竟然与泰卢固语字母完全相同。傣族是一个跨境民族，也是中国少数民族之一。在中国，傣族主要分布于云南德宏傣族景颇族自治州、西双版纳傣族自治州，以及耿马、景谷、孟连、新平、金平、双江等地的河谷平坝地区，金沙江流域亦有分布，总人口约126万（2006）。历史上有德宏傣文、西双版纳傣文（又称傣泐文）、傣绷文、金平傣文四种拼音文字，所用字母均源于印度婆罗谜字母。约从公元前 8 世纪起，傣族先民即开始在滇南近两万平方公里的主聚居区繁衍生息，并逐渐形成自己的文化。傣族在发展民族文化时，非常善于学习和借鉴外来文化。据傣族文献记载，公元纪年初期，南传佛教上座部（小乘佛教）经斯里兰卡、泰国和缅甸传入西双版纳。随后，佛教对傣族人民的文化发展和精神信仰产生了深刻影响。

在佛教传入之前，傣族曾有自己的原始字母。随着佛教传入，小乘佛经所用文字巴利文的字母体系被傣族接受。约在 6—8 世纪期间，傣族照单借用了巴利文的全部 41 个字母，发音和顺序也与巴利文字母一致，从而使傣族文字表现能力获得长足进步。13 世纪时，傣族高僧呵雅坦孙洛又创造了 15 个傣泐文辅音字母和 11 个元音符号，傣族文字遂趋于完备并固定下来，傣族丰富的文化由是得以保存、积累和传承。傣族以贝叶经的形式保存了大量早期佛教典籍，也保留了不少涉及法律、天文、历法、医药、文学等学科的其他文献。傣文也从巴利文佛经中吸收了一定数量的梵文巴利文语词。傣文贝叶经中有一部天文方面的著作《苏力牙》（Surya，太阳），很可能就是从同名印度著作翻译过来的。傣族史诗《兰嘎西贺》与印度史诗《罗摩衍那》也存在渊源关系。西双版纳与印度的文字文化因缘，是中印文化交流史上的一个重要侧面。《西双版纳傣族自治州志》记载了这一史迹。我们不难发现，傣文借用了巴利文字母，而又与泰卢固文字母相同。这就说明，虽然泰卢固语深受梵语影响，但作为达罗毗荼语系中的一种古典语言，其字母却与属于印欧语系的巴利文字母同源。

2008 年 2 月，印度瓦拉纳西甘地研究所所长马立克教授与刘建在格比尔神庙庭院中交谈。

　　我们对中国与印度文化交流的研究，历来以印度与中国汉地的文化交流为主体。显然，如果要完全厘清中华民族与印度的文化互动和关系，还必须考虑印度宗教文化在西藏的影响和流变、对傣族文化积累的作用及其经由西藏对蒙古文化的辐射作用。例如，梵语抒情诗人迦梨陀娑的抒情长诗《云使》，在 14 世纪即已被译成藏文。这一译本比汉译本早了约 600 年。再如，印度古代梵语故事集《僵尸鬼故事二十五则》（简称《僵尸鬼故事》）是一部传遍世界的名著，这部故事集传入中国后，对中国故事文学产生了长期而深远的影响。由于地缘、文化、宗教和经贸等方面的密切联系，这部 11 世纪编定于迦湿弥罗（今克什米尔）的故事集几乎同步传入今中国西藏，在口传和成书过程中不断脱胎换骨，增强了佛教色彩和地域特色，成为《尸语故事》（又译《说不完的故事》），受到藏民的普遍喜爱，因而得以广泛流传。数百年后，《尸语故事》从西藏传入蒙古地区。《僵尸鬼故事》在现代始为中国汉地学者知悉，而汉文译本则问世于 2001 年，比藏文和蒙文译本晚了不短时间。因此，要完成一部全景式的中印文化交流史，尚需中国学者付出艰苦的努力。

我从 1996 年至 2009 年兼任《南亚研究》常务副主编。其间，约独力编发 500 篇论文，总字数在 500 万以上。这些文章涉及印度研究的诸多主要方面，对于中国各界了解印度作出一定贡献。我为该刊花费了不少时间和精力，虽看似在"为他人作嫁衣裳"，但自己也从中学到不少东西。撰稿人以大陆汉族学者为主，但也包括藏族学者、台湾学者和香港学者以及别的少数民族学者，同时也包括一定数量的印度学者。例如，我在 2008 年访问印度瓦拉纳西甘地研究所所长迪帕克·马立克教授时，向他约稿一篇。他随后寄来论述甘地思想的英文论文《非暴力不合作百年祭》，刊发于《南亚研究》2009 年第 3 期。与此同时，我与马立克教授结下深厚友谊，彼此不断有书信往还。

2009 年退休以来，在完成在职期间承担的所有课题（如"列国志"之一《孟加拉国》，2010）外，我还做了一项比较重要的工作，即与一批中国和印度学者一道，编写了《中印文化交流百科全书》。这是中印两国总理商定的一项重要的政府间合作项目。除撰稿外，我负责文学和艺术两个栏目的编辑工作，此外还承担了印方学者所撰词条的翻译和审订工作。这部两卷本的大书，涵盖了中印文化交流的主要方面，也记录了中印两国的外交往来。中国外交部和印度外交部对这项课题的完成均提供了宝贵的支持。在合作过程中，我们与印度学者邵葆丽、玛妲玉、卡马尔·希尔、那济世等多次在北京和新德里见面、交流、商谈，既保证了这部百科全书的质量，也与这些印度学者建立了密切的学术联系和友谊。可以说，这部百科全书既是中印两国 2000 余年文化交流的历史记录，也是当代中印学者合作的硕果和见证。

西谚云："生活始于四十。"孔子曰："四十而不惑。"随着现代人生命的延长，我们可以对未来更为乐观。因此，我在退休之后觉得，自己的学术生命刚刚开始。我愿在余生继续致力于泰戈尔及印度其他重要作家作品的翻译研究、对印度文化和文明的探索介绍，为促进中印两大民族的友谊、理解与合作再尽绵薄。

中印文化的共性

N·恰拉姆

（印度学者，曾任中国国际广播电台泰米尔语部专家）

赵 江 译

中国和印度都是世界上拥有最古老文明的大国，也是世界文化宝库的典范。中国文化有长达 5000 年的历史，印度泰米尔文化也同样历史悠久。泰米尔纳德邦是印度南部大省，泰米尔语是该邦的通用语言。在中印文化中能看到很多共性。我曾经长期在中国工作，就对这个问题发生了浓厚的兴趣，并进行了研究。下面举一些例子来说明中印文化的共性。

中国文明与泰米尔文化，和他们的语言一样古老。中国礼仪和美食闻名天下，泰米尔纳德邦的人民也热情好客，和中国一样，这里也是礼仪之邦。有 2000 多年历史的泰米尔《古腊箴言》里，就有一个专门的章节来讲述待人接物的礼节。

语言：汉语和泰米尔语

汉语是和希腊语、拉丁语、梵语一样古老的语言。同样，泰米尔语被认为是达罗毗荼语系里最古老、最丰富的语言，古老而富有生命力。它在 2500 多年前就产生了泰米尔文学，涉及自然、音乐与戏剧。如今，在科技与计算机方面，泰米尔语言词汇也在不断发展。

文学：经典诗集

汉语和泰米尔语在经典语言中都占有一席之地。桑迦姆诗歌是最早的泰米尔文学作品，由孔子选编整理的《诗经》则是最早的汉语言文学作品。

时至今日，值得·提的是，汉语和泰米尔语都不仅仅局限于文学写作，更应用于日常对话。在泰米尔的桑迦姆诗歌和中国的《诗经》中，不少优秀作品都有共通之处。尤其是这两部作品中关于爱情的诗歌，虽然使用的语言不同，却都表达了相近的内涵和情感。

节 日

节日是反映文化的重要方面。中国和泰米尔纳德邦都有许多传统节庆。我们可以对比了解其中重要的几个。

新年

"团聚"，是两国人民庆祝新年共同的关键词。

中国人的新年，被称作"春节"。按太阳历来说，它通常在每年1月21日到2月20日之间到来。对中国人来说，春节是一年里最隆重的节日。春节期间，中国人要提前清扫房间，家人团聚，欢享美食。除夕的晚饭是全年最重要的一餐，通常饭桌上一定会有鱼，寓意"年年有余"。家家户户都会贴大红窗花和春联，祈求来年好运。

泰米尔人的新年，也是一样的热闹喜庆。其蒂莱是泰米尔年历的头一个月，这个月的第一天就是新年。一般来说，打扫房间、身着新装、备好美食是泰米尔人迎接新年的习俗。

孩子们欢喜雀跃，这一天下午，家长们会安排全家到海边嬉戏等娱乐活动。在泰米尔人看来，全家团聚在一起欣赏一部新电影，也是庆祝新年的一个重要部分。

在泰米尔纳德邦，电视里播放的新年特别节目中，诗会和辩论也必不可少。新年期间，各电视频道一大早就开始播放喜庆的特别节目，一直到夜幕降临，人们都可以尽情欣赏综艺节目或观赏电影。无独有偶，在中国，春节联欢晚会当属全球收视率最高的电视节目。

灯节

在中国，农历正月十五是灯节，也叫元宵节。节庆会持续15天。用彩纸或丝绸做成的彩灯会把大街小巷都装点得非常漂亮。元宵是这一天必须要吃的传统食品，芝麻或红豆馅寓意来年的甜蜜生活。我在中国工作的时候曾去过洛阳，在那里欣赏过中国原汁原味的元宵灯会，令我毕生难忘。孩子们提着精致的手工灯笼，街上举行大型的彩灯巡游，整个城市都成为灯的海洋。

在泰米尔纳德邦，8月的灯节和中国的元宵节非常相似。特别是蒂鲁文纳默莱和韦洛尔地区最有特色。傍晚时分，蒂鲁文纳默莱山顶的灯被点亮之后，家家户户都会点亮油灯以带来光明，驱散黑暗。

清明节

清明时节要扫墓祭祖，是中国沿袭了2500年的传统。最初，为祭祀祖先，有钱人会举行盛大的仪式。后来，唐玄宗下诏在清明当日扫墓祭祖，历代沿袭成为固定习俗。在这一天，大人小孩一起前往先人墓地，扫墓祭祀，供奉酒水茶点。

农村里，大多数人会在自家前门挂上柳条。他们相信这样可以辟邪。

泰米尔人也祭拜祖先。在新月日，人们会在水边用饭团祭祀祖先。有些人会前往陵园，在先人的墓前敬献花环、供奉食物。泰米尔人也会在家里摆放先人喜爱的衣服和食物，寄托哀思，表示对逝者的尊敬。

戏剧

京剧是举世闻名的中国传统戏曲艺术。它通过五彩戏服与脸谱来展现演员功力，讲究唱念做打。过去，京剧大多在寺院、茶馆等开阔的场所上演，表演者雄浑的嗓音最引人入胜。毫无疑问，京剧是中国文化中一颗璀璨的珍珠。

在泰米尔纳德邦，有一种叫作"巷剧"的艺术形式。和京剧一样，它大多在露天演出。在农村的红白喜事中，常常可见它的身影。以表演者高亢的念白与演唱为特色的巷剧，由于传承不力，如今已是濒临绝迹的艺术形式。

丝绸

说到丝绸就会想到中国。丝绸是中国古老文化的代表之一。公元前3世纪，中国的丝绸一经传入西亚与欧洲就引起了人们的赞叹。

中国的苏州被称为"丝绸之乡"。根据历史记载，苏州在2000多年前就制作出了丝绸。直到今天，中国女性仍对丝绸服饰情有独钟。

泰米尔纳德邦的甘吉布勒姆，像苏州一样以丝绸而闻名。

从印度的一句俗语——"没有甘吉布勒姆的丝绸就不能成婚"的说法中，就可以看出丝绸在泰米尔文明中的重要地位。丝绸腰布和纱丽，都是泰米尔人的吉祥服饰。在泰米尔纳德邦，给女孩子们过耳环节时，穿丝绸衣裙是习俗。

因此，在泰米尔和中国的文化中，丝绸的地位都是不容忽视的。

茶与竹

茶与竹，都是中国文化的宝贵财富，中国茶更是举世闻名。在泰米尔文化中，它们同样具有重要地位。

泰米尔纳德邦盛产茶叶，有饮茶的习惯。一些村庄的农民甚至有在黎明时分就饮茶的习惯。同时，和中国一样，泰米尔地区的竹制手工艺品也一直是游客钟爱的纪念品之一。

我和印度的不解情缘

唐远贵

（中国国际广播电台印地语部副主任）

生活在古城西安的我，从小就喜欢游览大慈恩寺，在那里膜拜高僧玄奘的丰功伟绩。当我拜读古典名著《西游记》的时候，也未曾料想到自己有一天能够沿着三藏法师的足迹远赴天竺，沐浴佛教圣地的光辉。20多年前，我懵懵懂懂地选择学习印地语。慢慢地，我恋上了这个国度，为神秘的古老文明而陶醉，为美丽的自然风光而迷恋，为泰姬陵的缠绵爱情而流泪，为朴实善良的人民而感动……印度成为我生命的羁绊和心灵的港湾。

踏遍千山万水——我爱这里古老文明的魅力

从迷人优雅的泰姬陵，到端庄大气的阿格拉堡；从瓦拉纳西的圣地和恒河，到佛陀悟道的菩提伽耶；从繁华孟买的蓝色海滨，到比哈尔邦的广阔农田；从文豪泰戈尔的故里，到现代班加罗尔的硅谷……曾经住过高大上的星级宾馆，也睡过小县城里十几人的通铺；见识过有保安守卫的高级一等车厢，也搭乘过传说中车门、车顶都挤满人的普通列车；享受过星级餐厅的美食，也品尝过3卢比一份的路边摊小吃……在游历中，我感受着这里古老的文明和现代的繁华，在和印度人的交往中体味着这个民族的质朴和善良。不知不觉中，我爱上这个国度。她的身影在我心中萦绕，久久留驻。

曾经因为留学、采访和交流访问等机会，我多次到访印度。1998—1999 年，我在德里大学印地语系留学一年。感受印度文化、学习印地语口语、了解印度民生是当时留学的主要目标。一年的印度生涯，我由初始的不适、逐渐乐在其中，到后来流连忘返。读万卷书，行万里路。游历，成为我了解印度的最佳途径。新德里、阿格拉、孟买、加尔各答、西姆拉……很多地方留下了我的足迹。其中，对于印度佛教圣地的朝拜之旅印象尤为深刻。

　　1999 年的 4 月中旬，印度全境笼罩在高温酷暑中，很多地方的气温都超过 40 度。炎炎的烈日没有阻挡我对佛教圣地的朝拜热情。

　　鹿野苑——佛陀法轮初转之地。我们静静聆听来自庙宇的圣洁佛音，感悟佛陀初次传道的神圣。在这里，我们也走访了当地的泰国佛教寺庙，聆听泰国和尚讲经论道。

　　瓦拉纳西——印度教和佛教的圣地。我们租船在恒河中徜徉，清晨的朝阳撒在河面上，波光粼粼；两岸五彩缤纷的各式建筑倒映河中，一头神牛的尸体漂浮在河面上，两只乌鸦落于牛身。不远处的岸边，当地的民众就着河水有刷牙的，也有擦拭身体的。几个印度教徒在岸边虔诚地祈祷，也看到和尚在喃喃地诵经。河岸边的焚尸架上冒着滚滚的黑烟……在外人的眼中，这一切让人觉得匪夷所思且无法理解。但这就是印度！Incredible India！世间的一切在这里得到包容，哪怕是在前往天国的路上！恒河圣地，包容着众生。圣河水冲刷着人们的身体，也洗涤着他们的心灵，它诠释了众生平等的概念。在那一刻，我的心灵感到前所未有的宁静，感受着当地人的信仰，感动于他们的虔诚。

　　菩提伽耶——佛陀在此悟道。我专门来到佛陀悟道的那棵大菩提树下，静静打坐。在阵阵的佛香中感受自然，耳畔有微风拂过，放松心情，放飞心灵。虽然没有领悟天道，但在繁华尘世中也能感受一份出尘的宁静。

拘尸那迦——佛陀涅槃之地。在寂静的树林之间，至善的人间心灵导师——佛陀在此涅槃。人们聚集在涅槃卧佛像的旁边，虔诚地诵读经文，以净化自己的心灵。一队来自宝岛台湾的佛教徒，从佛陀卧佛像一公里开外，三步一叩首地前行，用自己最朴素的行为，慢慢接近心中的圣地。

那烂陀——玄奘曾经学习的地方。穿过一座座房舍的废墟，我找寻着昔日大唐高僧的足迹，脑海中描绘着盛世中那烂陀大学的繁荣。梦回大唐，梦游天竺，那一刻，我感受着两个古老文明的碰撞与交融。

游历在印度，我走访着一个个古老而带有浓重宗教韵味的圣地，感受着时间赋予这个国度的财富，向往着这个民族的平和。每一次来到这里，都有着不同的感触，而多次探访同一个地方，都会获得不同的感悟。这就是印度，让我迷恋的国度！

在电波中传递中印友谊
——我和印度受众的亲密情缘

在中国国际广播电台（简称 CRI，下同）印地语广播部工作将近 20 年的时间，通过电波，我们把来自中国的声音传到印度的四面八方。印度听众的质朴和热情是我热爱印度的又一缘由。虽然在国内我们默默无名，但在印度的很多地方，CRI 的主播们拥有很多粉丝，听众打来的每一通电话，包含着他们对我深深的期望；每一封邮件和来信，表达着他们对我的殷切鼓励；每年 5 月，当收到来自听众的生日卡片和电子贺信的时候，我的内心总是心潮澎湃。电波把我们和印度民众间的距离拉近、再拉近，彼此间的友谊是我工作的原动力。

2006年，在"中印友好年"期间，国际台记者团赴印度采访。我们的飞机在凌晨2点多钟才抵达新德里机场。5月中旬，在45度的炎热中，欢迎我们的听众一直在机场外面等候了4个小时！走出机场，一股热浪迎面袭来，全身上下顿时就被汗水湿透了。连续10多个小时旅途的疲惫、飞机莫名其妙的延误和酷热的天气让我心情烦躁。在接机大厅，友好听众夏希德·阿兹米和他的同伴们热情地朝我挥手，用不是很纯熟的汉语向我们大声喊着"欢迎你们"。他们积极地帮我们搬运行李，黝黑的脸上流淌着大滴的汗珠，拿手一抹，冲着我们欢快而憨厚地笑笑，露出洁白的牙齿。看着他们疲惫的身影，感受着他们的热情，我心中的烦躁一扫而空，只剩下满满的感动。

当天一大早，阿兹米和几个听众朋友们就来到驻印记者站等候我们。天气非常炎热，在空调和电扇双管齐下的屋子里依然是汗流浃背。阿兹米跑前跑后地为初来乍到的我们服务，给我们打开冰镇的矿泉水。闲暇下来，他就拉着我询问印地语部自己熟悉的主播们的近况，叽里呱啦地、飞快而激动地诉说着对每个人的想念和问候。看着兴奋而激动的阿兹米，我仿佛觉得自己就是他阔别已久的亲人，在这个炎炎的夏日里，阿兹米的热情把我融化了！

从新德里到孟买，从科钦到班加罗尔，从波特那到菩提伽耶，每到一处，都受到当地听众朋友的热情拥抱和诚挚欢迎。他们纷纷说，每天在广播中都能听到我的声音，总是在心中描绘"小唐姐姐"的形象，今天终于见到了姐姐，能够近距离地和姐姐谈话，是值得骄傲的事情，回去一定要和朋友们炫耀一下。

2010 年，我作为中国百名青年团的成员访问印度。在新德里访问期间，中国青年代表被组织参加当地的一个商品博览会。结束后，同行的几个代表纷纷询问我：你在印度很出名吧？我满头问号：你们怎么知道的？他们告诉我说，在博览会期间，遇到了好几个印度人，当看到中国青年代表胸牌的时候，就会热情地上前打招呼，并询问是否看到"小唐姐姐"。然后他们推测，我在印度应该有点名气。原来如此！在中国青年团访问印度期间，我和德里的一些听众举办了见面会。在会上，大家聊起博览会的情形，热心听众阿米尔·艾哈迈德说，自己从 CRI 的节目中得知小唐姐姐会随中国青年团访问印度，所以在博览会期间看到中国青年代表时特别激动，渴望能够和小唐姐姐早日相见。印度朋友的关心温暖着我，看着他们脸上洋溢的微笑，我开心着，也感动着，为自己的工作而骄傲。

　　在工作期间，我总是收到很多热心的印度听众的来信。他们经常自己创作诗歌来表达对中国的热爱和对主播们的支持。印

2010 年，唐远贵（右2）与访华的印度青年合影。

度比哈尔邦沙巴里听众俱乐部主席贺南·艾哈迈德先生曾经在来信中说："我们全家这些年来一直坚持收听 CRI 印地语节目，是您忠实的粉丝。CRI 的节目带给了我们知识和快乐，从节目中领略中国的风采。听了那些献身于中印两国友好的人士的故事，我们热血沸腾。真希望自己也成为他们中的一员，为中国和印度的友谊贡献力量。但平凡的我们只能把这份愿望深深埋藏在心底，我们能做的就是更好地收听节目，更多地了解中国，更深地热爱中国。"贺南·艾哈迈德先生在来信中赋诗写道：

距离是那么遥远
心灵却如此接近
在广播的世界中
你是欢乐的源泉
在知识的海洋里
你是扬帆的航船
讲述的每个故事
把我深深地吸引
心灵是如此接近
不在乎距离遥远

印度拉贾斯坦邦的听众普列姆辛格·巴尔瓦勒先生在来信中曾赋诗表达自己对 CRI 的喜爱之情，给予我真心的支持。他写道：

真心的爱人不会在记忆中消散
万物变迁不会把你我联系阻断
在友爱的海洋中我们扬起风帆
你是我心中的选择将永不改变
每一段话语、每一个字里行间

都带给我们如此的丰富和多彩

让生活的烦恼、忧伤统统消散

让生命的喜悦、欢乐常常出现

皎洁的月亮在群星中闪烁光芒

美丽的玫瑰在花丛中吐露芬芳

在我的心中你是最知心的朋友

伴你身旁是我永远不变的渴望

这就是可爱的印度听众朋友！他们用质朴的语言诉说着对中印友好的渴望，用浓浓的情谊编织着沟通彼此的桥梁。

随着时间的推移，昔日的听众朋友阿兹米和阿米尔等和我逐渐成为好朋友，大家彼此间的情意越来越深厚。他们来信和我们分享恋爱的甜蜜、结婚的快乐和初为人父的彷徨；每一个印度的和中国的节日，总会收到来自他们的祝福；有时候他们寄来照片，孩子们拿着收音机倾听国际台的节目，我们的听众将在下一代延续！当拆开一封封热情洋溢的来信，接听一个个国际长途的时候，听众朋友们热情的行动和质朴的话语深深地打动了我，也激励着我。他们的支持和鼓励时刻鞭策着我：希望自己能够做出更优质、更动听的节目，通过电波，传送中国声音，传颂中印友谊。我的朋友遍天下，我自豪着，也快乐着！

和印度青年朋友交往——感受中印传统情义

2006 年 11 月，中国国家主席胡锦涛访问印度期间，中印两国领导人商定未来五年内邀请对方 500 名青年互访，以增进相互了解和友谊。中印两国青年互访形成机制。青年人之间的交

2010年，唐远贵（中）与印度听众阿米尔·艾哈迈德（右1）等合影。

往与互动，让两个古老文明之间的交流和对话焕发新的色彩。

2011年9月，印度500名青年访问中国。在北京人民大会堂举办了主题为"古老文明，青春辉映"的中印青年传统文化交流大舞台活动，温家宝总理出席并发表讲话。我有幸成为在现场为总理与印度青年交流服务的临时翻译。当温总理发表讲话后从主席台来到印度青年中间的时候，他顿时被包围在热情洋溢的印度青年之间。有印度女青年给总理表演自己拿手的小魔术，也有几个印度青年双手高举印地文"हिन्दी चीनी, भाई भाई（中国印度，兄弟兄弟）"的标语大声向总理呼喊口号。总理与一名锡克青年亲切地交谈了几句。跟随总理的步伐，我深切地感受到印度青年朋友们的热情和奔放，他们簇拥着总理从前台走到离开大会堂的大门，依依不舍。总理离开之后，我依然留在会场继续接待印度青年朋友。这时，一位印度青年代表走到我身边，腼腆地把一个木制小神像放到我的手里。他说，这是自己送给温总理的礼物，让我一定为他转交。拿着那份还带着印度朋友手中余温的小礼物，我有一种想流泪的冲动。他也许知道，这份礼物不一定能够送到总理的身边，但他还是希望把自己对中国的友谊、对中国总理的敬爱表达出来。我郑重地把这份礼物带给共青团中央的工作人员，希望他们能转交总理。真心盼望印度青年的这份情谊能够送到温总理的身边，让他感受到一位印度普通青年对中国的美好情怀。

我曾经和访华的印度青年代表们一起奔赴中国各地进行访问。他们经常惊叹于中国的发展，感动于中国人民的热情。一路上，很多青年朋友纷纷写下自己的感悟和访问心得，送给我，希望我能够通过电波，把他们的心情传送出去，让更多的印度人了解中国，来中国看看。有一次，代表团乘坐高铁从南京前往上海。在两个多小时的行程中，印度青年们的惊叹声不绝于耳。代表团分团长和几位高层领导之间也是感慨万千，他们羡慕中国现代化的高铁和便利的交通，在交谈中期望印度也能够获得如此巨大的发展。当时我就想，这也

2012 年，唐远贵（左2）在印度访问期间与当地妇女交流。

许就是组织双边青年访问的目的之一吧。让彼此的民众到各个国家走访、交流，大家能够学习对方的先进之处，体会自己的不足。未来，这些青年们或将成为国家发展的栋梁，大家在交流中增进了友谊，对于"龙象共舞"和中印共同发展将发挥不可估量的作用。

我和印度电影的"亲密"接触

每当说起印度，就会想到载歌载舞的印度电影、悦耳动听的印度歌曲以及电影中热辣的美女和英俊的帅哥，大名鼎鼎的"宝莱坞"立马浮现在眼前。我对印度的爱，有很大一部分源自印度电影，也曾经与印度电影人和"宝莱坞"有过亲密的接触。

第一次"亲密"接触印度电影，是在印度留学期间。由于语言的优势，我比其他同学更容易理解印地语电影。喜爱印度电影的我每天都要拿出当地报纸，搜索附近电影院新片上映的消息，终于被我发现规律：每周五新德里各大影院都会推出新影片。所以每到周五，我就杀到电影院，沉浸在美妙的电影世界中。

煽情动人的故事、载歌载舞的场景、优美迷人的风景、华丽漂亮的服装和赏心悦目的俊男美女……在印度看电影是一种享受。每部新片上市以前，大街小巷会播放其中的插曲，等电影播放的时候，观众已经是耳熟能详了。在看电影的时候，一首歌曲前奏飘出来，影院的印度人会异口同声地和着音乐一起唱歌。印度电影每部大约有七八首歌曲，一场电影看下来，如同欣赏了一部大众音乐会。这才是真正的大众娱乐吧。

第一次和印度电影人的"亲密"接触，是在1998年的冬天。当时参加印度政府组织的留学生团到孟买访问。一位印度导演找我们做电影《爱你无悔》（Main）的群众演员，配合女主角曼尼莎·柯伊拉在新加坡的一个电影场景。在传说中的"宝莱坞"和印度美女一起拍电影，多么令人激动！虽然电影中只有我一两秒钟的镜头，但已是我和印度电影最"亲密"的接触了。

第一次翻译印度电影是在 2004 年。当时为央视电影频道翻译电影《宝莱坞生死恋》（Davdas），这是非常经典的爱情影片，有"印度的《罗密欧与朱丽叶》"之称。电影中演员们华丽的服饰、美妙的歌舞、恰到好处的表演和精彩绝伦的对白，让我深陷其中。翻译的时候，我仿佛置身于电影中，常常为剧中人物的爱情悲剧痛哭，一边看片，一边流泪，一边翻译。我的电影翻译处女作就在这样的情况下完成。

第一次探访孟买宝莱坞是在 2006 年。在"中印友好年"之际，中国国际广播电台派遣记者团深入印度采访。在孟买，我们走访了盛产电影的传说中的"宝莱坞"。当地的朋友告诉我，所谓的"宝莱坞"是孟买远郊山区的电影城，"宝莱坞"只是一个称谓而已。有点受到打击，但兴奋不减的我们还是积极前往电影城，寻找心目中渴望已久的"宝莱坞"的倩影。来到电影城，山上的树不是很茂密，偶尔看到一些亭台楼阁坐落其中，还有正在拍片子的零星队伍。我们在一个摄制组旁边停留下来，参观他们的实地拍摄。一位印度美女怀抱小婴儿，旁边有个印度帅哥在打电话，说话的同时帅哥的脸色凝重起来，美女开始默默垂泪。旁边凑热闹观看的我们听不清演员们具体在说些什么，不过可以想象导演一定又在煽情赚取观众的眼泪了。当时的表演没有过关，需要重新再来一遍，导演一声"Action"，重复的场景再次上演。在炎热的天气下，演员们丝毫没有抱怨，敬业地说着台词，一遍遍地重复，希望把最好的表演留给观众。女演员泪水流干了，不用着急，旁边有一个人专门拿着眼药水候着呢！

第一次和印度导演"亲密"接触，是在孟买经朋友介绍采访青年导演伊迪亚兹·阿里。当时，他和妻子、女儿与几个朋友正在酒吧里庆祝结婚10周年。为了采访效果，他把我们带到自己的办公室。我们为打断他的结婚纪念而惴惴不安，阿里导演却安慰我们说，自己很喜欢中国导演和演员，中国和印度都有着深厚的文化底蕴和古老文明，双方在电影方面进行合作一定会充满前景。采访的时候，导演的妻子和女儿在一旁耐心地等候。他的女儿长得非常可爱，小姑娘不怕生，和我开心地做游戏，还为我演唱幼儿园里的小童谣。

孟买、印度美女、宝莱坞、电影导演……我的印度电影梦终于圆满。印度，成就了我的"触电"情缘。

在采访中不断加深的印度情结

在中国国际广播电台印地语部工作将近20年，我不仅是一名印地语的翻译，也是一个活跃在中印友好与交流方面的记者。从普通的印度民众，到印度总统或外长，从普通的国人，到致力于中印友好的官员，采访中一次次的感动加深着我和印度的情结。

2012年，印度前总统阿卜杜勒·卡拉姆访华。在印度驻华使馆的招待会上，我有幸聆听了卡拉姆总统的演讲并采访他。在演讲中，他不仅展示了自己的博学，还带领现场的中国学生一字一句地念印度诗歌。平易近人的前总统阁下在招待会期间和每一位要求与他合影的中国朋友友好留影，在我们的访问中非常和蔼可亲。卡拉姆总统的亲民形象深深打动了我。2015年7月，卡拉姆总统与世长辞，我禁不住黯然泪下，为印度人民失去这位伟大的"导弹之父"哀悼不已，并专门制作了特别节目来悼念他。

在近 20 年的记者生涯中，我也曾经采访过很多普通印度人。他们有的虽然不知道中国到底在哪儿，中国的发展到底怎么样，但他们会很友好地和我们交流，向往着能够到中国来，看看自己的近邻和友邦。而一些印度小朋友总是"Didi Didi"（姐姐，姐姐）地甜甜地叫我，问我很多幼稚而好笑的问题，他们渴望了解另一个令他们好奇的国度。我的心常常软化在印度小朋友们那纯真的眼神和甜美的童声里。

其实，随着中印两国间的友好交往不断加强，中国人也在不断加深着对印度的了解。而泰戈尔是两国人民交往中永恒的话题。

2015 年 8 月初，我有幸参加了《泰戈尔落在中国的心》新书发布会并进行采访，一位中国姑娘的经历让我再一次感动不已。

《泰戈尔落在中国的心》收录了由深圳大学印度研究中心联合北京大学和印度尼赫鲁大学等主办的 2014 年"泰戈尔在我心中"征文比赛的优秀获奖作品。来自中国各界的专家、学者、教授以及大中小学学生、文学爱好者、普通老百姓都纷纷投稿，踊跃参与征文活动。每一篇文章，都饱含了国人对泰戈尔的深厚感情。

来自华中师范大学比较文学与世界文学专业研究生二年级的学生孙凤玲是本届征文比赛一等奖的获得者。由于家庭贫困，孙凤玲 16 岁初中毕业后就辍学了，开始打工为家里挣钱。之后她随父母来到武汉，在当地的一个菜市场卖菜。偶然的机会，孙凤玲走进菜市场附近的书店，邂逅了泰戈尔的诗歌，从此就迷上了这位伟大的印度诗人。

孙凤玲说，自己从小就喜欢诗歌，在菜市场卖菜的间歇，拿着省吃俭用买下来的泰戈尔诗集念呀、读呀、背呀。当时的她对泰戈尔并不是很了解，很多诗也看不懂，但心中莫名地对泰戈尔诗歌非常喜欢。诗中优美的语言，让她徜徉在文学的殿堂难以自拔。孙凤玲一直在武汉打工、自学，学习诗歌、写作。2014 年 9 月，当她看到深圳大学有关泰戈尔征文活动的启事后，用自己满腔的冲动和写作的热情，一个晚上一气呵成了征文稿件。

在征文作品里，孙凤玲讲述了自己辍学、打工、卖菜、自学、成才的故事。她说，泰戈尔的诗歌给予了自己极大的精神寄托。在一首首优美的诗篇里，她感受着生活的美好。她参加了 4 次大学入学考试，在一次次的失败中，她用泰戈尔的诗歌来鼓励自己，最终通过考试，进入大学学习。后来，她考上研究生，选择了自己钟爱的文学专业。

在采访中，孙凤玲几次潸然泪下，而我也深深感动于她和泰戈尔的情缘，感动于中国人民对印度的这份质朴情怀。其实，在我和印度之间的深厚感情中，经历过、也聆听过很多感人的故事。因为这些人和事，让我难以割舍自己与印度的情缘，深陷其中不愿自拔。

印度——成就我今生的情与缘

脏乱的胡同、混乱的交通、满街跑的神牛，还有呼啦啦一群涌上来的乞讨团……印度有着这样那样的不足。但在我的眼里，随着对这个国度的不断了解、与印度人的交往逐渐加深，对她的爱恋也日益厚重。还记得房东太太邀请我品尝的家常菜肴，和她手把手教我制作的印式酸奶；还记得，和小

2014年，唐远贵（右1）与印度驻华大使阿肖克·康特（右2）合影。

区的人力车夫混得很熟，他们虽然精瘦，却很有力量，奋力拉车的同时还能分心和我快乐地聊天；还记得，曾经因为好奇，冒失地走进印度人的婚礼现场，却受到主人贵宾般的热情招待；还记得在旅途中迷路时，热情帮我指路或领路的陌生人；也还记得，卖菜小商贩每次见到我就笑嘻嘻地打招呼，大声对我说：**हिन्दी चीनी, भाई भाई!**（中国印度，兄弟兄弟）

印度，虽然和我距离遥远，但我们的心灵却常常在彼此呼唤。每天说着印地语，把中文翻成印地文；经常欣赏印度电影，哼唱婉转的印度歌曲；额头贴着吉祥痣，穿上飘逸的纱丽；煮着香甜的印度奶茶，学做美味的咖喱饭……对印度的爱，已经深入我的骨髓！我爱她，希望她变得更加美好；我爱她，希望她和我们一起共同进步；我爱她，希望她和我们手牵手，彼此间没有隔阂与疏离。

使用印地语，已不仅仅是我的工作。深沉的爱啊，让我愿意去亲近她，用自己的力量来拉近彼此的距离。我的爱如影随形，直到永远。

印度的"胡子爷爷"和
他的中国文学梦

赵 江

（中国国际广播电台泰米尔语部主任）

来自印度泰米尔纳德邦的 N·恰拉姆（N. Ghadiga Chalam）博士出生于 1947 年，是中印文化资深的研究学者，也是中国国际广播电台泰米尔语广播发展的大功臣。他，留着修剪讲究的白胡子，走路不紧不慢，一说话就伴着爽朗的笑声。中国朋友都亲昵地叫他"胡子爷爷"。距离北京 5000 公里以外的印度泰米尔纳德邦首府金奈，是个美丽的海滨城市，也是恰拉姆的家乡。当时，在印度很少能得到关于中国的信息。恰拉姆还记得，"一个经历风霜却依然生机勃勃的国家"，这是大学的历史课本中关于中国的描述在他心里留下的第一印象。从那时开始，这个与印度同样古老神秘的国家就深深吸引了他。什么时候才能有机会到中国去看一看，成为恰拉姆心里一个小小的梦想。

博士毕业以后，对历史文化颇感兴趣的恰拉姆选择在金奈世界泰米尔语研究院从事语言文化研究工作。一个偶然的机会，他从好朋友尼玛亚·库什先生（Nimai Ghosh，时任印中友好协会副主席）那里听说中国国际广播电台正在招聘印度籍专家，他心里一下子乐开了花，这不正是自己梦寐以求的机会吗？！一定不能错过。也许那时候他还不知道，他与中国、与国际台几十年的不解之缘就这样默默地开始了。

1983 年，恰拉姆第一次来北京。他说："这是我人生的一次重要转折。我忘不了当时情同手足的中国同事们，忘不了

恰拉姆博士在山东曲阜参观孔府。

那时候大家共同努力一点一点开拓泰米尔语广播的事业，忘不了堆满了办公室的听众来信，更忘不了1986年带着小儿子到四川看熊猫……在国际台工作12年的收获足够写一本书。"

凭借自己多年研究古老的泰米尔语的经验，加上对中印两国传统文化的浓厚兴趣，恰拉姆将中国人耳熟能详的《聊斋志异》《阿凡提的故事》《中国寓言故事》《中国当代小说》等十多部中国文学作品翻译成泰米尔文，并在印度出版。他还撰写了《我眼中的中国》《中国国际广播电台的泰米尔语广播研究及传播能力》等多篇论文，"胡子爷爷"正用自己的努力，一步步编织着他大学时代就萌芽的中国文学梦。

有一次，记者采访时询问恰拉姆，在他翻译出版的泰米尔文中国文学作品中，他本人最满意和喜爱的是哪一部？原以为答案会是最畅销的《中国神话故事》，谁知恰拉姆的回答却是中国著名作家老舍先生的短篇小说《月牙儿》，这真是出乎大家的意料之外。《月牙儿》讲述的是一位母亲和她的女儿所经历的故事，描绘了20世纪30年代中国女性的状况。在翻译的时候，恰拉姆找来几个不同的英文版本，反复阅读，一字一句推敲，生怕破坏了原著的美感。20 年来，他翻译的中国文学作品在泰米尔地区畅销不衰，给恰拉姆博士带来极高的声誉和荣耀，而对于他来说，一切如浮云，只有中国文学的魅力才让他情有独钟。2012 年，中国作家莫言获得了诺贝尔文学奖，恰拉姆博士表示，得知这个消息，他不仅为中国作家骄傲，也想尽快将莫言的作品翻译成泰米尔文，带给印度读者。后来，他又翻译出版了《中国著名作家》一书，这也是目前唯一一本以泰米尔文介绍中国作家的读物。

为了将自己心仪的中国优秀作家和文学作品介绍给印度读者，恰拉姆可谓不遗余力。甚至在 66 岁高龄的时候，他还特地自费来华访问，只为探访孔子的故乡，研究一下这位 69 岁还坚持从事教育和整理文献工作的孔圣人。

那是 2013 年 3 月，N·恰拉姆博士来到北京，这已经不知道是他第几次踏上中国的土地了。大家都以为这一次他是

恰拉姆在中国国际广播电台泰米尔语广播开播 50 周年大会上发言。

来旅行的，可一看到行程，都是北京大学、北京师范大学、曲阜、孔庙、孔子博物馆等，谁也摸不着头脑。看着中国朋友疑惑的样子，"胡子爷爷"忍不住标志性地哈哈大笑起来。原来，这一次他是特地为了解孔子和《诗经》而来。恰拉姆告诉我们，在孔夫子坚持"学而不厌、诲人不倦"的年纪，他也要继续在印度推广中国文学，因为他对中国文化的热爱从未改变过。除了介绍中国作家和作品以外，深入了解中印文化和文学作品并加以对比，使中印两国人民能更加了解对方的历史和文化，也是他心里的一个愿望。恰拉姆说，桑迦姆诗歌是泰米尔文学史上最古老的文学著作，《诗经》是中国汉文学史上最早的诗歌总集，特别是《诗经》独特的文学体裁，以及其内容里蕴含的丰富的文化背景，具有很高的研究价值。接下来，他将出版一本书来对比印度的桑迦姆诗歌和中国的《诗经》，这个想法也得到了印度文学会的大力支持。可见，扎根在他心中的"中国文学梦"还在延续着。

恰拉姆博士说，上世纪 80 年代初，当大量外国文学经过翻译进入印度的时候，鲜有中国的作品。1982 年，当他来到中国国际广播电台工作后，不仅看到了一个令人耳目一新的中国，同时，电波中也接触到了大量优秀的中国文学。工作之余，他最大的爱好便是去书店，一则为做节目搜寻素材，二则也满足了自己阅读中国文学作品的愿望。"看到这么多精彩的作品，我迫不及待地想推荐给我的印度朋友们！"于是他萌生了把这些作品由英文翻译成泰米尔文的想法，希望在印度推广，让更多印度人能领略中国文化的魅力。

在恰拉姆心里，关于中国，有两件事一提起来就有说不完的话，那就是国际台和中国文学。每逢聊到这些，他眼里总是焕发着熠熠光彩，眉飞色舞地滔滔不绝。他说："在 30

年以前，当时印度人对于中国的了解真是很少，我到了中国，看到了中国作品，深深爱上了她。觉得它们如果不能在印度被推广，简直太可惜了！"现在，尽管恰拉姆博士早已退休，但与国际台结下的深厚情谊，让他始终热爱着跟中国有关的一切。回到印度后，他就利用自己的各种关系，开始向印度媒体广发文章、照片来介绍中国。在他的学生和朋友的共同努力下，这些文章都得到了很好的读者反馈，渐渐地，出版社也更多地向他邀约关于中国的稿件。

　　每一次来到中国，我们都能看见恰拉姆博士的双鬓增添了一分岁月的雪白，但流逝的岁月只会让他对自己的中国文学梦追得更快。每一次离开，他依依不舍和盼望再来的心情也愈发强烈。他借用《诗经》里的一句话——"求之不得，寤寐思服"告诉我们，优美的中国文学正如一位窈窕淑女，让人魂牵梦绕。当看到自己的中国文学梦一天一天慢慢实现，恰拉姆觉得"将中国的文学作品翻译成泰米尔文出版，正是我热爱中国的独特方式"。

恰拉姆应邀参加中国国际广播电台成立70周年庆祝大会。

会见拉兹

詹得雄

（新华社世界问题研究中心研究员，曾任新华社新德里分社社长）

印度电影《流浪者》曾于上世纪 50 年代和 80 年代在我国两次热播，其盛况非亲历者难以想象。我少年时亲眼看到，街旁一放它的插曲，一位骑车者刹车停下，听完了再走，一时满街都是"到处流浪……"的歌声。这首歌歌词的翻译者是我大学的老师金鼎汉先生。

拉兹，是我国观众十分熟悉、同情和喜爱的电影人物，他在《流浪者》里的坎坷遭遇，曾拨动过千百万观众的心弦。会见扮演拉兹的拉杰·卡布尔先生，是我多年的夙愿，没想到，这个愿望就在 1980 年的春节实现了。

2 月 16 日这一天，正是我国欢庆大年初一的日子，这一天又恰好有多年不遇的日全食。印度是个信教的国家，一般人觉得这个日子不大吉利，因此不出门、不见客，甚至不工作。政府也特别下令全国放假。可是，拉杰·卡布尔先生听说我们这几个素昧平生的中国客人想拜访他，欣然同意，把我们请到了他家里。

刚走进他的会客室，一眼就看见一位精神矍铄的老人和善地望着我们。呵，他就是拉兹！当然，他已不是 20 多年前衣衫褴褛、瘦骨伶仃的拉兹了，而是一位身体健壮、和蔼可亲的中年人，当时 57 岁。虽然岁月已使他两鬓斑白，但他那张生动的脸和传神的双眼，使人还能依稀辨认出当年身手不凡的拉兹的风采。

握手之后，他邀我们一起席地盘腿而坐。大家坐得非常近，彼此伸手可及。他那天身穿印色宽大的白布衬衣、赤着腿，显得很随便，没有丝毫名人矜持的派头。就这样，我们开始了促膝谈心。

一开始，我们就想告诉他，他的《流浪者》在中国是多么受欢迎，以至于20多年后重演时，仍赢得了广大观众特别是青年的喜爱。我们话刚出口，他马上接过了话头，爽朗欢快地说："我知道，我知道。去年我国前外长瓦杰帕伊先生访华归来，给我写了一封信，讲到了这些，我收到信后心里非常感动。我告诉你们，20多年来，一直有中国观众给我写信，我都看了，当然是请人翻译给我听的。"

他接着告诉我们：20多年前，中国有一个大型代表团访问了印度，他那时曾出面款待过。代表团送给他一幅用上千种丝线织成的已故印度总理尼赫鲁的像，他一直珍藏着。他还告诉我们，他的父亲、印度影界元老帕里特维拉杰先生在50年代曾率领印度电影代表团访华，同中国朋友结下了深厚的友情。可惜当时他手头有一部电影在拍，脱不开身，未能同行。说到这里，他脸上流露出十分遗憾的神情。

由于提到了他的父亲，我们就请他谈谈，他是怎样走上电影银幕的。

他略略低头沉思了一下，仿佛在寻找他生活道路上的最初几步脚印……

他出生在电影世家。父亲在影界成名之后，为了推动印度的话剧事业，又把精力集中在舞台艺术上。卡布尔18岁那一年，作为一名上不了舞台的场记员在艺坛上迈出了第一步。后来，他在几部电影里演一些不显眼的配角。他父亲声名显赫，如果存心提携，让他一开始就当主角，也是不难办到的，但他父亲没有这样做。卡布尔告诉我们："父亲有一次在吃饭时对我说：在我的屋子里，好，你是我的儿子，你可以同我一起吃饭，一起说话。只要一出这个屋子，你就是一个普普通通的人。你要同许许多多普普通通的演员一样自己去走生活的道路。"卡布尔开始工作时，每月工资只有十个卢比。他父亲出门有汽车，但不让他坐。父亲说：你在步行和坐公共汽车时，可以了解社会，可以观察形形色色的人。你会看到富人怎样摆架子（说到这里他做了一个摆架子的动作）、穷人怎样受苦。你会体会出他们的喜怒哀乐，记住他们的音容笑貌。到你演电影时，才能从内心里表达出他们的情感来。

父亲严格的家教，果然对年轻的卡布尔产生了良好的影响。1947年他开始主演第一部电影《火》，到他第二部电影《雨》开拍时，他才21岁，成了印度当时最年轻的导演。《流浪者》是他的第三部电影，也是他一举成名的得意之作，在国际上也颇得好评。

谈到这里，我插话说："那么，你成功的秘密是不是应归功于你父亲的家教？"

他又略略低头沉思了片刻，然后以十分肯定的语气说："不，我成功的秘密是永远同人民在一起。"

卡布尔先生认为，电影是印度人民最便宜的娱乐。劳动人民辛苦了一天，晚上花一点钱买张票，从中得到一些快乐和启示。但一部电影要使人民爱看，就必须说出他们想说的话，在他们的内心引起共鸣。他说：就拿《流浪者》来说吧，它所表达的正是当时人民强烈流露的感情。拉兹本来是个好孩子，他的误入歧途是社会逼迫的结果。我反对那种"好人的儿子是好人，坏人的儿子是坏人"的理论。我曾见过许多从农村来到大城市找工作的老老实实的青年，但是他们找不到工作，有的人被生活所迫犯了罪。其实，真正犯罪的是那些逼迫他们犯罪的人，而不是这些纯朴的农村青年。

他告诉我们，继《流浪者》之后，他又拍了一部《觉醒》。情节是这样的：一名一身土气的农村青年到大城市找工作，奔波了一天，饥肠辘辘，两手空空。夜深了，他忽然看见一只狗从一扇铁门下的狗洞里钻进一个花园，到一个池子边去喝水。他为了解渴，也挣扎着从狗洞里钻了进去，刚想喝水就被人发现了。人们高喊："贼！贼！"他慌慌张张地跑进楼里，从这一层逃到那一层，从这个房间逃到那个房间。无意中，他看见这一间里丈夫在偷妻子的首饰，那一间里儿子在暗算父亲……最后，他被抓住了，同时也觉醒了。他自己并不是贼，而那些道貌岸然、高喊抓贼的人才是真正的贼。这部电影曾在 1957 年捷克国际电影节上荣获头等奖。

卡布尔先生除了拍摄反映社会生活的电影外，还对人民生活中的美作过探索。接着，他又给我们讲了他拍的这样一部电影：一位青年经常听见邻近的一位姑娘唱歌，歌声委婉，优美动听。这悦耳的歌声在青年的脑海里塑造了一位美丽的姑娘的形象，但是他们从来没有见过面。那位青年决定娶姑娘为妻。新婚之夜，当他掀开新娘的面纱时，才发现她的半边脸是烧伤过的，觉得自己上了当。但在共同生活了一段时间之后，他从她身上发现了种种美德，这时他才明白：美，不仅仅是人的外表，更宝贵的是内心。

为了使观众快乐，卡布尔先生演过不少滑稽的角色，但他对我们说："我引大家笑，自己暗自掉眼泪。"

卡布尔先生的谈兴很浓。为了进一步向我们吐露他"成功的秘密"，他又激动地讲起了《流浪者》的插曲作者谢伦德拉先生的生平。谢伦德拉先生不是专业作曲家，他是铁路上的一名电焊工，作曲是他的业余爱好。每当他谱了一首新歌，就带着它到孟买穷人聚居的贫民窟去演唱。他在那里有许多穷朋友。如果他的朋友听了摇头，他就回去重改，一直改到大家听了满意为止。优美动听、激情洋溢的《流浪者》插曲就是这样创作出来的。卡布尔先生十分惋惜地说，很不幸，谢伦德拉先生在两年前就去世了。他满怀对亡友的深情说："一部电影成功了，这不光是一个明星的功劳，它是大家心血的结晶啊！"

卡布尔先生真挚的感情也感动了我们。以前我们只熟悉轰动影坛的一个拉兹，现在我们才知道，正是因为有了千千万万个拉兹——编剧的、作曲的、银幕上的、生活中的，才使《流浪者》成了誉满全球的杰作。

谈到这里，时间已经不短了。为了了解一下卡布尔先生的家庭情况，我在他十分友好而又幽默的态度鼓舞下，同他开了一个玩笑。我说："卡布尔先生，你在《流浪者》里反对'好人的儿子是好人，坏人的儿子是坏人'的旧观念，我很赞成。不过，在您的家庭里，我能不能这么说："名演员的儿子还是名演员？"

他听后哈哈大笑，告诉我他有三个儿子，都已上了银幕。特别是二儿子里希·卡布尔颇有才华，已经成了明星。他还有一个孙子也已在他的电影公司工作。他说："当年父亲怎么教育我，我也怎么教育他们。我从孟买去德里坐飞机，但我只准他们坐火车，在火车上他们可以见到各种各样的人，这是书本上看不到的。"

由于时间关系，我们恋恋不舍地站起来同卡布尔告别，对他破例在不见客的日子亲切接见我们，同我们一同欢度了大年初一表示衷心的感谢。他拉着我们的手说："我将来一定要去中国，亲自向看过我的电影、给我写过信的中国朋友表示感谢。我还要带上 50 年代为中国代表团拍摄的纪录片，亲自放给老朋友和新朋友看，这一天不会太远了。"

我们去的时候，只带了一点薄礼——一本全是中国国画的 1980 年的年历——送给他。他打开后十分高兴，一页页地欣赏。临走时，他把年历翻到 2 月份。2 月份那一张是我国名画家萧淑芳画的水墨画，画面上丁香花开、彩蝶翩翩，题了"迎春"二字。他把年历挂在他的许多剧照中间，然后送我们出门，并约我们过两天去参观他的摄影棚，看看《流浪者》是在哪里拍摄出来的。

我见证中印关系成长

唐 璐

（新华社驻孟买首席记者）

你怎么能见证中印关系成长？我在这里真的不是故弄玄虚。20 多年来，虽然工作和学习环境经常变换，但我对印度的关注从来没有间断。作为一个中国国家通讯社的记者，我一直在撰写各种关于印度的报道；作为一个严肃的学者，我一直在对印度进行深入的研究和思考。1996—1997 年，我曾经在新德里尼赫鲁大学国际关系学院学习国际关系；2004—2005 年，我曾经在隶属古吉拉特邦阿南德区下面一个乡村的萨达尔·帕特尔大学政治系研究印度政治与社会。回想起来，两次在印度的学习和研究经历对于我比较客观地了解印度起到很大作用。而从 2015 年 1 月起，作为新华社记者再次重返阔别多年的印度，让我再次得到机会从一个更新和更深的视角观察印度并见证中印关系发展。

媒体成为了解中国和印度的重要窗口，中印媒体人终于坐在一起交谈

20 年前，如果我们想研究中印关系，只需看看两个国家的官方表态即可，因为两国媒体上都没有更多关于彼此的报道。那时，想在印度媒体上找到关于中国的文章，还真需要下苦功去查询。但是现在，假如一天没有读印度报纸，我就会觉得自己遗漏了很多关于中国的报道。来印度工作后，和其他同行相比，我觉得自己在阅读印度媒体方面应该算是非

常努力了。每天早上，我都会认真地把自己订阅的十几份印度报纸浏览一遍并对重点文章进行分析，可是有时看国内报纸或者其他中印朋友分享在社交媒体上的文章，依然经常发现自己遗漏了一些涉及中国与印度的重要文章。

中印是世界上两个最重要的邻国，每天两国都在互相凝视，渴望获得有关对方的一切资讯。由于能直接造访彼此国家的民众毕竟是少数，因此生活在对方国家的中印记者便理所当然地成为两国普通民众了解彼此的最重要桥梁。目前，中国在印度的常驻记者大约有十几个。印度新闻业虽然十分发达，不过考虑到印度受众更为关心国内新闻，而在国外建立记者站需要投入相当大的经济成本，通常印度媒体对于在国外建立记者站并没有太高的积极性，只有为数不多的印度主流英文媒体向包括中国在内的几个最重要国家派遣了常驻记者。

令人难以置信的是，从 1996 年到 2005 年，我的印度朋友约瑟夫·阿尼尔一直是作为全印度甚至全南亚唯一的常驻记者在北京工作。那时他常常自嘲地告诉我："我一人代表全印度。"现在，印度向中国派出常驻记者的媒体已经壮大到 5 家。别看人数少，但他们的能量都不小，印度驻华记者的报道领域不仅仅涉及中印关系，很多采访已经深入到中国政治、经济、文化、社会的方方面面。可以说，印度驻华记者的报道正在潜移默化地影响印度公众。其中阿南特供职的"今日印度"集团旗下不仅有杂志，还有在当地获得很高收视率的"今日印度"电视台。到印度后，每当遇到涉及中国的大事，我便会习惯性地等待着收看阿南特发自中国各地的连线报道。而与我工作性质最为接近的莫康达供职的印度报业托拉斯属于通讯社，他采写的关于中国的新闻影响面更大，因为几乎每篇报道都会被印度多家媒体采用。

　　虽然住在中国和印度的记者都在很用心地积极报道对方，不过毕竟我们的力量十分有限。我们常常听到很多人在抱怨，也常常在自己思考，为什么中印两国媒体都会很习惯性地报道在对方国家看来属于细枝末节的问题，却忽略了许多重要或者说是正能量方面的问题。我觉得这恐怕与两国之间依然缺乏对于彼此的了解有关。例如，一直以来两国媒体都不断受到诟病，但中印媒体人却很少有机会真正坐在一起就彼此媒体的报道坦诚交换看法。可喜的是，目前中印两国媒体每年都会派出一些代表团到对方国家参观采访，从 2013 年起，中印媒体之间也已经有了分别代表民间和官方等级的定期媒体论坛。

　　我曾经有幸参加过不少中印媒体对话，印象最深的是 2013 年 8 月在北京由环球时报和印度观察家基金会组织的那次中印媒体首次对话。为充分体现出交流的意味，主办方特意安排来自两国的媒体人交叉落座，而没有像通常开会那种类似谈判似地各坐一侧。就在这次媒体对话会召开前夕，《环球时报》舆论中心还公布了一组调查数据：中国媒体对印度的报道 16.2% 属于积极信息，消极报道只占 1%；而印度媒体涉华报道 9.5% 为消极，4.2% 是积极报道。虽然中印两国对于涉及彼此新闻的所谓"积极"与"消极"定义存在不同认知，但这个颇有意思的调查结果还是引起印度媒体人的关注。印方主持人考尔小姐表示："谢天谢地，印度对华负面报道的比例比起中国对印度负面报道 1% 要高出不少，但它还是一个可以接受的数字。"正当我在思考为什么感觉中印度媒体对华负面报道似乎比 9.5% 这个数字要高时，来自《印度时报》的记者、也是印度著名专栏作家阿绍克·马利克对此进行了一番解读："虽然印度媒体对华报道中积极的和中性的将近90%，但是它们大多都被放在报纸的不显著版面，而消极报道比例不多，却总是占据印度报纸头版，因为媒体要取悦市场和读者。"

同样是在这次中印媒体对话会上，印方多位代表谈到了印度媒体报道的一种倾向——负面主义。"中国媒体基本上属于国家，而印度99%的媒体属于私人控制。因此印度媒体与西方媒体一样，负面主义是一种倾向，它要求记者的报道对政府所做的一切进行审视和反对。"

不仅仅是负面主义和选择性在影响着印度媒体对华报道，语言障碍以及缺乏常识也常常造成印度对华报道出现以讹传讹的现象。一位印度记者曾经给我讲过一个几年前在印度发生的事情：当时一家印度通讯社记者从拉达克发出信息说，有个印中边界警察部队的士兵在与中国"入侵"的士兵交火中被打死。这件事情立刻被全印度各种语言的媒体转发，但是最终人们发现这个士兵并非被中国士兵打死，而是因为冻

唐璐在访问孟买的中国海军导弹驱逐舰上。

伤而死。

"尽管目前中印媒体对于彼此的报道都有不准确和比较负面的倾向，但是问题并非都是媒体造成的，媒体有时不过是把问题夸大。因此媒体在中印关系中的责任不应被放大"。虽然中印媒体人都同时表达了这样的看法，但是双方也都在强调自己所肩负的责任。不过，相较而言，印度媒体人所强调的责任更多是体现在记者的职业道德方面。在那次中印媒体对话会上，曾经担任多年记者但目前供职于印度观察家基金会的安全问题专家马诺伊·乔希表示："我们不能以中印文化上的巨大差异作为报道不准确的一个借口，作为一个记者，不编造新闻，尊重事实，尊重价值观，这是一个最基本的要求。"乔希随手拿起手边上的《环球时报》说："刚才有个中国专家问我这份报纸上刊登的一则有关传美国要在印度建立基地的新闻，这是根本不可能的。看到这篇文章我首先想到新闻来源，结果发现它是来自印度的加尔各答《电讯报》，所以我们不能谴责《环球时报》。这件事充分体现出在引用消息时一定要准确，只有这样才不会产生误解。"

参加了几次中印媒体论坛会后，我想到很多问题。其实中印媒体人之间的对话不可能解决所有问题，但是媒体人毕竟坐在了一起，这种交流虽然不能改变对方的看法，但是可以增进彼此了解，至少是明白对方为什么会这样想、这样报道。

中印关系的未来取决于年轻人的认知，两国青年的交流日益频繁

1997 年我在尼赫鲁大学时，中国在印度的留学生只有十几个，印度在中国的留学生数量也大致如此。而现在两国在

对方国家的留学生数量都有几何级增长。前两年，我在北京大学见到了三四十位印度留学生，他们的中文水平之高让我感到非常吃惊，已经远远超过他们的师长。同样也是在北京大学，我曾经见过分布在中国各个大学学习印地语的中国学生。记得以前只有北京的几所大学有印地语专业，而目前中国的印地语教学已经分布到几个省份的十几所大学。

我一直认定，年轻人对中印的认知关乎两国关系未来，正因为如此，我非常乐于了解中印两国青年对于各自国家的认识。2013年，在北大举行的第二届中印大学生论坛让我有了一次近距离观察的机会。那次论坛主题是"书写中印（Cindustan）未来：我们的机遇与挑战"。来自中国和印度的大学生们讨论的话题广泛而专业：军事实力增长对中印双边关系的影响有哪些？为什么中印媒体更偏向于对对方进行负面报道？金融危机下中印经济面临的挑战与机遇是什么？

唐璐（前排右2）2015年在孟买参加霍利节庆祝活动。

中印经济发展模式有何异同？中印两国对对方国家妇女形象的认知是否符合实际情况？全球化对中印两国生活方式有何影响？……

我注意到两国学生们最为关注的一个话题就是媒体的作用。印度媒体为何热衷炒作？西方媒体对印度媒体报道中国有哪些影响？来自东北师范大学教育系的印度学生拉吉夫告诉听众，最近几年媒体在中印关系中所起的作用备受质疑，但是必须要注意媒体在中印两国所发挥的不同作用，"媒体在印度是作为民主的第四根支柱，而在中国是属于中国社会主义制度的一部分"。

"中印地理上是近邻，但我们的心理距离挺远，虽然经常从媒体上看到对方的很多信息，可是走近对方才发现，我们对彼此的了解不仅十分有限，有些看法还是误解。"这是中印学生在这次两天的交流之后告诉我最多的感受。

我的印度朋友希曼舒曾经讲述了一个他亲身经历的故事。有一次，他偶遇一个中国高中生，这位学生得知希曼舒是印度人后非常好奇。"你印象中的印度是什么样的？"希曼舒问。这位高中生讲了三个英文词："dirty，slums，povery（脏、贫民窟、贫穷）。"希曼舒表示，"当时我并没有对此感到沮丧，只是在想中国人为何那么不了解印度呢？"

尽管许多中国学生承认自己对印度的看法存在误解，但他们同样发现，很多印度学生对中国其实也不太了解。正如一位印度学生所描述的那样，"在没有来中国之前，我以为中国人'都很矮，会留辫子、留胡子，吃的东西很杂'，到这里后才意识到中国以及中国人完全不是自己所想象的那样"。

2015年初到印度工作之后，关注印度年轻人对中国的态度继续成为我的一个经常行为，每次到那些偏远的印度学校，我都会询问生活在那里的孩子对中国的看法。"中国是一个很大的国家""中国人口很多",尽管孩子们并不能说出更多内容,但是从他们对我那种好奇的态度上,我能够感到,中国是一个让他们感到十分有兴趣的国家。还有一点让我感到欣慰,印度人特别是年轻人对于学习中文的热情正在逐渐升温,因为我经常被问到,哪里可以找到学习中文的课堂或者老师?虽然每个人学习中文的动机不同,但至少表明印度年轻人比以往更加愿意了解中国和接触中国。

中印经贸关系发展迅猛,印度市场前景让越来越多的中国企业动心

常常有人问我,你观察了中印关系 20 多年,中印关系哪些方面发展最快?就我个人感觉,除了两国高层来往的频率越来越高之外,中印关系发展最快的还要数经贸合作领域。中印贸易额发展速度更是惊人。记得 1997 年初我在新德里 FICCI 就中印贸易问题作调研,看到印度专家拿出 10 年后中印贸易额将达到 100 亿美元的预测报告时,我曾经认为印度朋友的想法太过天方夜谭,要知道那时中印贸易额每年不超过 10 亿美元。然而,雄辩的事实证明我的判断过于保守,其实到 2007 年中印经贸额已经接近 400 亿美元,2014 年则突破 700 亿美元。

1996 年,我第一次到印度时,在印度市场上几乎找不到中国商品。但十年前来印度时,已经感到有所变化,即便在我所居住的古吉拉特小镇,也会看到中国联想和 TCL 的广告。2015 年来到印度后,发现中国商品在印度已经是无处不在。从日用商品到五金电器,从手机到大型家电,还有很多

唐璐（左3）在即将开工的浦那中国工业园采访。

我们平时不太关注的医疗器械设备、机电产品、电厂等，都有中国制造的身影。

虽然印度人经常抱怨中国商品价格便宜但是质量也不太靠得住，但是由于"印度制造"尚未形成风气，因此印度人依然大量采购中国商品。换句话说，印度人其实离不开中国商品。不久前，我在孟买尼赫鲁科学中心参加一个活动，偶尔发现那里有一个办公用品和礼品高端展览会，走进一看方知，那其实是一个采购大会。原本在想，那些看上去做工精良的高大上名牌产品一定出自某些国家的著名制造商，然而，不少商家坦诚地告诉我，这些样品都是他们从中国义乌采购而来。

中国企业在印度的经济活动也在向纵深方向发展。记得最初中国进驻印度的企业不过十几家，经营的项目主要局限于采矿、钢铁、电力、家电等。但现在，除了几十家中国大型国有企业在印度开辟了市场，还有数百家私营企业在印度打拼，其所涉及的行业范围已经非常宽广，其中最扎堆的是能源和电力企业、大型机械设备、电信以及手机制造商等。随着莫迪政府上台后大力推进"印度制造"，并许诺将会采取对外资特别是中国企业的宽松政策，越来越多的中国企业都在摩拳擦掌，准备到印度市场上大显身手。

或许是因为自己对印度太情有独钟，我对身边的印度因素总是会不由自主地予以关注，我会为两国之间相互了解出现的些许进步感到由衷的高兴。例如我注意到，2001 年，由著名影星阿米尔·汗主演的《印度往事》在中国上映时几乎没有任何反馈，而 2011 年，还是由他主演的《三个傻瓜》却获得中国观众的极大肯定。这部电影唤起许多中国年轻朋友对印度的兴趣。再如，当我的朋友、来自孟买的 M. H. Pastakia 1998 年鼓足勇气在北京创办第一家泰姬楼印度餐馆时，当时并没有那么多生意。随着中印关系发展，从印度到中国来的人数以及中国人对印度饮食的兴趣剧增，不仅 Pastakia 已经在北京扩展了 3 个分店，印度餐馆这些年来在北京、上海、成都等地都有显著增加。

老实说，尽管 20 多年来眼看着中印关系有突飞猛进的发展，但是我依然感到两国之间还存在诸多不信任。我觉得靠官方接触继续推进中印关系是非常必要的，但如果能从以下几方面促进民间交往，或许会起到更好的效果。第一，应该把媒体人之间的交流做得更加细致，因为媒体在构建一个健康的中印关系大环境中起着至关重要的作用。一个媒体人对于彼此的认知有可能会影响更多普通人，建议多推荐有影响的印度媒体人访华，同时可以定期为 35 岁以下的两国记者举办培训班；第二，加强两国大学之间的交流与合作。目前中印大学之间鲜有校际合作，如果能开拓这方面合作，将可以为两国年轻人相互了解创造一个广阔的交流平台；第三，在所有民间交往中，电影恐怕是最直接、最方便也是影响面最广的一种方式。中国政府应出面每年多引进一些讲述当代印度的宝莱坞电影，为取得良好效果，一定要重视上映之前媒体对电影的宣传；第四，采取更多宣传手段，鼓励中国人特别是知识分子到印度旅游，因为印度的旅游条件并不一定非常舒适，但到印度旅游可以净化心灵并提升对于人本身的认识。

2015 年是中印建交 65 周年。我很欣喜能够在这一年重新返回我所熟悉的印度。作为新华社驻孟买分社首席记者，我希望见证在莫迪总理领导下的印度变革，同时更期望继续见证在莫迪总理和习近平主席领导下的中印关系能有新的跨越。

后记

　　为配合周边外交和公共外交，五洲传播出版社和外交笔会合作策划出版"我们和你们"系列丛书，《中国和印度的故事》是其中之一。2015 年是中印建交 65 周年，在这一年里编辑和出版这本书更有现实意义。

　　中国和印度是亚洲两大文明古国。中印两国人民的传统友谊源远流长，有着 2000 多年友好交往的历史。在近代，中印两国都长期遭受西方殖民主义的侵略和统治。两国人民在反对帝国主义、殖民主义和争取民族独立的斗争中相互同情，相互支持。最典型的例子就是在中国人民进行抗日战争的艰苦岁月里，印度（国大党）曾派出一支医疗队来到中国援助抗战，柯棣华大夫为中国人民的解放事业献出了年轻的宝贵生命。

　　20 世纪中叶，印度和中国先后获得独立和解放。1950 年 4 月 1 日，两国建立了外交关系。印度是与中国建交的第一个非社会主义国家。1954 年，两国共同倡导了举世闻名的和平共处五项原则。和平共处五项原则为中印关系奠定了新的基础，两国迎来了友好合作的黄金时期。在 1955 年召开的第一次亚非会议（即万隆会议）上，中印两国共同努力，为会议成功作出了重要贡献。和平共处五项原则得到发扬光大，为亚非国家广泛接受，从处理中印双边关系的原则逐步发展成为公认的处理国际关系的准则。

　　关于上世纪 50 年代的中印友好关系，特别是和平共处五项原则的诞生和中印两位开国总理周恩来和尼赫鲁在 1954 年实现互访的史实，中国外交部两位离休老同志、资深外交官作了详细的记述。他们是上述历史事件的亲历者，为广大读者尤其是中青年读者讲述了新闻报道中所没有详细描写的、尘封数十年的感人故事。

由于众所周知的原因，中印友好关系在50年代末发生逆转，直至1976年下半年，双边关系才开始恢复。1977年，两国恢复直接贸易和人员互访。1979年2月，印度外长瓦杰帕伊访华，邓小平副总理对他说，我们应该求同存异，边界问题不应妨碍双方在其他领域进行友好交往。中印关系出现转机。1988年12月，印度总理拉吉夫·甘地访华，这是时隔34年后印度总理首次访华。邓小平与他进行了亲切友好的谈话，达成了中印关系要"向前看"的共识，双方同意以"互谅互让，相互调整"作为解决边界问题的原则，边界问题不应成为发展两国友好合作关系的障碍。中印两国舆论普遍认为，拉·甘地的成功访问是中印关系中的"转折点"和"里程碑"。中印关系正常化基本实现。

90年代，中印关系的发展进入快车道。1991年李鹏总理访问印度，恢复了中断数十年的中印高层互访。1992年，印度总统文卡塔拉曼访华，这是印度独立以来总统首次访华。1993年印度总理拉奥访华，双方签订了《关于在中印边境实际控制线地区保持和平与安宁的协定》。1995年，中国全国人大常委会委员长乔石访印。1996年，江泽民主席访印，这是中印建交后中国国家元首首次访印。双方达成了构建"面向21世纪的建设性合作伙伴关系"的共识。2000年5月，印度总统纳拉亚南访华，把中印建交50周年的庆祝活动推向高潮。见证这一阶段发生的重大事件的时任中国驻印度大使和外交部主管中印关系的官员作了详细的实录。

进入新世纪以来，中印关系进入了快速和全面发展的新时期。这方面的报道和评论很多，发生的时间也比较近，大家比较熟悉。特别要提一下的是以下几件大事：2005年4月，中国总理温家宝访印，两国总理签署联合声明，宣布建立中印"面向和平与繁荣的战略合作伙伴关系"。2013年5月，李克强总理对印度进行了正式访问；10月，印度总理辛格访华。这是1954年中印两位开国总理周恩来和尼赫鲁实现互访以来59年里中印总理的第二次互访，意义重大。2014年9月，习近平主席访问印度。这是一次具有里程碑意义的访问，两国领导人同意构建更加紧密的发展伙伴关系。发展伙伴关系应成为两国战略合作伙伴关系的核心内容。2015年5月，印度总理莫迪成功访华。中印两国领导人高度评价两国关系，习主席说："中印用一个声音说话，全世界都会倾听。中印携手合作，全世界都会关注。"莫迪总理则形象地比喻中国和印度是"两个身体，一种精神"。这些名言，已广为传颂，深入人心。

中印两国领导人之间的交往和互动，无疑是两国关系水平的最重要标志。但是，牢固而长久的友谊是植根于两国人民群众之中的。因此，本书用大量的篇幅描写中印人民之间的友好交往和友好合作的故事，追忆他们之间的深厚情谊。这些作者中有长期在印度工作的外交官，有长期研究印度和从事中印文化交流的专家学者、新闻工作者等，还有致力于中印友好工作和长期在中国工作的印度友人。

在书稿基本完成后，我们荣幸地邀请到中国驻印度大使乐玉成先生和印度驻华大使康特先生拨冗为本书作序。谨向他们表示诚挚的谢意。

此外，我要向所有作者表示衷心的感谢。这些作者中不少人是我的老领导、老前辈、老同事、老朋友，但也有通过约稿过程认识的新朋友。这些朋友们积极参与这本书的撰稿工作，共同为建设中印友好大厦添砖加瓦。对此，我的心中充满喜悦和感动。

这里要特别感谢中国前驻印度大使周刚、外交笔会常务副会长刘新生大使及潘正秀参赞，他们为本书的圆满完成付出了辛勤的劳动。还要感谢中国外交部亚洲司、对外友协亚非部、驻印度大使馆、驻孟买总领馆及印度驻华使馆等单位的支持和协助。

还要感谢五洲传播出版社的有关领导和编辑同志。正是在他们的支持和努力下，所有参与和支持这本书的朋友们的劳动成果才能付诸出版，奉献给广大关心印度和中印友好的读者朋友。

郑瑞祥

2015 年 12 月